行政法の実現

行政法の実現

田口精一著

〔田口精一著作集 3〕

信　山　社

はしがき

一　論文集を刊行するに際して、当初は少し厚目の一冊を、まとめることとしか考えずに話を進めて来た。ところが承諾してみると執筆原稿の可能な限り全部のものを提供してほしいということである。これには驚いた。しかし出版に関して全部をまかせたからには、今になって、とやかく異論を持ち出すことは信義に反する。すべてを出版社の指示に従うことにした。

論文といえば、その時どきの事情により、必要に迫られて、短時日のうちに、所定の原稿用紙枚数が、あらかじめ限定された分量の範囲に、論述を無理して、はめ込まなければならなかった。そのために説明が不十分となり、意をつくすことができずに断念しなければならないというのが実情である。論文集といえば、そのままでは、これらの不十分な説明文の羅列に過ぎず、それでは学理により統一された研究とは認められない。

そこで研究成果の認められる論文集として編集するのには、どのようにしたらよいのであろうか。この点で遂に難関に遭遇してしまった。それでも、あれこれ工夫や方法の選択に困惑するよりも、迷わず最初から自分の研究を検討しなおした方が順調に進むと考えて、その作業に着手することにした。

このように決断すれば、G・イェリネックの公権論と現行ドイツ基本法（当時は西ドイツ）制定当時の会議における立法論議の復習から初めることにした。当初は解読することができなかった部分を補正することによって、現在、憲法制定に関する認識を新たにすることもできた。

ここに来て「人間の尊厳の尊重」という基本原理をいくらか理解することにより、これが基本権の基礎であることを認識したことになる。そこで、この原理を最初に位置づけ関係課題の論述を順次、配列して、第一巻における理論上の統一を構成しようとしている意図を示したつもりである。

二　第二巻は、法治国原理が近世の時代から発展して、現代においては、ここに社会性の原理が融合されて来たことの説明を目ざした。各人の孤立化した自由から、相互協力の自由へと時代思想の転換に特に着目した。国は支配、服従の場ではなくして、各人の自主性による相互協力の場としての発展を理想とする。第二巻は、これらに関する論文と解説とをまとめることに留意した。

なお第二巻では、特に(西)ドイツ連邦憲法裁判所および州憲法裁判所判決の要点を収録した。初期の判例の傾向を紹介することを目的とするためである。

三　第三巻は、行政法の展開に関する解説を目標とした。従来、行政作用は特に国の権力作用として、行政機関の強力な実力支配を国民に及ぼし、権力行政としての恐怖感を抱かせてきた。これを逆に国が国民に協力し奉仕すべき組織機構として見なおすべきことを説明しようとしたのである。これらの国家思想に関するまったく逆転換の状況を考慮にいれて、秩序の維持、防衛の強化が、すでに政治の重要な課題となってきていることにも関心を持った。これらのドイツ事情の変動に対する認識を考慮して、行政の実現とは、国家組織に関する基本原理についての思考および樹立の段階に止まるのではなく、これから先に進んで基本原理に基づく行政作用の実際における執行への段階に入ることになる。第三巻は行政執行の新たな社会的法治国原理に関する実施の一部分を取り上げて、ドイツにおける新体制への動向に関する一端を紹介することにした。

論文集三巻、当初は想像もしていなかった大部の論文集になってしまった。下手な長談議とは、よく言ったもので慎重な取捨選択の予猶もなく、出版編集者の指示通りに作業してきた。もう少し要望を出してもよかったかなと後から考えたが、それは計画、作業を混乱させるだけなので、一切の発言を自重した。しかし論文集全体に対する責任は、すべて著者自身に帰することになると、当初から認識していることは、もちろんである。

いずれにせよ、大部の著作を製本するについては、原稿の整理、印刷、校正すべての工程の全般にわたって、想像もできない程の負担を、関係職員の皆様におかけすることになってしまった。今あらためて、皆様のご協力に対し社長今井氏を通じて、心からの感謝の気持を捧げたい。また手順の拙劣さ、計画の不手際、これらに原因する作業のおくれ、すべての点にわたって、心から陳謝の気持を捧げたい。ご協力有難うございました。

平成一三年一〇月二八日

田口精一

目　次

第二部　判例評釈

行政法の実現

第一部　論説

1　自由裁量処分に対する判決

一　自由裁量事項に関する基本問題の所在

1　従来における抗告訴訟の取扱い

行政処分の取消を求める抗告訴訟について、旧制度においては「行政官庁ノ違法処分ニ由リ権利ヲ傷害セラレタリトスルノ訴訟」（旧憲法六一条）と定められ、また、その後、前行政事件訴訟特例法における制度では「行政庁の違法な処分の取消又は変更に係る訴訟」（行政事件訴訟特例法一条）と規定され、そして現在では、ひろく「行政庁の公権力の行使に関する不服の訴訟」と定義づけられている（行政事件訴訟法三条一項）。このために、かつて通説は抗告訴訟提起の要件として訴訟の客体が違法処分でなければならない[1]とし、違法の問題を生ずる余地のない自由裁量処分については、訴の提起を許さず、これを却下すべきことである[2]と説明して来た。その理由は、まず第一に裁判所は法律上の争訟を裁判することを権限とするからである。

ところが法規は自由裁量処分については、その裁量の範囲を定めるだけであって、なんら具体化された基準を指示しているわけではない。それ故に自由裁量処分については法により認められた裁量の範囲内において処分の内容が決定されている限り、不当な結果を生ずることがあったとしても、ぜったいに違法ということを生ずることが有り得ない。従って自由裁量処分については法律上の争訟ということを考えることの必要が生じてこないことになる。つまり違法性に関する法律上の争訟問題が成立する余地がなく、そもそも、それらの争いは裁判所の審理対象とはならない(3)事項である。それ故に、この種の裁量事項に対しては訴訟を提起することが許されるべきことではないという結論になるのである。

2　裁量についての裁判権

しかし、争とされる行政行為が自由裁量処分に該当するか否かに関する問題さらに裁量の限界を越えているか否かに関する問題などは実体法を基準として判断されるべき争点である。従って、これらの論点については個々の事件に関する訴訟においては当事者間に紛争を生じ、また個別の事件においては当事者間に不確定な争点を発生させている事項でもある。それ故に当然に裁判所が、これらの争訟を法をもって審理し、各事件を確定して解決しなければならない訴訟となってくる。しかも、その場合、当該の訴訟において原告は係争処分の取消を請求しているのである。従って、この訴に対する裁判所の判示、応答は「取消す」若しくは「請求を棄却する」の判決をもってなされるべきことでなければならない(4)はずである。従って、実体法において行政庁の処分につき自由裁量が承認されていることが、なに故に直ちに訴訟手続としては出訴を許さないとする結論になるのか。その理由は、どこに存在するであろうか、まずもって疑問を生ずることになるのである。

（1）　田上穰治・行政法原論（昭二七）二六六頁、田中二郎・行政法講義案（上）第二分冊（昭二四）一九三頁、同・行政法」（上）（有斐閣全書、昭二八）三五八頁、柳瀬良幹・行政法（昭二七）一八五頁、原龍之助・行政法（上）（昭二七）一一八頁、渡邊宗太郎・日本国行政法要論（昭二六）四二三頁、園部敏・行政法論（昭二八）一八五、一八六頁、山田準次郎・行政法（昭二八）一八五頁。

（2） 美濃部達吉・行政裁判法一九一（123）頁、同・日本行政法（上）（昭一一）九三〇頁。なお原・行政における法治国思想の展開（昭二三）一七四頁。また山田「皇居外苑使用不許可処分取消判決について」法律論叢二六巻一号三一頁以下、田上「司法権に対する行政権の独立」公法研究八号一〇二頁、一〇三頁、一〇九頁、同「判例に表われた行政庁の自由裁量」自治研究二九巻五号九頁、柳瀬「自由裁量と行政訴訟」自治研究二九巻二号三頁、八頁以下。そして柳瀬・同二号三頁では、「旧憲法の下では、処分が羈束処分であることは訴訟が成立つための条件で、従つてそれが裁量処分であるときは、それを目的とする訴訟は不適法の訴訟として裁判所はこれを却下すべきであるといふに意見は一致してゐたし、又現行法においても、例へば裁判所法の第三条第一項、行政事件訴訟特例法の第一条、国家公務員法の第三条第四項、地方公務員法の第八条第八項等が、何れも裁判所の管轄するものを『法律上の争訟』、『違法な処分の取消又は変更に係る訴訟』又は『法律問題』に限つてゐるところから見て、また同様に解すべきものと信ぜられる」と主張されている。

（3） 自由裁量の問題は法理論上の課題として研究されるだけではなく、行政権に対する司法権もしくは行政裁判権による審査の限界に関する論題とし現実には実務上の問題としても論じられている。Otto Mayer, Deutsches Verwaltungsrecht, I Band, 3. Aufl., 1924, S. 99 ff., S. 161 f.（美濃部達吉訳・独逸行政法第1巻（復刻版・平成五年・信山社）八八頁以下、特に九七頁、また一〇一頁以下）。W. Jellinek, Der Schutz des öffentlichen Rechts, Veröffentlichungen der Vereinigung der Deutschen Staatsrechtslehrer. Heft 2. S. 63 ff.; Derselbe, Verwaltungsrecht, 3. Aufl., 1948, S. 28, S. 30 ff., S. 302 ff.; F. Fleiner, Institutionen des Deutschen Verwaltungsrechts, 8. Aufl., 1928, S. 257.; E. Forsthoff, Lehrbuch des Verwaltungsrechts, 10. Aufl. 1973, S. 84 ff., S. 92ff., S. 98ff., S. 427.; W. Willoughby, The Constitutional Law of the U.S., Vol. III. 1929. pp. 1326-1327, pp. 1677-1680.; J. Hart, An

Introduction to Administrative Law, 2 ed. 1950. pp. 662-663.

さらに、杉村章三郎・行政法要義（上）（昭二八）四〇頁—四二頁、同・下一九一頁、高橋貞三「行政事件訴訟について」同志社法学一三号（昭二七）二五頁—二六頁、有倉遼吉「行政行為における羈束と裁量」早稲田法学二八巻創立七十周年記念論文集（昭二七）三〇五頁—三〇七頁、田上・前掲二八頁、三一頁、「自治研究論文」二九巻五号五頁、田中・行政法（上）一五四頁—一五七頁、三二三頁—三二四頁、柳瀬・前掲一一二頁—一一三頁、渡邊・前掲三二四頁—三二八頁、原・前掲四一頁—四二頁、園部・前掲三六頁—三八頁、山田・前掲七七頁—八〇頁、一八五頁—一八九頁、俵静夫・行政法（昭二七）一六一頁、磯崎辰五郎・行政法総論（昭二八）二八六頁—二八八頁、三八二頁等参照。

旧制度の下における解説としては美濃部博士の外に佐々木惣一・日本行政法論総論（大一三）七七頁—七八頁、六三四頁—六四〇頁、六四四頁、浅井清・日本行政法総論（昭一〇）四六頁、三三五頁、織田萬・日本行政法原理（昭九）一〇一頁—一〇二頁、六五一頁、六五八頁、野村淳治・行政法総論（上）（昭一二）三九二頁、三九七頁などを参照。

なお、「自由裁量処分を審理せず」ということが自由裁量についての訴提起をも許さないことを意味するのか、または訴訟において行政庁の決定を、そのままに承認して審理しないことを意味するのか、大部分の文献では明白ではない。しかし審理の対象とはならないと考えているから裁判所は裁判をして請求を認容するか棄却するかを判決せず、そもそも最初から訴を却下する趣旨であると思われる。

（4）　これに関して、雄川一郎助教授が学会において質問された（第一〇回公法学会第三部会）。それは「田上会員は自由裁量処分について訴を却下し、本案審理をなすべきものではないと報告されたが、処分が法規裁量であるか、自由裁量であるか、また羈束処分であるかということは実体法規を調査せねば分らないのである。従って訴が提起された場合には、その処分が自由裁量の処分であるか否かを問わず、本案の審理を行うべきではあるまいか。本案の審理を行って、係争の処分が自由裁量の処分であること、および処分が裁量の範囲内で行われたことが明かになれば、その処分は適法なものであるから、その時に原告の訴を棄却すればよいのではないか」というのである（公法研究八号一四〇頁、田上教授の回答も同所)。

雄川助教授「行政救済制度の基本原理」国家学会雑誌六三巻六号五一頁(自由裁量に関しては裁判所の統制が、およばないと説明されるから、裁判所は自由裁量の領域内に立入って審理しないということで出訴の要件のこととは別個の問題であると考えられるわけである)。田中二郎教授はその著書において、実際上は、自由裁量(便宜裁量)か否かの区別が困難であるから、審理の結果、自由裁量と判明すれば請求を棄却すると説明されているが、法理論上は自由裁量処分については裁判権なしとして訴を却下すべきものであると説明されている(田中二郎・行政法(上)三一五頁、三二四頁参照)。

二　抗告訴訟の客体

1　抗告訴訟の訴訟物

係争処分が行政庁の自由裁量に属する事項であるならば、原告の処分取消請求の主張は正当でないと判定されることになる。そのために処分の性格に関する決定は抗告訴訟における、まず初めに重要な問題の一つとなるのであって、そこに審理の重点が置かれることになるのは当然である。しかし判決は、この係争処分が自由裁量処分であるか否かの問題それ自体に対してだけ、与えられるべきことを目的とするのであるのか。または、さらに進んで係争処分の適否について判断するのか。この疑問を解決するためには、まず抗告訴訟における訴訟物すなわち審判の対象が何であるかを決定することが必要となる。[1] その理由は、裁判所の権限というものが原告によって提出された訴訟物についてだけ判決を宣言することにあるのであり、それ以外の事項は判決の対象とは、なり得ないからである。そして現在では他に法律に特別の定めがある場合を除くほか（例えば独占禁止法七七条以下など）、行政事件訴訟法により、すべての行政処分について訴訟を提起することが認められている。従って裁判所は一切の法律上の争訟について裁判することの権限が認められている[2]（裁判所法三条）のである。このように裁判による行政救済制度が確立されているということは、違法処分により自己の自由権利を侵害された者に対しては、これらの違法行政処分取消権を有する国に対し、取消行為をなすべきことを裁判により要求することができる権利を、裁判所に対し裁判を受ける権利として、常に与えられていなければならないということを前提条件としていることを意味するのである。

それ故に原告が抗告訴訟を提起する意図は違法処分の取消請求すなわち自己に取消請求権ありとする権利主張を訴の形式をもって裁判所に提示し、被告となる行政庁との関係において、その取消請求が正当であるか否かを審判すべきことを裁判所に請求するところにある。従って、この場合における訴訟物は、原告が、その請求として提出した違法処分取消請求権であるといわなければならない。換言すれば、取消請求権の存否について当事者間に生じた権利主張に関する対立紛争[3]が審判の対象となるのであると思考する。

例えば官制もしくは定員に関する改廃のために過員を生じた場合に「過員整理」の必要上、任命行政庁は、これらの公務員を免職することができる（国家公務員法七八条四号）。この免職処分の取消訴訟[4]においては行政庁の免職に関する認定の過誤により公務員である法律上の身分を違法に剝奪されたことによって生ずる免職処分取消請求権ということが訴訟物となる。また違法に多額の課税を受けた者は課税されない自由の侵害[5]によって生じた課税処分取消請求権を審判の対象として訴により裁判所に提示するのである。それ故に裁判所の審判は、これらの争点についてなされ、すべての審理は取消請求権存否の判定に集中することになる。

しかし原告は単に請求を提示するだけに止まらず、それを正当づける種々の事由を主張し、これに関連して被告との間に意見の対立を生ずることになるのは当然である。しかし係争処分が自由裁量であるか否かということも、これらの当事者間において攻撃防御の必要に応じ争われることになる問題である。例えば、この免職処分取消訴訟に関しては定員過剰の事実の存否、免職者の選定に際してなされる能力または勤務状況などについての裁量の仕方などが争の問題となることである。しかし、それらの論争は事実の存否、判断の適否など請求の理由に関する意見、判断などについての対立であり、取消請求権それ自体に関する争となるわけではない。

2 訴訟の対象と請求の理由

これらの問題は、まず法理論としては、それぞれ別個に段階をわけて解決すべき事項でなければならない。しかし実際に訴訟においては訴訟物として、まったく独自の存在意義を有するわけでないのである。その理由は訴訟物とは裁判の対象となるべき事項それ自体であるから、原則として当事者間に生ずる特定の権利義務関係でなければならないはずであるからである。[6]

従って原告の請求について発生する紛争に関しては、当事者間に展開される攻撃防御の方法として主張される事由は、いずれも請求を正当化する理由づけに関する事実ないしは法条についての意見の表明である。それ故に、それ自体としては決して別に訴訟の対象である独自の訴訟物とはならないからである。しかも請求とは訴訟物である権利または法律関係によって特定されることになる事項である。[7] 従って、これらの事例の場合においても原告の請求は過員整理を目的としてなされた免職処分の取消という事実を提示しさえすれば、そのことによって事件および原告の請求は特定されることになる。この場合に争点が定員過剰の事実不存在をもって理由とし、または処分の不要による取消が主張されようと、さらには免職者の選定における裁量認定の欠陥を理由として提起されようと、国家公務員法第七八条第四号に基づいて争訟とされている免職処分に関する取消請求関係事件そのこと自体については、訴訟として、なんらの相違をも生ずることにはならない。それらの主張に関する根拠は、いずれも請求を理由づけるために主張される事実もしくは、それに関する意見などの陳述に過ぎない。その理由は、これらの主張によって請求それ自体が別個の訴訟物に変化するわけではないからである。(8) それ故に、これらの理由に関する問題は訴訟においては請求理由の正しさと関連してだけ意義を有するだけのことになるのである。それ故に、その結論は結局、原告の請求を肯定することができるか、または否定すべきことになるのであるか、ということについて、その判断に関し理由となる資料を提供することに過ぎない。

確かに係争処分につき自由裁量が認められているか否かについての判定は、判決を、成否いずれかに決定する重要な事項であるがために、そのこと自体が、あたかも判決の対象となる訴訟事項であるかのように考えられることになるのかもしれない。(9) しかし自由裁量に関する認否という事項は、行政庁が処分をすることができる権限の存在それ自体を決定づける根拠ではなくて、処分の方法いかんに関する事項である。従って行政庁が担当することができる権限としては法の具体化に関する方法の範囲につき考えることができることを示めすに止まる条項である。(10) 免職処分が自由裁量の特質を有する行為であるということは、公務員を任命行政庁が免職することができる権限そのものを確立することではなくて、その実行の方法ないしは認定の仕方が、行政庁自身の判断によってだけ執行することができるという権限行使の方法について認められる性質を表示するだけの意味に関する規定である。それ故に自由裁量の認否ということに関する条項は、決して行政庁と原告との間の権利義務関係ないしは法律関係それ自体の存否を決定づける意味の規定ではない。従って係争処分が自由裁量であるか否かということの紛争は、原告と行政庁との間の権利法律関係の争それ自体を指すということにはならないわけである。

要するに原告の請求することは係争処分の取消であって、それが自由裁量処分でないということの確認を請求しているわけではない。原告が訴によって解決を求めている事項は行政処分の取消それ自体に関する紛争であり、それに関する攻撃防御の方法として主張される自由裁量の認否についての問題は、紛争解決の理由づけの一つとなる前提問題に過ぎない。それ故に自由裁量についての問題に関する結論は請求それ自体の判定について、その理由のなかで説示される事項である。それ故に自由裁量いかんの問題が、独立に訴訟物となることが認められる適格を有するわけではない。(11)

以上のことは、また抗告訴訟制度の趣旨から見ても理解することができることである。その理由は抗告訴訟が行政救済制度であるからである。(12)従って裁判所が原告勝訴の判決を与えるならば、それは単に係争処分の違法性を確認するだけに止まらず、判決によって違法と判断された処分が取消されることになるのでなければ救済の目的が実現されたことにはならないからである。抗告訴訟すなわち行政行為の取消形成訴訟においては、単に係争処分が違法であることの確認請求だけに止まるわけではない。それに関連する自由裁量が認められているか否かに関する係争処分の性質決定についての請求だけでは、なんら抗告訴訟の目的を実現し達成したことにはならない。それ故に係争処分の性質決定それ自体を独立の訴訟として争うことは無意味なことであるというべきである。

3　行政処分取消形成訴訟

しかし抗告訴訟における原告の意図は決して、これまでに説明して来たように、処分の性質を争い、これを明らかにすることではなく、あくまでも処分取消の形成判決を求めることである。それ故に、原告の立場から見れば自由裁量についての前提問題は、どうであろうとも、取消の効果が実現されることになれば、それによって、自分の訴訟による目的を達成することができたことになるのである。従って原告の要求するところは係争処分を取消すべきか否かの判決であり、自由裁量処分であるか否かの性質に関する認定ではない。そのことは原告が審判の対象として裁判所に提示している事項が自己に関する処分取消請求権の存否であることから明白である。そして判決は、これについての裁判所の結論を表示することである。従って裁判所は原告の主張する取消請求権を承認するか否認するかの何れかであり「係争処分を取消す」の判決か、もしくは「請求を棄却する」の判決以外に別の判示の方法が存在するわけではない。すなわち前例の免職処分が、任命権者による自由裁量の範囲内において、なされているのであるならば不当な結果を生じたとしても、権限内の行為としては適法であり、裁判所は、これを取消すべきではなく、従って原告の取消請求に応じられない意味において「請求棄却」の判決をするのである。しかし通説は、この場合においては訴却下の判決をなすべしと説明する。それ故に、さらに、その理由について考察をすることにしたい。

（1）細野長良・民事訴訟法要義一巻（昭六）一三四頁、宮崎澄夫・訴訟法（昭一六）六五頁、兼子一・民事訴訟法（昭二七）七四頁―七五頁、同・岩波法律学辞典III一七四三頁中段参照。
（2）柳瀬・行政法一八二頁、田中・行政法三〇二頁、三一八頁、俵・行政法一八六頁、磯崎・行政法総論三六四頁など参照。
（3）兼子・辞典III一七四三頁中段参照。
（4）名古屋地判昭二六・四・二八免職処分取消請求併合事件・行集二巻六号九二五頁以下参照。
（5）美濃部・行政法撮要（上）（昭一八）五九七頁―五九八頁参照。
（6）兼子・民訴七四頁―七五頁、八三頁、二三七頁参照。

(7)　兼子・前掲七五頁、細野・要義二巻（昭一五）九二頁以下、九八頁参照。

(8)　兼子・前掲八三頁、細野・要義二巻（昭一五）二二九頁参照。

(9)　柳瀬「自治研究論文」二九巻二号六頁―七頁。柳瀬教授は請求の成否の問題と係争処分が自由裁量であか否かの問題とを区別される。このことについて「この場合いふところの審理は、実は係争の処分は裁量処分であるか否かを内容とするもので、決して原告の請求は成立するか否かを内容とするものではなく、従つてそれから生ずる結論は、当然に、係争の処分は裁量処分であることで、決して原告の請求は成立しないことであるべきではない……無論、実際の事実としては……審理の当初には係争の処分が裁量処分であるか否か明かでない場合であるために……審理は最初は原告の請求は成立するか否かを内容として始められ、それが後に係争の処分は裁量処分であるとする妨訴抗弁の提出その他の事由に依つて係争の処分は裁量処分であるか否かを内容とする審理に変つて行く場合のあり得ることは充分考へられることであるが、……それは原告の請求は成立するか否かを内容とする審理が妨訴抗弁の提出その他の事由に依つて中断せられ、係争の処分は裁量処分であるか否かを内容とする審理がこれに代つたのであつて、決して原告の請求は成立するか否かを内容とする審理の中に係争の処分は裁量処分であるか否かを内容とする審理が含まれ、又はその反対であるのではない。すなわち係争の処分は裁量処分であるか否かを内容とする審理と原告の請求は成立するか否かを内容とする審理とは全く別のもの……」と説明される。

(10)　柳瀬・行政法一一四頁以下、「(イ)如何なる場合に、(ロ)如何なる行為を、(ハ)行うか」(一一四頁)。このことについて柳瀬教授の説明によれば、これらの点について行政機関が自ら判断しうる場合は、夫々、その点について自由裁量がなされ得るのであり、羈束処分は、これらの三点について、行政機関の判断の余地のない場合である。すなわち、このことは、行政処分の実行方法が、どのように法規によって規律されかをしめすものである。

(11)　係争処分が違法であれば取消原因となるのに反し、不当であるだけでは取消すべきではなく訴訟の対象とはならないと考えられている。それ故に通説においては係争処分の違法性、不当性が、夫々別個の紛争であり違法性が訴訟物として訴訟の対象となり得るのに対し不当性は審判の対象となる適格を有しない。故に違法性を訴訟物とする訴は適法なものであり不当性を対象とするときは訴は不適法として却下されると考えるのである。しかし抗告訴訟においては違法性が訴訟物ではなく係争処分の取消性すなわち原告の取消請求権の存否が判決の対象と考えなければならない。

(12)　田上・原論二六〇頁、田中・行政法二七〇頁、二九八頁参照。

三　自由裁量と訴の不適法

通説は、自由裁量処分には違法問題を生ずる余地がないことを理由にして、訴を却下すべきであると説明する。

1　自由裁量事項と訴訟要件

ところで訴の対象である処分につき実体として違法事由の存在しないことが、直ちに訴訟では訴それ自体が不適法とされるべき訴訟法上の理由になされることは、いかなる根拠に基づくことによるのであろうか。

自由裁量の存在が認められる理由はW・イエリネックによれば「二つの達成することができない理想すなわち全能な立法者と萬能な行政者との中庸を維持」(1)しようとすることにある。つまり立法者が全能ならば行政は、その指示するままに執行されることによって公益を実現することができることになるのである。また万能な行政官ならば、その判断によって、常に適正な行政の実施がなされることになる。従って立法者の指示ということは無用になるというべきである。しかし、このような理想は実現することが不可能であり、従って法規を具体化すべき運用とは、ある程度まで行政庁の自由裁量に委ねることになるのである。それ故に自由裁量ということは抽象法規を具体化された事実に適用して法規の内容を具体化された事実に適応させて執行し実現する活動方法である。それならばケルゼンの説明するように自由裁量であるといっても決して行為を規律する法規の拘束を、まったく受けない完全な自由を意味することには、ならないはずである。(2)

2 裁量行為の特質

ところで裁量とは上位段階にある抽象化された規範を、個別の事実である下位の段階に移行させるため抽象化された概念に、具体化すべき内容を充実する行為である。(3) 従って裁量を行うのに際して抽象化された規定の趣旨を無視することは許されない。それ故に自由裁量処分といい覊束処分（法規裁量をも含む）といっても法の規律を受ける程度の差を意味するだけに過ぎないことになる。(4) その理由は行政行為に自由裁量の余地が存在すること自体、法規の定めるところに基づいて承認されていることであるかどうかということであるからである。ただし自由裁量処分には行政庁の判断が裁判所の審理および判定によって影響を受けることなく法律上は、そのままに承認される範囲が覊束処分の場合よりも広く与えられているというだけのことである。そのために法規によって自由裁量の存在を承認された行政庁の権限としては覊束、自由の両者について、その本質に関する差異はない。従って覊束処分が法規の定める諸条件に適合していることが確認されて、その存在が有効に認められるのと同様に自由裁量処分が裁量の範囲内において実行されているのであるならば、それが、そのまま有効に成立することを認めなければならないことは自明のことで取消してはならないということは当然である。その結果、裁判所は、この場合に行政裁量の範囲内に、たち入り、個別、具体のいかなる処分をなすのが適切であったか、というような事項について判断をなすべきではない。その理由は一定の権限が承認されていれば、その具体化すべき権限の行使方法は、その主体である各種行政機関に、まかせられていることになるからである。従って裁判所は、自ら裁判所の権限行使に関する条件、内容、方法などを判断し、それと行政庁の権限行使とを比較して当否を決定するようなことは、その必要がないことになる。

3　実体法上の要件と訴訟法上の要件

しかし、この種の行政裁量領域が実体法において確定されていることが、直ちに裁量行為に対する訴を却下することの理由にはならない。例えば私法の範囲において民法では親権者に子の居所指定権が認められている（民法八二一条）。そして居所選定に関し民法は、なんら具体化された基準をも示めさず一切を親権者の判断に委ねているのである。従って、その濫用の場合は別として、親権者の決定が法により承認されることになる(5)。その理由は居所の指定が適切に行われなかったとしても親権行使の範囲内における指定であれば、裁判所は、その指定を否定しないからである。それ故に親権者による居所の選定が不当であることを理由とする指定変更の請求もしくは、その無効確認請求に対しては、これらの請求を容認しないことになる。子の居所指定は、その監護養育について最適任者である親のなすべき事項である。従って、これに対する国の干渉は必要最小限度に止めなければならない(6)。従って裁判所は親権行使につき、その範囲内に立入ってまで審査を及ぼすべきことではなく正に子の居所指定は親権者の自由裁量によって決定されるべき事項であるということになる。しかし、これに対する出訴が禁止されているわけではない。そのために原告の請求が容認されないことになることがあるとしても、決して、この訴が不適法として訴訟法では却下されたことを意味することにはならないのである。

4　実体判決と訴訟判決

同様に行政庁に、その自由裁量が認められている事項であるならば、裁判所は行政庁の決定を常に、そのまま承認すべきことになる。例えば特許権存続期間延長許可については行政庁の産業行政、特許行政に委ねられた自由裁量処分事項である。(7) それ故に行政庁が、延長不許可を決定したとしても、その処分が適切妥当でないことを理由にして直ちに違法となるわけではない。それ故に原告が延長不許可処分に関し違法であると主張するにしても、それは理由のないことである。従って裁判所は行政庁の決定ないしは処分を取消さないことになるのである。ところが右のような法律関係において原告は、その処分の瑕疵を指摘し、それが法律上、違法であることを主張して取消請求を提起しているのである。これに対して裁判所は係争処分の瑕疵が単なる不当の程度に止まることであると判断して、処分の有効、存続を認めたことになるとするならば、そのことは正に原告の請求に対して、すでに実体についての判断を加えているのである。(8) この判決は訴の訴訟上の要件に関する適否について判断しているわけではない。そして、この場合に通説によれば自由裁量処分に関しては違法を生ずることの余地がないとするのである。従って原告が、たとえ違法の主張をするとしても、それは最初から法律上、無意味なことである。従って、このような違法についての主張は不可能であるとして、(9) この種の内容を有する訴も、また訴訟法上の要件から見て無意味であるとし、訴却下という結果になると考えているのである。

5　訴訟法規と実体法規との区別

しかし実体法において明確に規定されたことであるとはいっても、それは同時に訴訟手続において、すでに確定され、その実体事項については、もはや訴を提起することが最初から許されないと断定することが、認められているということにはならないのは当然である。その理由は係争処分につき、その自由裁量の存否は実体法によって判定されるべき事項であるからである、それ故に訴訟において裁量権の存否は、これから裁判により判断するために与えられている仮設としての存在である。従って最初から具体化された事件につき裁判上は、まだ確定されていることではないのである。(10) 訴のなかにおいて提示される原告の主張は自分自身の立場における法についての理解に基づく判断であって、それが正当な主張であるか否かについては、まだ不明である。訴訟要件を充足した適法な訴としては、ただ、そのような権利主張が訴訟手続要件を具備して提起されていれば十分であって、その主張の内容が実体法上も正当でなければならないということは必要でない。

現実には係争処分が自由裁量処分であるにもかかわらず、そうでないことを理由にして行政処分の違法であることを主張することが訴訟において禁止され不可能であるということにはなり得ない。それだからこそ原告の主張と行政庁の意見とが対立することになって争訟が発生しているのであり、そのために当事者間の法律関係は、訴訟上は不明となっている。それが第三者の立場から見て客観化された観点から判断し自由裁量であることが明白で原告の主張が明らかに正当ではないことであっても、訴訟事件としては解決すべき必要があるのである。その理由は原告の主張する自己の権利の存在および、このことについての主張の当否は、訴訟事件としては最後まで不明であり、これらの主張が訴訟において初めて確定するためには、訴訟手続による実体形成が必要となるからである。(11) 原告の主張は行政処分という法に基づく行為に対して提起されているのであり、決して道徳問題とか感情問題に関する主張ではない。その根拠となる理由も係争処分に法律上の瑕疵があるということをもって、その理由づけを構成しているのである。従って、この種の訴は正に訴訟要件を具備している適法な訴である。それ故に訴それ自体を訴訟として無意味な訴であると断定することはできない。従って自由裁量処分に対し違法の主張をなすことが不可能であるということは、実体法を基準として原告の係争処分を違法とする主張が、実体法により常に正当でないと認定されることになるということを意味するだけのことである。それ故に、その主張が直ちに訴訟法における訴としては、その存立が否定されることにはならないわけである。(12)

6　訴訟法と訴訟行為

さらに実体法上の権利が法手続をもって主張されることになるのは主として訴訟の場においてであるから、訴訟法における争訟という現象は、確かに実体法と訴訟法との競合する事項ではある。しかし現在において訴訟法および、その制度の観点から見れば訴訟行為、特に訴の提起ということは、権利実現の手段として実体法上の権利のなかに包含されてしまうことになるものであるとは考えられてはいない。(13)従って法理論としては訴訟現象のなかで実体法の規律する範囲と、訴訟法の適用される部分とを区別して考察することが必要となる。(14)その理由は処分取消の訴が裁判所に対する訴訟物についての判示つまり原告の主張する実体法上の権利に関する判断としての判決を要求しているからである。それであるから訴の内容である取消請求に関する理由づけについての判断とは区別しなければならない。要するに訴が裁判所に係属して裁判所をして請求についての判決をなすべき義務を発生させるためには訴訟法上の要件を具備すれば、それだけで十分である。次に行政庁にいかなる権限が実体法によって付与されているか否かということは、もはや訴すなわち訴提起に関する訴訟要件の問題ではない。このことを訴の問題とするためには実体法ではなくて訴訟法の規律に従って判断しなければならない。そのために、裁量処分に対する訴を認めないとすれば、訴訟法に、この種の裁量処分に対して訴の提起を許さないと定める法規が制定されていなければならないはずである。

7　実体法上の違法行為に対する裁判権と訴訟

ところが現行制度においては、およそ、旧制度と異なり、すべての行政処分について出訴が許されることになっている。これにより広く出訴の機会を認め訴訟事項に関する制限が除去されているのである。そして訴の提起があり訴が存在するからこそ、その内容である取消請求に対して係争処分を取消すか否かの判断が出訴に対する裁判所の義務として判決をもって、なされなければならないことになる。原告の主張が明白に、その理由がないということ、そのために係争処分が自由裁量事項であり実体法上は違法を生ずる余地が、まったく存在しないということによって訴訟法の規律対象行為である訴それ自体を不適法な訴訟行為であると断定することは実体法上の観察をもって訴訟法上の現象全部を判断しようとすることになる。ここに両者の混同があるために正確な観察方法であるとは考えられないとする理由が生ずるのである。[15] 行特法における抗告訴訟についての出訴期間の限定は確に訴訟法上の規定である。しかし、かつて旧行特法第一条に「違法処分の取消変更」と規定されてはいても、これをもって訴訟要件を定めた法規であると考えることはできない。

訴訟とは、行政処分に対する場合について原告側で自己の判断だけにより処分取消に関する法律上の主張を構成しさえすれば、法律上の争訟としては、すでに成立しているのである。それ故に争訟となれば裁判所は一切の事項を審査しなければならないのである。これに対応して国民も、また法律上の審判を要求することが制限されているわけではない。従って「違法処分の取消変更」と規定されていることは違法処分でなければ取消変更の訴が提起できないという訴訟法上の制限を定めていることではない。裁判所は処分に実体法上の違法があれば、そのことを原因および理由として取消の判決をなすことができることを規定しているのである。そして裁判所は行政権の発動であり行政庁の行為である処分であっても判決によって自ら違法な行政処分を取消すことができるという司法上の権限が所在することを示した規定である。

8　実体法関係および訴訟と訴訟法関係との混同防止

このような裁量に関する規定は他にも存在する。例えば民法においては離婚形成訴訟の提起を承認した条文がある(16)（民法七七〇条）。この規定は決して訴訟要件を規定した条文ではない。同条は正に実体に関する法規である。その理由は同条所定の原因が存在するときに、はじめて離婚の訴を提起することができることを指示する規定ではなく原告が離婚原因として主張する事由は、いかなる事項であっても訴訟法の観点からは出訴事由の制限がないことである。それ故に実体法において規定されている離婚事由に関する法律要件については、まったく法定の事項に該当しないような事由を主張したとしても訴の方式が訴訟法の規定する訴訟要件を具備している訴であるならば、そこには正に離婚訴訟が成立し、ただ裁判所は事実審理の結果、原告の主張する事実が民法所定の離婚事由に該当しないことを認定し、これを理由にして原告に対し請求棄却の判決を言い渡すことに過ぎない。その理由は、この場合に離婚の訴それ自体に訴訟法上の瑕疵があるということにはならないからである。それ故に単に請求棄却の判決――もちろん、それは本案判決――が判示されることになるのである。このようにして民法所定の各要件は実体関係を規律すべき裁判規範ではあっても訴訟要件に関する訴訟法上の規定ではないからである。

それ故に通説が実体法の規定において、行政庁の権限が確立され、その範囲内における事項については明らかに違法を生ずる余地がないという実体法上の効果を直ちに、それに対する訴それ自体に関する訴訟法上の存在をも認める余地が、まったく存在しないと推論するところに実体法に関する観察と訴訟法上の観察との混同があるということになるのである。そして、もし自由裁量が行政庁の裁量権限行使に関する範囲の広狭を意味することであるならば、この種の自由裁量が承認されるか否かということは、そのこと自体、訴訟事項決定の基準とすることはできないといわなければならない。このことは、さらに次に裁量の限界踰越の問題について考察を加えれば判明することになるのである。

（1）W. Jellinek, Verwaltungsrecht, S. 28.
（2）H. Kelsen, Allgemeine Staatslehre, 1925, S. 243.
（3）Kelsen, a.a.O., S. 243.; Hauptprobleme der Staatsrechtslehre, 2. Aüfl., 1923. S. 505, S. 507.
（4）田中・行政法一五五頁。
（5）中川善之助・註釈親族法（下）（昭二八）五〇頁―五一頁、小池隆一・改正親族相続法概説（昭二三）六三頁。
（6）穂積重遠・親族法（昭一二）五五二頁―五五三頁。
（7）東京地判昭二五・一一・一四特許権存続期間延長願不許可決定取消請求事件・行集一巻一二号一八一二頁、一八一四頁、東京地判昭二六・五・二一特許権存続期間延長不許可決定処分取消変更請求事件・行集二巻六号九一六頁。
（8）請求棄却の例、津地判昭二三行政処分取消変更請求事件・行政裁判月報一三号七〇、七六頁、神戸地判昭二三・一二・二七農地買収計画変更請求事件・行政裁判月報二二号一八二頁、一八四頁―一八五頁、盛岡地判昭二四・七・一二行政庁の違法処分取消請求事件・行政裁判月報二二号一八六頁、一九〇頁―一九一頁、宇都宮地判昭二四・八・三一農地買収処分取消請求事件・行政裁判月報二三号二三四頁、二三六頁―二三七頁、神戸地判昭二五・一一・二五農地売渡決定取消請求事件・行集一巻一二号一六六三頁、山口地判昭二六・五・二四免職取消請求事件・行集二巻七号一一一七頁、一一二二頁、東京地判昭二七・九・二七旅券発給請求事件・裁判所時報一一六号九頁（二段―三段）、一〇頁（一段―二段）など参照。

(9)　美濃部「行政裁判法」一八三頁。
(10)　兼子・民事訴訟法二一三頁―二一四頁、団藤重光「訴訟状態と訴訟行為」(昭二四)三頁―四頁参照。
(11)　宮崎・刑事訴訟法 (法律学全書) (昭二六) 四五頁―四六頁、六五頁以下。
(12)　柳瀬「自治研究論文」二九巻二号八頁以下。柳瀬教授は却下すべき理由として自由裁量処分については違法とも適法とも判断することができないことを説明される。すなわち「処分は裁量処分であるから違法でないといふ場合の『違法』と、処分は違法でないから原告の請求は成立しないといふ場合の『違法』とは著しく性質の違つたものである(九頁)……裁量処分であるから違法でないとは単にその処分が裁量の限界を定めた法の規定に抵触してゐないことを意味するにすぎない。……裁量の限界内には無論何等の法の規定も存在しないのであるから、……違法でないといふことは決して処分が具体的場合に具体的に如何なる処分をなすべきかを定めた法の規定に適合してゐる意味において適法であることを意味するものではない。即ちこの種の処分は……適法とも違法とも言ふことのできないものである。」(一〇頁)、それ故に「同じく処分の取消を求める原告の要求を拒絶し、従つて処分をそのまま存続せしめる場合にも、処分が適法であるが故に然る場合(すなわち請求棄却)と、適法とも違法とも判断し得ないものであるが故に然る場合(即ち訴訟却下)との別がある」(一二頁―一三頁)とされ、棄却説が違法の概念を分析せず自由裁量に対する訴を却下せずに請求を棄却するのは論理的飛躍であるとも、いわれる。教授は訴訟の客体が適法違法の問題でなければならないとし自由裁量処分については、その判断が不可能であるから訴を却下すべきであるとされる。そして請求棄却の判決は原告の請求を容認しないだけではなくて被告の処分の適法であることを確認する意味が含まれると考えられる(一一頁)。しかし訴訟物を前述のように取消請求権と考えれば自由裁量の場合でも原告の請求を却けることには他の理由による請求棄却の場合と相違はないのである。そして原告の取消請求に対し係争処分を取消すべきではないと判断することは、正に本案についての判断であるから本案判決をもって解答をなすべき事項である。また自由裁量が、その限界内においてなされているか否かということは、適法違法の実体関係に関する問題である。それ故に理論としては違法の観念を適法違法の場合と違法とも適法とも判断することができない場合とで区別することは重要であるとしても訴訟においては別個の取扱をすべき理由は存在しないのではないかと考えるものである。

(13) 中村宗雄「訴と請求並に既判力」(昭二四)六頁以下、一二二頁以下参照。

(14) 中村・前掲七八頁以下参照、裁判制度の確立は「訴」と「請求」との分化を認識させ訴は、訴訟法により請求は実体法によって判断されると説明される。宮崎「刑訴」六四頁以下参照、訴訟における実体関係と訴訟関係との区別を説かれる。

(15) 中村・前掲四九頁、「訴」と「請求」とを区別し、これによって訴訟法の分野と実体法の分野とを区別することは「訴却下」の訴訟判決と「請求棄却」の本案判決との区別があるから必要であると説明する。

(16) 中川・註釈親族法(上)(昭二五)二六九頁、二七一頁以下、小池・前掲改正概説四〇頁―四一頁一七)七九頁、穂積・親族法三八三頁以下参照。

四　自由裁量の限界踰越

1　裁量の限界をこえた場合の違法

通説による意見でも自由裁量処分が完全に法の規制を受けず絶対に違法の結果を生ずる余地がないと考えているわけではない。美濃部博士は、かつて「自由裁量の行為と言っても、其の裁量権の範囲には固より一定の限界が有り、其の限界を超えたならば、違法の行為となることを免れない。」と説明されていた。(1) この見解は現在においても認められている。田上教授は「法律の留保に属しない行政では、特別な法律の規定によって制限されない限り、行政庁に裁量が認められ、……この場合にも法律の優勝性により行政が法律を破ることはできないから、法律は自由裁量の限界を示すものである。」[2]と説明される。自由裁量が法規によって存在を認められ、その本質が法規の具体化に関する権限であるから行政庁の恣意による行動を許すことにはならないということになる。それならば自由裁量処分も行政庁の権限行使の方法によっては違法になる場合もあるとして裁量処分の場合でも取消される可能性が残されていることになる。例えば美濃部博士は官吏の任命が任命行政庁の自由裁量事項ではあっても無資格者を任命し、または定員以上に任命することなどは違法である。また河川の使用許可も許可してはならない場合に許可して第三者の既得権を侵害することになるならば、それは違法であると[3]説明された。判例の場合も自由裁量による認定が明らかに度を失し社会通念上、到底容認することができないほどに、不当な場合は、もはや違法処分として取消さなければならないことであると説明している。[4]

2　裁量の限界に関する争いは実体法上の争い

これらの説明のように自由裁量が裁判所の審理を受けないということの意味は自由裁量の範囲内にある限りにおいては行政処分につき、その裁量による判断が裁判所による審理の対象にはならないということを規定しているのに過ぎない。従って自由裁量存否の問題さらに裁量の範囲ないしは限界の確定に関する問題などは当然に裁判の対象となるのである。それ故に自由裁量の限界踰越に関する論議については当然に裁判所が審理することでなければならないといわなければならないことになる。[5]その理由は、自由裁量の存否、さらにまた、その範囲などは法規によって定まっているのであり行政庁が自由裁量をもって処分をなすことが許されるか否かということ、また国民の法のもとにおける平等を破ってはならないというような裁量の限界についての論議に関しては裁判所は、もちろん審理をしなければならないからである。それは、なおまた、このような裁量権の濫用ないしは限界踰越に関する論議が、もはや裁量自体の問題ではなくなって法律上の問題となっているからである。[6] それ故に原告が自由裁量の限界踰越について争うならば裁判所は、さらに、その点をも裁判しなければならないことになる。その理由は係争処分が自由裁量処分であることが確定していたとしても、なお、その限界踰越に関する論点が請求の理由として主張されていれば、それは正に適法な訴として本案の審理が、なされなければならないことになるからである。[7]

それ故に通説が自由裁量処分についての訴は、これを却下すべしと説明するにしても裁量の限界が紛争となっているからには本案審理を行ない踰越の事実がなければ原告の請求を棄却する結果となる。[8] それならば単に裁量の当否を争って訴が却下されたとしても限界踰越を争うことに争の内容を変更して本案審理を求めることができることになるということになるのではなかろうか。例えば前にあげた水利権許可の問題において第三者に対する許可処分により不利益を被った者が最初は裁量の不当を理由にして出訴したために訴が却下された。そこで次に理由を変更して違法に既得の河川利用権を侵害されたことを提示し、その理由に裁量の限界をこえているということを主張するとすれば訴を提起しなおす場合も考えられる。この場合に前訴においては通説によれば訴は却下され、裁判所は、なんら水利権許可処分の取消関係すなわち原告の取消請求権については裁判していないことになる。[9] 従って判決には既判力がなく後訴に対して、その効力を及ぼすことにはならないといわなければならない。

3　裁量事項ということだけでは、訴訟事項は決定されない

このように前訴において係争の処分につき確定判決がなされていない。それ故に既判力は生じていない。従って改めて係争の処分が裁量の限界を越えていることを理由に訴を提起しなおすとすれば、この後訴は、既判力に抵触するということがなく、そのために訴が不適法となることもない。しかも限界踰越を理由に争うのである。従って訴の内

容から見ても、後訴は適法な訴ということになり、改めて本案審理がなされなければならないことになる。[10]しかし、このような紛争の繰返しが、そのままに存置されることは、訴訟制度の目的に反する。[11]その理由は両訴とも、同一の法律要件に基づいてなされた許可処分の取消請求に関する事件であり、単に、請求を理由づける原告の主張方法が、修正されたことに過ぎないからである。従って、まったく同一事件に関する訴訟であるということであり、これについての審理の反復は無用であるといわなければならない。前訴においても、係争処分の性質決定について審理をなし、裁量の適否をも判断して、自由裁量の範囲にある処分であると確認して却下したのである。この結論は処分を取消すべきではないという結果がすでに明白に下されていることになるのである。ところが原告は、まったく同一の事項に関して、単に理由を変更するだけで再び審理を要求することができることになる。そのために裁判所は、再審理をしなければならないことになってしまう。従って、裁判所は不必要な負担を課せられることになる。通説の理論によれば、このような弊害を生ずることになる。その理由は、紛争の統一された解決と、訴訟の確定とについて考慮を払わなかったからである。

4 訴訟による法関係の確定

訴訟は、法関係の確定を要求することである。それ故に当事者にとっては多少の犠牲にはなっても、紛争解決および確定のための手段をとることになる。その必要のためには弁論を終結させ、確定判決を宣告することによって、将来の法律関係の安定と保障とを実現しようとする。従って、このような場合においても、係争処分の取消原因に関する主張については、前訴における事実審の口頭弁論終結の時までに、その主張のすべてが提出されているべきであり、それまでに主張することができる攻撃防御の方法は、判決後において、新に提出することを許してはならない。[12]その結果、限界踰越のような取消原因に関する理由づけの主張は、判決後に生じた、まったく新な事情による場合には別として、前訴において、すべての主張がすでに提出されていなければならない事項である。事件の確定という観点から見れば、理由づけの変更だけによって、再訴を許し、重ねて本案審理を要求することができるような手続を許すべきではない。このためには、すでに、前訴において、判決に既判力を生じさせておく必要がある。この事件における紛争の処分が、確定判決後、改めて取消されるようなことにはならないということを確定しておかねばならないわけである。

5　限界踰越が判定の決定基準

さらに争訟対象の処分につき、その限界踰越を理由とすれば、適法な訴を改めて提起したことになるのである。それ故に裁判所は、訴状に不当に関する事由だけが提示されているということだけを理由として、直ちに、訴を却下すべきことにはならない。その理由は必要に応じて、処分が限界を越えている旨の主張につき補充訂正の機会を与えなければならない必要を生ずることもあるからである(13)。つまり裁判において弁論は、当事者の責任においてなされ、裁判所は、その提出された資料によって審理をなすのが当事者本位の訴訟における基本原理である。しかし、それでも原告の主張が、完全にその意を尽しているとは限らない。具体化された個々の事件において、自由裁量の範囲内にある事項であるのか、限界踰越の問題であるか否かということについて、この区別は、必ずしも簡単に判別できることではない(14)。これに関する原告の主張も、常に完全になされていると完備されているわけでもない。このような場合に、裁判所は、限界踰越についての陳述を原告に補充させ、証拠の提出を促すこともできるのである(但し、行特九)。ただし、この釈明権の行使は裁判作用の親切な誠意のある実施のためには必要であり、従って、裁判所は、事情によっては、自由裁量処分に対する訴であっても、必要な事項を補充させて、裁量の限界踰越を争う訴に訂正し、審理を可能とする権限を有する。そのように、訴訟手続を指揮することが、本来の裁判実施の在り方である。それ故に外観は、裁量の範囲内における紛争であるかのように思えても、裁判所は、自らの判断によって、本案審理をなすことができる。従って自由裁量の存在をもって、訴訟事項を決定し、このことを訴却下の理由とすることは、訴訟の観点から見れば、そのような区分は実益がない。さらに通説によれば、このような裁判所の指示がなされているのにもかかわらず、原告が、強固に陳述の補充訂正をなさず、あくまでも裁量の不当についてだけ争うのであるならば、訴を却下しなければならないことになる。しかし、その後において、原告が、その主張を訂正して再び出訴するならば、裁判所は本案審理を拒否することが許されない。従って前の好意による裁判所の勧告を拒否したのにもかかわらず、再び、前の通り訴の提起が許されることになると、裁判所は、原告の恣意のままに翻弄される結果となってしまう。このように通説によっては、この種の弊害を防止することができないことになる。

要するに、自由裁量に関する争訟も、窮極においては、裁量の存在、限界踰越の問題にまで発展する。通説も、その場合には、本案審理をなすべきことを認めることになるのである。そのために、結局、自由裁量処分であっても、裁判の対象となることには変りはないのである。(15) 実際に、原告が、この種の限界踰越を理由として訴を提起したならば、裁判所は、本案審理を拒むべきことにはならない。実体法の理論から見れば、裁量内の当不当の問題と、限界踰越の問題とは別個の争いであるとして、混同すべきことではないかもしれない。(16) しかし、これらのことは、訴訟においては、請求の問題に関連する事項としては同一範囲に属することであるから、実体法の理論のように、別個の取扱いをするということは、その必要がないことになるのではなかろうかと考える。

（1）美濃部「行政裁判法」一九一（123）頁。
（2）田上「行政法原論」三一頁—三二頁。
（3）美濃部「前掲」一九二（124）頁、同趣旨、田上「前掲」三二頁。
（4）東京高裁昭二六・四・三〇行政処分取消請求控訴事件・行集二巻五号七五六頁（「宥恕すべき理由」の裁量に関するものである）。松山地裁昭二六・四・二六国有地売渡決定取消請求事件・行集二巻五号七三六頁、大阪地裁昭二六・七・七行政処分取消等請求事件・行集二巻八号一三六一頁—一三六二頁（免職事由の認定に関するものである）など参照。
（5）田中「行政法」一五七頁、三二四頁。
（6）F. Fleiner, a.a.O., S. 258.
（7）田上「行政法原論」三二頁、「公法研究論文」八号一〇二頁。
（8）柳瀬「自治研究論文」二九巻二号一一頁—一二頁。柳瀬教授は、この場合においても却下すべきであると説明される。この説明によれば「原告は処分が裁量処分であることは承認し、ただ係争の具体的の処分は法の定める裁量の限界を超えてゐる意味において違法であるとしてその取消を求めてゐる場合であるが、……事情は前の場合と変りはない。」として、裁量処分でないとして争う場合に、その主張が誤りであって訴を却下されるのと同じ取扱いをなすべきであると述べられる。そして、裁量内の処分となれば「これを違法とする原告の主張は誤であることは明白であるが、併しそれは決して係争の処分が具体的場合に具体的に如何なる処分をなすべきかを定めた法の規定に適合してゐる意味において適法であることを意味するものではない。……原告の主張が誤であることは係争の処分が適法とも違法とも判断することのできない領域にあることを示すものであって、従つて裁判所としては、原告の主張が誤りであることが判明した後は、それ以上の判断は差控えて、処分をそのままに置き、その意味においてその取消を要求する原告の請求を拒絶し、即ち訴を却下することがとるべき正しい処置」であるとされる。しかし、この場合に問題になっているのは、限界踰越であり裁量内の問題ではない。それ故に限界を超えたか否かを判断すれば十分である。そして、限界は、法の定める事項であり、それを越えないということは、適法なことの主張であって、このことは、適法違法の判断をすることができることである。従って限界踰越による違法の主張に対し、それが正しくないと判断し、請求を拒絶することは、正に本案審理であるから、請求棄却の本案判決の言渡しをしなければならないことになるのではなかろうかと考える。

(9)　細野「民訴要義」第四巻（昭一五）一六五頁―一六六頁。

(10)　田上「原論」二七〇頁、田中・前掲三七六頁。

(11)　兼子「辞典」I三五四頁中段、伊東「民訴教材」一四頁、二二頁。

(12)　兼子「民訴」二一四頁。

(13)　兼子・前掲一一九頁。伊東「前掲」五六頁―五七頁。

(14)　田中・前掲三二三、三一五頁。

(15)　W. Willoughby, The Constitutional Law., Vol. 3, p. 1326.「裁量権が、憲法もしくは法律によって保障されている場合には、その行使される方法は、司法審査の対象とはならない。」しかし、「それ故に、裁判所は、裁量権の存在および範囲の問題についてだけ関与するのである。」この説明によれば、自由裁量が認められるということは、裁判所の審理の限界を示すだけであって、出訴とは関係がないことであり、自由裁量であれば、原告の請求が常に容認されないことであって、これは、訴が不適法になることではないと考えるべきであろう。

(16)　佐々木「日本行政法論」総論七五頁―七六頁、六三七頁―六三八頁。自由裁量内の問題と、自由裁量をすることができるか否かの問題、限界踰越による裁量権の濫用の問題とを区別しなければならないことを説明される。

五　弁論手続の省略

1　私益と公益との調整

通説が、訴却下をなすべきことを主張する意図は、一つには、行政事務の遂行が、裁判所の審理手続によって阻害されることになるのではないかという実務上の影響を懸念し、これを除去しようとすることにある。(1)確に、この種の配慮を、まったく無視することは許されない。行政作用は、直接に公益の実現を目的とするから、その適法な執行を確保することは、公益の維持と同時に、個人の権利の擁護ともなるのである。それ故に、行政訴訟制度においては、公益の維持と個人の権利擁護とは同時に行政訴訟制度の目的として存在し、(2)いずれか一方の事項のために他のことを犠牲にすることは許されない。従って、あまりに厳格に裁判手続を実行することによって、行政庁の迅速な事務の処理をさまたげることになったのでは、かえって、公益の維持が実現されない結果となってしまう。この二つの目的を、あわせて実現するためには、行政と司法との両作用の調和をはかり、裁判所が、必要に応じて、審理手続の簡略化の措置をとることができる方法を、承認することが適切であろうと考える。

右のような要請に答える手続とは、訴状の書面審理により、直ちに結論を出し、口頭弁論手続を省略する方法である。すなわち、訴状記載の事実により、係争処分が自由裁量の事項であって、且、裁量の限界内においてなされていることが明白であり、この点について審理の必要がないと思われる場合には、口頭弁論手続を開かず、直ちに請求棄却の判決をなす迅速な方法を採択することである。

2　書面審理による略式手続

ただし、この方法は現行の民事訴訟法によっては認められず不可能ではあるが、立法論としては、正に考慮に値する方法である。すなわち現行法によれば、判決は口頭弁論に基づかなければならない（民訴一二五Ⅰ）。それ故に弁論の短縮は許されても、口頭弁論を全く省略することは認められない。そして、現行の行政訴訟は、その手続の大部分を民事訴訟法に基づいて運営されているのである。従って右の方法が、直ちに実行できる手続ではないことは、もちろんである。しかし、行政訴訟制度の特質[3]にかんがみ、特に、この簡略手続を制度化することができると考える。その理由は、このような方法が訴訟制度の範囲では全く新な方法ではなく、すでに、刑事訴訟法および人身保護法によって承認されている先例があるからである。刑事訴訟法三三九条第一項によれば、「起訴状に記載された事実が真実であっても、何らの罪となるべき事実を包含していないとき」は、公判手続を経ずして公訴棄却の決定をすることができる。[4]また、人身保護法一一条第一項によれば、「準備調査の結果、請求の理由のないことが明白なときは、裁判所は審問手続を経ずに、決定をもって請求を棄却する。」と規定されている。[5]すなわち口頭弁論手続に相当する審問手続を省略して請求棄却の決定をする便法が採択されているのである。従って行政訴訟において同様の手段がとられたとしても、必ずしも国民の権利救済の道を封ずることにはならない。そして、裁判所は、自由裁量の範囲内における権限行使として、処分を取消さず、原告の取消請求権の存在しないことを判決しているのであるから、行政庁と原告との法律関係を確定することにもなる。このような趣旨と推測される意見が最高裁判所当局の一部において主張された。すなわち柳瀬教授の紹介されるところ[6]によれば、係争処分が、自由裁量のものであることが、明白であるときは、訴を却下し、不明の場合には審理して、自由裁量であると判明すれば請求を棄却するというのである。この意見を、柳瀬教授は、前後矛盾する考えとして批判された。[7]当局の意見が、判決の性質について、いかに考えているのか、この説明だけでは不明であるが、却下の判決を訴訟判決の意味において行うならば、前後矛盾していることは、まさに教授の指摘される通りである。しかし、前述の便法を新に制度化し、単に口頭弁論を省略する意味において、外見上は却下の判決をなす方法が、(8)承認されるとするならば、矛盾なく同じ目的を達成することができるのではなかろうかと考えているのである（因みに民訴二〇二では、この種の判決をすることは許されない）。

通説が、訴却下によって本案審理を排除しようとすることは、裁判所が審理することにつき、司法権による行政権への介入になると懸念されるからである。(9)しかし、この方法によることになれば、直ちに、弁論手続がなされるわけではないから、行政が、裁判手続によって阻害されることはないといえることになるであろう。司法と行政との作用を調節するために、出訴を制限することは、列記主義を廃止して、訴訟事項の制限を撤廃した現行制度の趣旨にも適合しない。(10)また、単に、訴却下を主張しただけでは、訴訟要件の審査と本案審理とを理論通りに段階によって区別せず、両者を同時に交錯して行う現行制度においては、必ずしも審理手続の省略の結果とはならないから実務としては実益がない。

3　訴訟事項判決にともなう混乱

行政訴訟事項列記主義の旧制度から、一切の法的争訟を、司法裁判の対象とする概括主義の訴訟制度に変更されたときに、なぜ、このような訴訟法上の問題が生じたのか。その原因の一つは、自由裁量事項という言葉の意味が不明確なことに起因すると考える。もし、自由裁量事項の意味が司法裁判の対象とするのに適しない事項であるということを示めすのであれば、裁判所の権限事項を定めるに当り、この種の司法の外にある事項は、これを行政庁の専属管轄に属する事項であるとし、このことを法律に明記しておくことが必要であったと考えている。それ故に所管事項につき明確な画定条項が定められてあれば、裁量の限界を越えたか否かという論議を生ずる余地は完全になくなることになる。その理由は、いずれの管轄に属すべき事項であるかという判別は、訴の提示する事件の特質によって定まり、担当行政庁による個々の事件においてなされる個別の裁量の仕方によって決定されるべき事項ではないからである。従って裁判所の管轄外にある事項が訴として提起されて来たとしても、裁判所は本案の審理をなすまでもなく、訴を受理することなくして、訴を却下しなければならないことになる。

ところが従来の通説の意見によれば、自由裁量の問題は、担当行政庁が裁量の限界をこえるような過誤があれば、この問題を審理しなければならないことになるという。それであれば、行政事件に関する訴訟事項は、行政庁の自由裁量事項であるか否かという事では確定されない。その理由は、係争の行政処分が仮に行政庁の自由裁量に属することであるとしても、結局、係争処分における裁量が、その限界をこえているか否かを争点にして争えば、その訴は裁判所の本案審理が受けられることになってしまうからである。

しかも、この審理は、訴訟事項に関する形式手続に関する訴訟審理ではなく、正に事件の実質および内容に関する本案審理である。それ故に、自由裁量事項に関し、もし限界を越えた過誤があって違法であり、法律上の争訟として裁判事項に属することになると説明するのであれば、自由裁量事項であるか、否か、ということは、もはや訴訟事項を確定するための基準とはならないと結論づけなければならないことになると考える。

それ故に、現在の手続取扱いが、係争処分に関して、同処分が自由裁量であるか否かを判断の重点とせずに、裁量が適切であれば請求を棄却し、裁量の限界をこえて違法な場合には、原告の請求を容認して係争処分の取消しを判示することになる。これ以外に事件を処理すべき方法は考えられない。

4　訴訟事項概括主義についての再検討

確かに各人の自由および権利を裁判によって救済するということから考えれば、訴訟事項について概括主義を採択することは、各人に裁判による権利救済の機会を広く認める意味で意義のあることである。

しかし、多種多様な行政事件に関して、その審理、判断、処理などの総てを、実際に裁判所に委ねることが、果して、できることであるのか。例えば大きな風水害について、また複雑で原因不明の医療問題、思想、信条の対立を含む教育問題などを考えただけでも、行政における高度の特殊専門分野にわたる法判断が必要になると考えられる。これらの高度の専門知識をもって判断しなければならない事項までも、広範に通常の裁判所に判断の担当を期待できることであるのか、懸念を有するのである。それ故にこのような特殊な事件については、新たな専門化された訴訟制度の設置によって、訴訟事項を明確に整理し、漫然と概括主義を採択することによって生ずる訴訟制度および手続の雑然とした混乱状態を、整理することが必要であると考える。すでに租税については租税不服審判所が設置され実現されている。また実績のある海難審判制度から推測し、将来は航空災害さらに陸上では高速道路または鉄道における高速交通機関による大企模な事故災害などに関し、専門化された法判断制度が専門裁判所制度として考案されてもよいと思う。

そのように制度が改革されて行けば、裁量事項に関する論争問題は、根本から解消され、制度は、一般国民にとっても、明確に理解しやすくなることが期待される。

(1)　田上・公法研究八号一〇一頁、美濃部・行政裁判法八三頁―八五頁、田中・行政法三一一頁以下。
(2)　美濃部・前掲七九頁、田中・前掲三一二頁参照。

（3）　田中・前掲三一〇頁—三一五頁。
（4）　團藤・新刑事訴訟法綱要（昭二八）一一三頁、三二六頁。
（5）　小林一郎・人身保護法概論（昭二四）一五四頁。
（6）　柳瀬「自治研究論文」二九巻二号四頁—五頁。
（7）　柳瀬・前掲七頁—八頁。「前の場合は、……係争の処分が裁量処分であることが初から明らかである場合といはれてゐるが、それは即ち、係争の処分は裁量処分であるか否かの判断が裁判する者の心の中で行はれて、その結果それが裁量処分であることが明かであることの意味に外ならないからである。即ちこの場合と後の場合との相違は、ただ右の判断が裁判する者の心の中において行はれるか、それとも法廷における審理の形をとつて行はれるかの形式の上の相違だけにすぎないので、実質においては、何れの場合にも全く同一の判断が行はれ、同一の結論が出されてゐることは異なるところはないのである。」として、性質の異る訴却下と請求棄却の判決をするのは、前後矛盾するとされた。
（8）　この場合の訴却下の判決は、その本質は、本案判決であり、請求棄却の判決と、その性質が同じものである。
（9）　田上・前掲論文一〇一頁。
（10）　田中・前掲二七四頁以下、原・行政における法治国思想の展開一七〇頁以下。

（法学研究二六巻一〇号）

〔付記〕　この論稿は、就職して最初に発表した論文である。何度か執筆の練習をして、最初の予定では、公共の福祉に関連する裁量論の研究をまとめることを目標としていた。原稿の分量も相当なものになったので、指導教授の検査を受けることにした。その前に教授会で、すでに発表をすませ、その承認を得ることができたので、発表の時の原稿を、さらに整備して提出し、検査を受けたのである。しかし教授は、ペラペラと少々、目を通しただけで、発表することを了解されず、さらに何度か再検討すべきことを申し渡された。その後、くり返し、検討もし、書きなおして検査を受けたが、なかなかに了解が得られず、さらにさらに検討を加えるべきことをすすめられた。すでに教授会では了承していただいてあるのに、なぜ許されないのであろうか、教授会での発表の時から、もう一年以上も経過している。とにかく自分で反省して、論述の重点を極端に一つの論点だけにまとめることにした。その結果が、ここに発表した程度の、しかも分量の少ない原稿になってしまった。最後に、これでよいといわれたのが、それが前に掲げた程度、分量の論文である。

しかし有難いことに、論文というものの、その論旨のとらえ方、書き方、説得の進め方など、身をもって知ることができた。さらにまた原稿の訂正も先生ご自身で克明にしていただいた。出来上った論稿は、極めて僅かの短いものになってしまったが、指導教授は、これでよい、これが論文というものだ。今までのほとんど大部分は学習レポートのようなもので、発表すべき内容および価値のあるものとはいえないと説明して下さった。

そして最後まで、他の部分の原稿の発表は許されず、それらは、これまでの学習成果として保管し、後日、必要に応じて、論説の根拠、資料などとして利用すべき性格のものであると説明して下さった。まことに得がたい厳しい経験であったが、論文、論説の構成ということを、言葉だけのことではなく、身をもって体験し、それは、例えてみれば、剣道の真剣勝負のように感じた。まことに有難い指導で、今でも、このことを忘れずに、常に感謝している。しかし、すでに指導教授は、なくなられてしまった。

ところで、この最初のつたない論作であるにもかかわらず、この未熟な論文を、京都大学の杉村敏正先生が、わざわざお読みになり、公法研究の文献紹介の欄（二一号一七三頁）に、その要点を指摘され紹介して下さった。肩書きの教授は、もちろんミスプリントであるが、これも悪い気持をもたせる誤りではなく、かえって励みの源泉となっている。それ以来、この学界紹介記事が、いつも大きな激励となってきていることはいうまでもない。この心温まるご好意も、若い研究者にとっては今だに忘れられない恩恵であり、感謝の気持で一杯である。

2　行政強制に関する基本問題

一　行政目的の確実な実現

1　行政強制の実施における基本問題

行政強制とは、行政の目的を確実に実現するために各義務者に対して執行される強制措置である。そこで行政強制に関する基本問題として、その第一は、いかにして行政下命すなわち行政庁の命令に対し各人の行政義務履行を促がして、行政目的の達成を確実に実現しようとするかということである。次に、このような行政主体の権力による命令さらに強制の作用に対して、逆に、どのようにして各人の自由および権利を保障しようとするかということである。そのために、この二つの相対立する要求を、適切に調整するということが、法治国原理の観点から見て、行政強制の基本問題となってくることになるのである。

もっとも行政作用に対する関心は、旧憲法時代と比較して現行憲法のもとでは、それ程に重視されることではなくなってきている。その理由は現行憲法においては、過去の過剰行政に対する反省から、司法国原理への転化によって、行政作用に対しても、通常の司法裁判による法の抑制ないしは「法の支配」の原理による統制が確立されることになったと観察することができ、行政だけの国民に対する単純、統一化された指導だけでは国民の信頼は得られない。これに対して国民の側でも、受け身の立場で、ただ承服することだけでは、了解しなくなってきているのである。

2　行政強制の担当者と強制の種類

ところで行政作用を客観化して考察すれば、行政の公正を維持し、これによって人権の保障をも重視することが重要な目標となる。それ故に、行政作用といえども行政機関だけによる自力執行が当然には許されず、一般私法上の権利と同様に、独立の第三者の地位にある裁判所の判決に基づいて、はじめて強制措置をとることが認められるということになる。しかし、それだけの方法では行政の目標を達成することが困難となる場合を生ずることもある。そこで行政も、また国の統治作用の一つとして、国の目的実現を進んで意図する積極活動であることを特質とすることを考慮しなければならない。つまり行政も、また社会公共の秩序を維持しようとすることを目的とする作用である。それ故に迅速確実に行政目的を達成することにとって必要な強制手段を、時として状況により行政権自体が保持することをも認めなければならないことになる。

それ故に行政強制とは、このような行政目的を達成するためになされる各人の身体または財産に対して行使される実力をともなう作用である。従って、それは行政上の強制執行（行政法上の義務不履行に対して、行政庁が義務者に実力をもって義務を履行させ、または、義務の履行があったと同一の状態を実現させる作用）と、即時強制（急迫の障害を除くために、義務履行を命ずる時間の余裕がない場合、または義務を命ずることでは目的を達せられない場合に、直接に義務者に対してなされる実力作用）とに区別される。この強制執行が一般に採択される手段としては、これまでに代替的作為義務つまり義務者本人だけではなく、代人によっても果すことが可能である義務についての代執行と、非代替的作為義務すなわち本人が果さなければならない義務つまり代人では果すことが不可能な義務または不作為義務すなわち行動してはならない禁止を遵守すべき義務、これらの義務不履行に対する執行罰と、さらに義務不履行の場合に直接に義務が履行されたと同じ状態を実現させるための強制措置として直接強制の三つの手段が認められていた。しかし執行罰は、その実益としての効果が少なく、また直接強制は人権侵害をともなう危険な方法であるので、これらの手段は排除され、結局、強制執行のために一般にとられる手段としては、代執行だけが定められているのである（昭二三・法四三号行政代執行法）。

3 義務履行に関する強制措置の欠如

従って現在では、代替的作為義務については、代執行の強制手段が一般に認められている措置ではあるが、非代替的作為義務または不作為義務に関する直接の強制手段は、個々の法律によって特別に、それぞれ規定がある場合は別として、一般の方法、手段としては存在せず、ただ、この種の義務違反に対しては、事後に行政罰を科すことによって、間接の強制すなわち威嚇の方法により義務履行を促がそうとしているのが現状である。それは人権を尊重し行政権による人権侵害を防ぐために、裁判所による司法手続による統制に重点をおいた結果であるという。それでも結局は行政法上の義務が遵守されず、これが履行されなかった場合には刑罰という重い制裁をもって、おどし、これに対する直接の強制手段がないということになっている。しかし、それでは行政執行の目的は達せられない。そのために行政権の自力執行ないしは行政行為の実効性維持について欠陥を生ずる結果となった。以上の点が行政目的の達成ないしは行政法秩序の維持の観点から、批判されている重要な課題なのである。法の定める義務は各人により確実に履行されなければならないはずである。もし、そうでなければ、法の権威、存在理由が無視され、無法状態の混乱におちいる危険がある。

4　緊急の措置（即時強制）

次に、このような行政強制の許される場合には、義務の不履行に対する強制執行の措置をもって、その対抗手段とすることを原則としている。しかし急迫の必要に応ずるためには、やむを得ない例外措置として、または行政下命をもってしては、目的を達することができないような場合には、直接に強制権力を発動して、この特別の措置により行政目的を達するための手段が必要となることも考えられる。すなわち即時強制が認められるのは、以上のような緊急の措置を必要とする理由による場合である。しかし即時強制は強制執行と異なり、直に強制措置をとることである。つまり行政下命をもって義務の履行を命じ、義務に応ずることの余裕をおいて、その不履行に対して強制措置をとるという段階をおくことはできない。従って義務を命ずる余裕をまつまでもなく、直ちに各人の身体または財産に強制力を加えることである。それ故に人権侵害の危険が最も大きい措置であることは当然である。そのために人権侵害の危険を予防するには即時強制に対し法律による厳重な制限が必要とされるが、これには、さらに憲法の定める司法官憲の発する令状を必要とするか否かということが新たに研究課題となるのである。これらの問題については、次にその概略を説明することにする。

二　強制執行に関する法律上の根拠および制限

1　公権力作用の特質

私法関係においては各人相互間の自力救済が禁止され、権利者は、裁判所の判決をまって、初めて公の執行機関により相手方に対し義務の履行を強制することができることになる。しかし、これに対して公法関係においては、行政主体に自ら強制執行を実施する権能が認められていることが、行政作用執行の特質であると指摘されている。このような行政の自力執行権が認められる法律上の根拠については意見が分かれている。その第一は、従来の行政強制制度の伝統を受けついで主張されて来た意見で、行政下命権は、当然に下命の内容を実現すべき強制執行の権限をも、あわせて含むことになると思考するのである（柳瀬・行政法教科書一二二頁参照）その理由は、強制力がなければ行政執行は実現できず無意味な作用となってしまうからである。

2　行政強制に関する学説および意見の相違

従って、行政強制は、既存の行政義務を、そのままに実現する限り、特に法律の規定を必要としないことになるのである。従って、これに関する法律の規定は、新たに強制執行の権限を創設することではなく、単に既存の権限の内容を限定し規制するだけの意味しかもたないことになると考えるのである（柳瀬・同上参照）。この意見は、ドイツにおいてはオットー・マイヤーを中心として主張されていたのであるが、行政強制に関する理論の基礎を確立した学説として、これまでの伝統と承認され、わが国の学説に対しても特に旧行政執行制度のもとでは、多くの影響をあたえていた意見である。

これに対しては、行政下命とその強制執行とを区別し、下命権には、当然には強制執行権が含まれず、これが認められるためには、さらに特別の法律上の根拠を必要とするという意見がある（田中二郎・行政法総論（法律学全集）三八一頁参照）。この意見は、行政に対する司法つまり裁判による統制を重視して、行政義務の履行に関する強制手段も、これをできるだけ裁判手続により規制すべきことを考慮に入れて主張された意見である。ドイツにおいても、伝統とされて来たオットー・マイヤーの意見に対して、フォルストホッフは、ドイツ基本法二〇条三項の定める法律による行政の拘束に関する原理を根拠にして、行政下命権と強制執行権とを区別し、行政上の強制執行も、また別個の特別の法律によって、その根拠があたえられて、はじめて行政庁の自力執行権が認められるべき権限であることを強調している（E. Forsthoff, Lehrbuch d. VWR. 8. Aufl., S. 264f. なお広岡「行政上の強制執行の研究」が、ドイツの強制執行制度について詳細な説明をしている）。

3　意見の相違に起因する強制措置の取扱いにおける差異

ところで、この二つの意見は、行政上の強制執行について、関係の法規が存在していない場合には、その結論がわかれてくることになる。すなわち第一の、一般化された行政強制の原理を前提として、行政下命権には当然に強制執行がともなうことになるのであると主張する意見によれば、たとえ強制執行についての法規がなくても、行政下命権が法律によって根拠づけられていれば、その法律に基づく効果として、行政下命により既存の義務を履行させる限度においては、強制執行ができるということになる。従って行政義務の履行を確保する目的から見れば、理にかなった意見ではあるが、行政の自力執行にともなう権利侵害の危険が多分に懸念されるために、各人の自由権利保障の観点からは批判されている点である。

第二の見解によれば、行政義務の命令権とその強制執行とは区別されることになる。従って特に行政上の強制執行を承認する法律の定めがない限り、義務に対する強制執行を行政庁自体で行なうことが許されないことになる。このために行政目的達成の点から実際の効果がないことが批判される。しかし日本国憲法は、国民の自由権利の保障に重点をおくことを目標とするのであり、法律に基づく行政の原理を徹底させ、さらに、この原理を広く裁判所の司法作用による統制によって維持しようとしている。このような理由から、行政上の強制執行についても、行政上の義務を定める法律とは別に、独立の法律上の根拠が必要であると主張する第二の意見が、現在では有力である。

4　主要な強制方法としての代執行

このようにして現在の制度のもとでは、行政上の強制執行に対しては、法律による厳重な制限が加えられていることになった。すなわち一般に行なわれる強制執行の方法としては、代替可能な義務に対する代執行が認められるだけで、直接強制は排除されている。

5　行政罰による間接強制

もちろん特別法によって必要に応じ直接強制の方法を採択することは可能である。しかし、この方法は、あくまでも例外の措置として限定されており、一般の方法としては許されているわけではない。このために非代替的な義務等の履行を確保するための強制手段としては、行政罰の威嚇による間接の強制方法が、とられることになってしまうのである。しかし、この種の方法がとられなければならなくなってしまった理由として、直接強制は苛酷な人権侵害をともなう危険のおそれがある方法であるからである。行政罰は司法上の裁判により慎重な手続による事後になされる制裁である。それ故に人権侵害の危険は少ないということが主な根拠であるとされている。

しかし刑罰それ自体が、すでに重大な人権に対する侵害であり、行政義務の履行を確実なものにするため安易に刑罰を科せられる機会が多くなるということの方が、場合によっては、かえって人権侵害の危険が大であることに、注意しなければならない。しかも行政罰によっては、行政上の義務履行の問題は根本から解決されず、行政目的の達成のためには、刑罰は、その本質からみて、なんら、適切な方法をも提供することにはならない。その理由は、相手が処罰を意に介さず、義務の履行に協力しないのであれば、行政目標は最後まで達成されないことになってしまうからである。行政罰が考えられる理由は、前述のように一つは刑罰による威嚇によって義務履行を間接に促がすということである。また他の理由は、それが刑事司法手続によって、独立の第三者である裁判所の判断のもとにおかれ、行政権による専断を排除することができるということである。もし第一の理由によるとすれば、行政法上の義務も、また刑罰による威嚇によって担保されているということになる。そのために、この種の義務の履行を確保する一般の方法手段として、行政罰が刑罰として広く行なわれるということになるとすれば、果たして、このような方法が現代における刑罰制度の本来の趣旨に適合することになるのであるか否かということが根本から疑われることになるであろう。つまり刑罰の本体は法による威嚇であるということで、現代刑罰制度の本旨から、はずれることになってしまうからである。確かに、重大な義務違反に対しては、その責任を追及する意味で、行政罰の重要な意義を認めなければならない。しかしこのような意味での処罰が本来の目的ではなく、もっぱら処罰による威嚇だけが行政の義務履行を促がす強制手段として、その目的であるとするならば、これを行政上の義務履行に対する一般の方法による強制手段とすることは、かえって人権保障の趣旨にも適合しないことになってしまうのである。行政上の義務不履行による法違反に対して、事後に苛酷な刑罰をもってのぞむということよりも、まず考えるべきことは、強制の方法によるにせよ義務を履行させて、行政の目標を達成することに協力させることを、第一に考えなければならない。人権保障の観点から見ても、さらにまた行政目的の達成の点から考察しても、行政罰をもって義務履行の強制手段とすることは、事後における間接的な威嚇強制手段であり、行政効果を達成することから考えても、その成果は期待できず疑問であるといわなければならない。正に再考を要する課題である。

6　行政強制に対する司法作用による抑制

このようにして右の理由のうち是認されるべきことは、行政強制の場合における行政権によってなされる専断の排除ということである。すなわち行政上の義務が法の定める義務である限り、その不履行に対して法による強制の措置がとられることは、当然にこれを認めなければならない。しかし、この強制措置を認めれることが国、公共団体による行政の特質である。それでも、行政権の主体によって一方の立場からなされる判断のもとに強行されることは、できる限り、このような強制措置が排除されなければならない。この点に十分な考慮がなされているならば、代執行のほかに行政法上の義務を履行させるための強制方法が、とられるべき余地が残されているように考えることができる。

直接強制が否定される理由は、命令、強制による執行方法の点にあったのではなくて、むしろ、この種の強制措置をなすべきか否かの判定が、行政権を直接に担当する行政庁自体に委ねられている点にあるのである。それ故に、ここに法律による明確な基準を定めて、これを法の手続として厳重に統制し、また行政庁より裁判所に申請して、その判定のもとに強制措置をとること等の制度が考えらなければならないことになるのであろう。なお、この種の司法によ る統制が、行政の迅速な目的達成の要求に応ずることができないとすれば、民主化された行政監督の制度によって、行政庁の強制権限を規制する等の方法も考えることができるであろう。いずれにせよ、行政法上の義務履行を直接に強制する方法がないからという理由で、一般に行政罰による威嚇の方法によって履行を促がすということは、一方では行政目的が達せられないばかりではなく、他方では、かえって権力による行政を増大させる結果となり、望ましいことであるとは考えられない。

三　即時強制に関する法律上の特則

1　法律の規定に基づく即時強制

即時強制とは、急迫した事態において行政下命により相手方に義務を課す余裕のない場合、または義務を命ずることによっては行政目的を達することができない場合に使用される強制措置である。それ故に、法律上の根拠がなくても、この方法が許されるというわけではない。この種の強制措置は、公安を維持し、行政の目的を達するためには必要やむを得ない措置であるとしても、この種の方法は各人の身体または財産に対して重大な侵害をともなう結果になるのである。それ故に法治行政の原理によれば、即時強制は法律の厳重な制限のもとに、おかれていなければならない措置である。緊急事態に際して法の範囲外にある特別の強制措置を認める緊急権の場合と異なり、即時強制は、あくまでも法律に定められた権限であって、緊急例外の場合における必要性を一般化した理由として、即時強制を法律の根拠なしに行なうことが許されると理解すべきことではない。もっとも警察上の即時強制の場合に、事態の急迫状況によっては警察権の通常の限界をこえた強制措置がとられることがある。このような場合を警察緊急権または警察急状権と呼称しているが、しかしこの種の場合にでも、実定法の根拠なしに、強制が許されるのではなくて警察急状権の発動についても、法律上の根拠が必要であって、実定法で認められた場合に限られているものである（田上・警察法（法律学全集）一〇五頁―一〇六頁参照）。

2　特別例外措置としての即時強制

このように即時強制は、行政下命による義務を前提としないで直ちに必要な強制措置を加える手段である。それ故に、さきの強制執行の場合に比較して、各人の自由および権利に対する侵害の程度が大となる危険な方法である。従って強制執行に対比し、あくまでも、この方法は厳格に例外の措置として、その実施が許されるかということについては常に慎重な解釈がなされていなければならない。しかも憲法の人権尊重の趣旨から見ても、特に法治行政の原理が遵守されていなければならない範囲である。従って、さきの緊急事態における必要性を単なる理由にして、法律上の根拠もなしに即時強制を行なうことは許されないことになる。右のように即時強制の場合には、確かにその前提となる義務の存在を必要としないが、しかし、この点からみれば即時強制は、あたかも法律上の根拠のない制限を加える法の範囲外にある実力作用のように思われる。それでも法律が行政庁に対して即時強制の権限を与えていることは、同時に各人に対して、このような強制に対する受忍の義務を一般に命ずることが必要となる場合があると認識されているからである（田中・前掲書三九八頁、柳瀬・前掲書二〇五頁）。

3　即時強制措置と司法令状制度

このように即時強制は、緊急措置であっても法律上の根拠を必要とするのである。しかし、さらに憲法との関係において、この種の行政上の即時強制についても、刑事手続と同様に司法官憲の令状を要するか否かという問題を生ずる。

特に右のような強制が、私人の身体、住居、財産等に対してなされるような場合には、単に法律によって根拠が与えられているだけではなく、その手続が個々に適正でなければならいから、このことを裏づけるために、司法官憲の令状を必要とするか否かということ、従って憲法三三条および三五条等が行政手続にも適用されるか否かということが問題となったのである。憲法の右の条項が、直接には刑事手続に関する規定であることは明白である。そこで第一の意見は、即時強制に関する行政手続と処罰に関連する刑事手続とを区別し、行政上の即時強制は、処罰を本来の目的とする措置ではないから、これには司法官憲の令状を必要としないと説明する意見である（たとえば、政府は、一般行政上の目的のためになされる臨検、検査、および物件の収去等は令状によらなくてもできると解している（法制意見総覧一一〇二頁参照））。

これに対して、憲法の右の条項は、刑事手続であると行政手続であるとを問わず、国の権力に対して私人の身体、住居、財産等その他、個人のプライヴァシーを保障しようとする人権尊重の精神に由来する措置であるから、国の権力による強制の伴うかぎり行政手続にも適用され、令状を必要とするという意見がある（このような意見の根拠となったアメリカの判例について高柳信一『行政上の立入検査と捜索令状」社会科学研究一一巻四号一頁以下、河野畯一郎「捜索押収の保障と行政手続の問題」ジュリスト八八号二二頁以下参照。これらの論文では、純然たる行政手続とみられる衛生目的のための立入検査と司法令状について興味ある解説がなされている。）。しかし、この種の意見のように常に司法官憲の令状を必要とするということでは、行政の迅速な目的達成の必要に応ずることができない。そのために第三の見解として、行政手続が刑事訴追と直接の関連をもつ場合には、憲法の右の人権保障条項の拘束を受けるが、即時強制のような単に行政として処罰とは関係なしに急迫の必要に応ずることを目的とした制度は、この種の制約の例外として令状によることなしに措置をとることが認められるべき事項であると考えるのである（田中・前掲書三九九―四〇〇頁）。

4 行政手続と刑事手続との区別と司法令状手続

行政手続と刑事手続との区別の問題は、特に、国税犯則取締法の定める臨検、捜索、差押の権限に基づく行政上の調査権と、住居の不可侵の保障との関係について論ぜられた課題である。そして、さらに行政取締の目的から課せられた申告、報告、帳簿の記帳義務などと、自己に不利益な供述の強要禁止に関する保障の要求との対立の問題としても注目された事項である。すなわち所得の申告、自動車事故の報告、麻薬取扱者の記帳義務等は、制度本来の目的としては、あくまでも行政目的のために課せられる義務であるが、それが犯罪発覚の端緒となるべき事実の申告等を義務づけることにもなる。しかも、この種の義務違反に対しては別に行政罰が科せられることになるところから、不利益な事実に関する供述の強要に該当することにもなるので、憲法上の論議を生ぜしめたわけである。さきの国税犯則事件に関する判例は（最高大法廷昭三〇・四・二七・刑集九巻五号九二四頁）、この点について明確な基準を示す判決ではなかった。すなわち、その多数意見は、現行犯の場合には逮捕をともなわなくても、令状なしに捜索押収をすることができるということを述べただけで、憲法三五条の行政手続への適用については、なんらの判示をもあたえてはいなかった。しかし少数意見は、この点にふれ、栗山裁判官は同条が行政手続にも適用のあることを述べているが、他の少数意見は、いずれも憲法三五条が刑事手続に関する規定であると理解したのである。また自動車事故の報告義務に関する判例は（最高大法廷昭三七・五・二・刑集一六巻五号四九五頁）その多数意見として、黙秘権の保障は、刑事責任を根拠づける事実について認められる刑事手続上の事項であって、行政手続上の報告申告義務等には及ばないという趣旨の判断をしているのである。これらの傾向からみると憲法三三条、三八条等の規定は、もっぱら刑事手続に関する条項であると判定されているようであるが、しかしこのように断定することができる程には、判例はまだ十分に確立されているわけではない。

5　権力強制作用に対する自由および権利の保障

確かに各人の自由および権利は、すべての国の権力に対して、できる限りの保障が考慮されるべきであり、そのために憲法三一条の法定手続の保障は、単に刑事手続のみらなず、広く行政手続についても適正な取扱いを要求しているのである。すなわち刑罰権や行政上の強制権が、単に法律によって根拠づけられているだけではなく、これに関する法律の内容としても、人権保障の観点から見て、適正な手続を定めているものではなければならないのである。特に人権に対して強度の侵害を与えることを本質とし内容とする刑罰権および、これに直結する刑事手続上の強制に対して、司法令状の手続は、合理性のある適正な措置というべきである。しかし、このような司法上の令状主義が、同時に行政手続の全般に妥当し、これをすべて包含することになるとは考えられない。行政手続のなかには、さきの国税犯則取締上の強制措置のように、刑事手続に直結し、これに移行する可能性のある手続については、裁判官の令状による許可の制度がとられることが、合理的であり、適正であるといえるが、行政のなかには、たとえば火災予防や衛生目的のためになされる立入検査（消防法四条、食品衛生法一七条等）のように、犯罪捜査と関係のない場合もある。しかも行政上の即時強制の場合には、特に急迫の必要に応ずることを目的とするのであるから、迅速な目的の達成の要求に、裁判官の令状による司法上の統制が、常にこの目的に適合することになるとは考えられない。したがって憲法三三条等の司法令状主義は、刑事手続との関係において妥当するものであり、不利益供述の強要の禁止もまた刑事責任との関連において考慮されるべき事項である。確かに行政強制は、その効果の担保のために行政罰をともなうことが多く、このために行政手続と刑事手続とが密接に関連し、両者を区別することは困難であろう。しかし行政上の強制は決して、処罰が本来の目的ではなく、あくまでも各人の協力を行政義務とし、その履行による行政目的の達成を意図することであるから、両者は正確に区別して考えられるべきである。

〔参考文献〕

著書として、広岡隆「行政上の強制執行の研究」。

論文として、渡辺宗太郎「行政強制序説」（佐々木還暦記念）二五九頁以下、須貝脩一「行政強制執行」法学論叢五七巻二号、田中二郎「新行政執行制度概観」警察研究一九巻八号・一二号、横井大三「間接国税犯則事件の現行犯について裁判所の許可なく臨検、捜索、押収をなし得るか」ジュリスト八五号、河原畯一郎「捜索押収の保障と行政手続の問題」ジュリスト八八号、高柳信一「行政上の立入検査と捜索令状」社会科学研究一一巻四号、広岡隆「オットー・マイヤーの警察上の即時強制の理論」法学論叢七二巻一号。

判例研究として、川上勝己「行政的取締と憲法」総合判例研究叢書・憲法(2)一三七頁以下、このほか別冊ジュリスト・憲法判例百選35・37・38・50・51各番解説、同・行政判例百選・63番解説等参照。具体化された解説として、行政法演習Ⅰ・問題二五・二六・二七解説、和田英夫編「例解行政法」二二九頁以下参照。

このほかに一般教科書、概説書の行政強制・警察強制の章を参照されたい。

3　公権と反射的利益

一　公権の観念

まず公権とは、公法上の関係において、その権利主体が法によって認められた一定の利益を、直接に自己のために主張することのできる法律上の能力を言う。

公権は、その主体によって国家的公権と個人的公権とに分けることができる。しかし国・公共団体が、国民・住民に対してその優越した地位に基づき、命令・強制の作用を及ぼしうることはもちろんであり、国の公権は、行政主体としての国・公共団体が、国民または住民に対する関係において有する権利である。国の公権は、行政の客体である国民・住民等に対する法の作用によって、下命権、強制権、形成権その他、公法上の物権とみるべき管理権ならびに支配権等として、これらを捉えることができる。また国の公権は、国・公共団体の達成すべき目的から見て、警察権、統制権、刑罰権、財政権、課税権、公用負担を課する権利、公企業権、組織権等に分類することができる。しかし、これらはいずれも、国・公共団体の組織による活動によって国民・住民の社会共同生活を維持することを目的とする権利で、国民の国家生活の統一を支えるための権能であることを特質とする。元来、統治の主体としての国は、その国民に対して包括的・一般的な統治支配の権能を固有するのであるが、しかし、現行の法治国原理のもとでは、行政主体としての国・公共団体に属する公権も、また法規によって付与された権能で、法律の定めるところにより、その規律のもとに置かれていることに変りはない。

ところで公権とは、国、公共団体または国から授権されたその他の行政主体が、各人または各種民間の団体に対して、その優越する立場において行政を執行するにあたり、一面的に行政主体の側だけに認められる権利だけを指すのではない。これに対応し行政の客体として、その受身の立場にある各人の側にも成立することを認めるのが現在の実情である。たとえば、参政権として、選挙により国・公共団体の公務に関与し、また受益権ないしは請求権として、国・公共団体に対し権利および自由の保障に関する必要な措置の実施または、そのための給付の履行を請求し、さらに自由権として、各人の私的な生活範囲に対し、公権力による違法な干渉・侵害を受けることなく、逆に国・公共団体に対して各人の生活の自主性と自由の尊重に関する保障を求めることが許される。本来、支配関係とは一面的なもので、被支配者である各人は、支配者である国・公共団体の指示に従うべき義務を負うだけである。しかし、これに対比して法治国原理のもとでは、国・公共団体と国民・住民との関係は、相互に法によって規律されているのであり、その結果、行政の客体として国・公共団体の支配に従うべき各人の側にも、また行政主体に対する権利が認められているのである。このことによって、国・公共団体と国民・住民との関係は相互間の法関係として成立することになり、個人的公権の観念成立を認識することができるようになる。

二　反射的利益の観念

次に反射的利益とは、法の規律または行政の執行に伴う反射的効果（Reflexwirkung）として各人が享有できる利益である。つまり各人の生活の安全と社会共同生活による種々の便益の享受は、いわば一般に法秩序が維持されていることによって成立する反射的な利益である。たとえば、道路の歩行等による一般的な自由使用の場合に、各通行人の安全が維持されること、また公園その他の公共施設の利用による一般公衆の便益が提供されることなどは、各人の権利として、この種の利益が与えられた効果であるのではなく、社会一般の公衆にとって共通の利益として公の立場から保護されていることの結果である。すなわち、国・公共団体が、社会公共の利益を維持し、これを増進させるために行政を執行し、その義務を果すことによる間接的な効果として、各人ないしは一般公衆の生活利益が共に保護されることになるので、それによって各人に直ちに、そのような利益を主張し、請求することのできる権利が与えられていることになるわけではない。

そこで、権利と反射的利益との相違は、これらの利益の享有が妨げられたときに明らかとなる。つまり、反射的な利益に対する侵害については、各人の権利が侵害されたわけではないから、各人は、その事実を理由に権利の救済を求めること、または損害賠償の請求をすること等は認められないことになる。たとえば、他の第三者に対して質屋営業の許可が与えられた場合に、それによって営業上、影響を受けるべき既存の同業者が、その許可処分の取消を争うについて、それらの営業上の利益は反射的な利益にすぎないから、第三者に対する営業許可の取消を求めることは許されず、行政訴訟における原告適格は認められないとされている（最判昭和三四年八月一八日民集一三巻一〇号一二八六頁）。また公衆浴場の営業許可についても、既設業者の収入利益に対する不利な影響は権利侵害ではないから、損害賠償の原因とはならないということになる（最判昭和三八年一一月一五日民集一七巻一一号一三七三頁）。

これに対して、たとえば、違法な課税処分について争う場合のように、行政庁の違法処分によって権利を侵害された者は、当該処分の取消訴訟を提起することができるのは、もちろんであるが、しかしそれは、行政処分の取消を求めるについて、法律上の利益を有する者だけに限られる（行訴九）。すなわち間違った課税により納税の必要のない者が納税を請求されることにより権利を侵害された場合に、その課税の取消または税の返還を権利として主張することが許されるということである。また、公務員の不法行為によって損害を受けた者は、国または公共団体に対して損害賠償を請求することができるが（憲一七、国賠一・二）、しかし、それもまた、右の判例に見られるように、単なる事実上の利益侵害を理由とするわけではなくて、法律上の利益つまり権利についての保障を求めることが目的でなければならない。つまり、司法の本質は、裁判による各人の権利保護ないしはその救済について認識されることで、その一つとしての行政訴訟は、国民の個人としての権利ないしは法律上の利益に対する保護を目的とするのである。それ故に行政庁の違法な行政処分に対して、その取消を求める抗告訴訟を提起することの必要が認められるのは、当該違法処分によって権利を侵害された者でなければならず、単に反射的な利益の保護を請求するだけに止まるだけのことであってはならない。さらに、損害賠償の請求についても、権利または法律上の利益が、その対象とされるべき場合であって、反射的利益の喪失に対しては、原則として損害賠償の必要は認められないと考えられている。もっとも、道路通行のような典型的な反射的利益に関する争いであっても、それが、当該村道を利用する村民の日常生活にとって欠くことのできないような場合には、その通行に対する妨害が村民の生活に支障をきたすようなことになるから、妨害排除の請求権を認めた判例もある（最判昭和三九年一月一六日民集一八巻一号一頁）。しかしこれは、民事法上の物権的な請求権としての妨害排除を認めただけのことであって、村民各人の道路通行に関する共通の公権として、道路の使用権という権利の成立を承認する趣旨の判断であるかについては明確ではない。

このように、各人に公権が認められている場合と、法の反射的な効果として各人の利益が保護されているのに過ぎない場合とを区別する必要は、実際には、裁判による訴訟上の救済を求めることが許されるか否かを判別しなければならない点にある。しかし、個人的公権も反射的利益も、ともに法秩序によって保護されている利益であることに変りはない。従って権利のみを尊重して反射的利益を軽視してよいということではない。しかも最近は、「処分又は裁決の取消しを求めるにつき法律上の利益を有する者」（行訴九）の範囲を拡大して、従来、反射的利益とされていたような場合にも、各人の権利の成立を認め、その侵害を受けた者にまで原告適格を承認して、行政訴訟の提起をなるべく広く許容しようとするのが判例の傾向である。たとえば、さきの公衆浴場の営業許可のように、その許可基準について距離制限の規定（公衆浴場二）がある場合に、適正な許可制度の運用によって保護されるべき業者の営業上の利益は、単なる反射的利益たるにとどまらず、公衆浴場法によって保護されるべき法的利益であるとする判決（最判昭和三七年一月一九日民集一六巻一号五七頁）があるが、各人に対する権利保護の必要を広く認める結果、反射的な利益と個人的公権の成立が認められる場合との区別が明確ではなくなってきている。そのために権利と事実上の利益との判別は困難な課題の一つとなっている。

三　行政訴訟と法益の保護

ところで、行政訴訟による各人の法益の保護に関しては、明確に権利侵害と言える場合だけに限らず、さらに事実上の利益であっても具体的に各人の利益について重大な損害が発生しているような場合には、その原因となるべき違法処分について取消訴訟を認める事例が増大している。特に、行政訴訟は、個人的権利の保護を目的とすることのほかに、さらに行政の適法性を確保しようとする公益上の目的が加わる。つまり違法処分の是正と除去とに、個々の国民が行政訴訟手続を通じて関与することになるのであって、私権の保護を目的とする通常の民事訴訟では、各人の権利保護のためにする主観的争訟の特質が顕著であるのに対し、行政訴訟では、行政の違法性を争うことにより行政の客観的な公正を維持しようとする公益上の必要との関連も重視されるのである。この点に客観的争訟としての特質を見逃すことができない。そのために、行政事件訴訟法九条に言う「法律上の利益」とは、個人についての権利だけに限定されず、さらに広く法の保護するに値する法益の意味にも理解すべき事項となるのであるが、特に、それらの必要は、最近の生活環境をめぐる利害の対立問題に直面したときに顕著に認識される事項である。

たとえば、すでに建築基準法による建築確認処分について、近隣の居住者もまた保健衛生、火災予防等の見地から危険にさらされるおそれのあるときには、違法な建築確認処分の取消を訴えることができると解されているが(たとえば横浜地判昭和四二年一〇月一九日行裁例集一八巻一〇号一三二九頁)、最近では、この種の問題が、さらに日照の妨害を含む生活環境の公害問題にまで発展している。元来これらの争訟では、民事法における相隣関係の法理によって相互の利害が調整されるべき事項であり、また不法行為の理論によって加害者の損害賠償責任が判定されるべき問題であった。また他面において、社会公共の安全を維持することは、国・公共団体の責務であり、生活環境の保全は、これらの公安の維持を目的とする警察行政の任務であった。つまり警察は、もっぱら社会公共のための組織であり、直接に各人の権利保護に関する民事の作用を行なう機関ではない。従って各人が自己の利益の保護を求めて積極的に警察行政に働きかけることは、各人の権利としては認められていなかったのである。すなわち生活環境の保全に関する各人の利益は、まさに警察行政の遂行による反射的な利益であって、そこに各人の権利としての請求権が介入する余地のない理由が、この反射的利益なのであった。

もっとも、法の反射的効果とはいえ、行政の的確な任務の遂行によって各人の生活の安全と利益とが確実に保護されているのであれば、ことさらに各人の保護請求権までも考慮する必要はないが、しかし違法建築に対する規制が確実に施行されず、また公害の発生源に対する必要な規制措置がなされていない場合に、被害者の側から積極的に生活安全の保護を求めることができないとすれば、法による各人についての権利の保障は空虚なものに過ぎなくなってしまう。そこで従来ならば、反射的な利益として、各人の権利主張の対象からは除外されてきた一般公衆に共通な社会生活上の利益についても、それが具体化されて各人の生命、健康、自由、財産等に直接に影響しているような場合には、もはや、それは単なる軽微な共通利害の問題ではなくて、法律上の問題として訴訟の対象とすることができなければならないはずである。このように違法な状態を、そのままに放置することなく、できる限り司法上の保護を求めうる機会を広く認めるために、「法律上の利益」という観念を広義に解釈して、各人の保護法益の範囲を拡大しているのが、最近の判例の傾向であると言うことができる。それ故に個人的公権と反射的利益との区別は、法律が明確に個人的公権の成立を認めているか、または法律の趣旨が、もっぱら社会公共の利益を目標にしているか、という法規の抽象的な意義のみを基準としていたのでは的確に判別することができないのである。そのために当事者の提示する生活侵害に関する事実が、司法による救済を必要とする状況であるかどうかということを、事件の実体に即して判断しなければならないのである。それらの判断にあたって、従来は公法規定における公益上の判断が優先していたのであり、個人についての公権の保障を考慮するよりも、社会公共の利益の保護による反射的な効果として、間接的に個人の利益の保護を捉える傾向が顕著であった。しかし現在では、社会公共の利益も、生活をともにする各人の積極的な関与によって、共同で、これらの共通の利益を保持しようとする主体性が尊重されることになる。このような社会の状況にあって、行政の効果を単に間接的・受動的に享受することにより、各人の生活の利益が与えられることに満足しているだけではない。そのために法の反射的な利益に関する理論は、現在では社会事情の変化とともに再検討を要する課題であり、特にこの問題は、最近の公害に対する環境保全と地域住民の利害に関連して関係者、関係機関の相互協力が重視されていることに注目すべきである。

四　公権の特質

公権は、個人的公権の場合でも、単に私益の公認ということだけに止まるのではなくて、むしろ公益的な見地から承認された権利であることに注目すべきである。従って一般に一身専属的な権利であって、譲渡・移転が認められず、また権利の放棄も許されない。たとえば選挙権、被選挙権等の参政権については、その譲渡・移転ということは、はじめから無意味であり、また投票の棄権による権利の不行使は、選挙権それ自体の放棄を意味することではない。もっとも財産権としての内容を有する権利については、譲渡・移転・放棄の可能性が考えられるが、しかし生活保護を受ける権利の譲渡禁止（生活保護五九）にも見られるように、社会保障の受給権について、その譲渡が認められるべきことではなく、また財産差押の対象とすべき利益でもない（同五八）。一般に個人の利益を内容とする私権の成立・変動については、私的自治の原則により、各人の自由な意思を尊重しつつ、その享有を保護することが私法の目的である。これに対比して公権は、個人的利益というよりは、むしろ社会公共的な立場から、各人についても、その権利が認められたことになるのであるから、公法における権利義務関係は、相互に対立的なものではなく、国民の国家共同生活における結合を前提として一体的に考えられるべき性格の権利である。

〔**参考文献**〕

和田英夫「反射的利益論1～3」法時四一巻一～三号
原龍之助「公権と私権」行政法講座2―行政法の基礎理論（昭三九、有斐閣）
原田尚彦「訴の利益」行政法講座3―行政救済（昭四〇、有斐閣）
原田尚彦・公害と行政法（昭四七、弘文堂）

4　特別権力関係における基本権の保障

一　通常の社会生活と特殊な社会生活

通常の場合、国民は当然に国の一般支配に服従して生活し、また住民としては、その属する公共団体の統治支配の下に生活している。これらの一般生活において当然に成立する統治支配の関係のほかに、各人は、種々の特殊な生活関係を通して、包括的な服従関係の下におかれていることがある。例えば公務員は、一般国民として国の統治権に服して生活していることのほかに、公務員の身分において、いわば、その雇主である国または公共団体の統制に服して勤務しているのである。この地位に基づいて職務上、種々の拘束をうけることになっている。また、国立・公立学校の学生生徒は、国民・住民として、国または公共団体の一般的な規律の下に生活しているのであるが、学徒として教育をうけ、学校施設を利用している点からみれば、学校当局の管理権に服し、その権力に基づく種々の制約をうけて学習しているわけである。このように、特別権力関係とは、国または公共団体と各人とのあいだの一般的包括的な支配服従関係と異なり、公法上の特別な法律原因によって、特定の目的の必要のために、その限りにおいて成立する特殊な支配服従関係をいうのである（田中・行政法総論（法律学全集）二二四頁参照）。

1　特別権力関係における問題

ところで、特別権力関係が問題とされるのは、それが権利自由に対する特別な制限の根拠となり、このために各人の人権享有が狭められ、軽視されるのではないかということが、懸念されているからである。もともと、この特別権力関係の考え方は、ドイツ公法の理論によって形づくられ、主に官吏の勤務に関する特別の権力的な従属関係の成立を理由づけるために考えられた制度に関する理論である。それ故に各人の権利擁護の立場からは、人権侵害のきらいがあるとして、疑問視されてきた。その理由は、なんといっても、特別権力関係の特色が、その成立する範囲内では法治国原理が適用されないというところに特色があるからである。その趣旨は、この特別の関係が成立すると、その範囲においては包括的な支配権の成立が認められ、これに服従する者に対しては、特に法律の根拠がなくても、権力者の広い裁量によって命令ないしは強制を加えることが可能となる。一般的な統治関係では、各人の自由権利を制限するには必ず法律の根拠が必要であるという法治国の原理が通用しているのであるが、特別権力関係においては、この原理が適用されない。そのために人権の保障も、特別権力関係の範囲内では、一般各人の場合に比較して、著しく制限されることもあるのであり、また特別権力関係による処分に対しては、その司法制度による救済手続は、必ずしも一般、通常の場合と同じではない。つまり一般各人には通常の行政処分に対して認められているのと同じような裁判手続が適用されているが、特別権力関係においては、それぞれ異った手続が定められている。このために、公法上の特別権力関係という観念を認めることについては、一部の学説は、憲法の人権保障の原理に適合しないとして反対しているわけである（特別権力関係に批判的なものとしては、磯崎「特別権力関係の理論と日本国憲法」統治行為説批判、室井「特別権力関係理論の再検討」岡山大法経学会雑誌三三号、三六、三八号、松島諄吉「特別権力関係における基本的人権の保障」阪大法学四〇号、四一号、川上「特別権力関係における基本的人権」日本国憲法体系Ⅷ等参照）。

2　各種社会生活関係の特殊性

人権尊重の立場からみれば、人権はあらゆる生活関係のなかで最大限の尊重がなされていなければならない。しかし人権が絶対無制限のものであるというわけではない。実際には、人権は、多かれ少なかれ社会生活のために制約をうけているのであり、この制約を無視した無制限なものが、法に基づく観念としての権利として成り立ち得るはずがない。まず人権の制限は、私人相互の関係では各人との自由な契約によって形成されている。例えば、種々の営業取引上の取決めや映倫のような映画業界の自主規制等のように、それが直ちに営業の自由、表現の自由の侵害となるのではなくて、相互の自由な対等な契約に基づく自主規制として私的自治による規律とみられる場合である。もとより、この私人相互の場合でも、奴隷的従属関係または人身売買の如きものは許されず、現在、特に問題となっている部落出身者への差別待遇等は否定されなければならないことは、もちろんである。しかし、公の秩序、善良の風俗に反しない限り、各人の自由な契約に基づく自主的な生活の規律は、人権の放棄ないしは侵害というよりも、むしろ人権の自由な享有の現実的な状況とみるべきものである(私人相互の関係における人権の享有関係については、本論文集第一巻10参照)。

ところが、特別権力関係は、右の私人相互の関係とはことなり、たとえ、それが当事者の自由意思で加入した場合であっても、これに伴う支配関係は、広い範囲にわたって包括的に成立するところから、人権に対する制約が無制限に拡大される危険がある。しかも特別権力関係は、公法上の命令支配関係を特色としているので、右の私人相互の対等な関係とちがって、直接に公権力による人権侵害の問題を生ずることにもなる。しかし、例えば公務員の服務関係をみればわかるように、それを、従来のドイツ公法理論のように特別権力関係とみるような考え方をとらなかったとしても、それが、国・公共団体と一般各人との間の一般的包括的な統治支配の関係とちがった特殊な権利義務関係を生ぜしめるものであるという事実を、否定することはできない。すなわち、特別権力関係という観念や考え方を否認したとしても、これに関連した特殊な社会生活関係の実体そのものから目をはなすことはできないのである。一般化された全体社会としての国民共同生活関係の場合に考えられる基本的人権の享有関係も、種々の特殊な部分社会の生活関係の範囲内部では、その享有の現実としての態様が、当該の部分社会の特殊性に応じて変化してくるのであって、このような種々の特殊な社会生活関係のすべてが、法の観点から望ましくない関係として否認されなければならないという理由はない。そのために社会生活が、種々の領域にわたって多様化し、それにつれて特殊な社会関係がなり立つ限り、その特殊性に適応した法による規制が必要になってくることは、さけられないことである。ただこの場合に、特別権力関係による人権の制限は、あくまでも必要やむを得ない例外とみるべき制約である。それ故に特別権力関係の特殊性だけを理由にして、人権の制限を必要以上に無限に拡大すべきことにはならない。そこで、この種の制限は、特別権力関係の存在理由、本質、目的等からみて、社会通念上、合理的とみられる限度に止めなければならないということがいわれているのである（田中・前掲書二二七頁以下参照）。従って特別権力関係による人権の制限については、特別権力関係の成立の原因、さらには、これにともなう権力関係の態様と関連して説明する必要がある。

二　特別権力関係の成立

特別権力関係は、直接に法律に基づいて成立する場合と、当事者の同意による場合とがある。例えば入院患者の療養生活、受刑者の刑務所への収監のような場合には、すでに直接に内部規律または法律によって、特別権力の主体たる療養施設または行政機関に生活の包括的な規制が認められているので、その範囲内では、当局者の命令ないしは強制によって患者または受刑者の権利自由を制限することについては、いちいち法律の根拠を必要としないことになる。これに対して、公務員の任命または大学入学のような場合には、すでにその時に、本人の自由な意思による同意によって、支配服従関係についての承諾がなされ、また、義務教育として児童・生徒が小・中学校へ入学するような場合には、法律によって、その同意が保護者に義務づけられているから、いずれにせよ、当局者の命令強制の権限は、相手方の同意ないしは承認によって、包括的一般的に根拠づけられていることになる。しかし、この場合の同意は、人権の全面的な放棄を意味することではない。それ故に、それを根拠にして、人権の剝奪とみられるような広範囲な制約、または、そのような強度な権利自由の制限は、特別権力関係ということでも、絶対に是認されるべきでことはない。また、さきのように、特別権力関係の成立が当事者の自由な意思によらない場合には、つねにその成立ないしは範囲が、あらかじめ法律によって直接明確に定められていなければならない。それでなければ、人権の保障に関する法治国原理が、まったく無視されることになってしまうからである。

4 特別権力関係における基本権の保障

1 特別権力関係の維持

なおまた、特別権力関係の範囲内では、権力の主体である当局者に、その特別の目的のために必要な命令権や特別権力関係の内部秩序を維持するための懲戒権が認められている。従って、当事者は、各人として国・公共団体の一般統治権に基づく命令強制に服従することのほかに、さらに特別権力関係の内部では、包括的な特別な命令強制権によって拘束され、その秩序の違反者は懲戒罰をうけることになる。例えば、公務員が減給や懲戒免職となり、学生が停学や退学の処分をうけるような場合である。しかし、これらの強制措置も、特別権力関係の内部に限定されているとはいえ、人権に対する重大な侵害となり得るのであるから、つねに法律上または条理上の限界があるわけで、無制限の強制権力を是認していることではない。そこで、特別権力関係によって、当事者の人権がどのような特別な制約をうけることになるのか。この点は、種々の権力関係によってその態様をことにするから、一般的な説明は困難である。すなわち、公務員のように、国・公共団体の機関の地位を構成して公法上の特殊な勤務関係にたつ場合、または公の施設たる公法上の営造物の利用関係にある場合、さらに、公法上の特別な組織たる公共組合の構成員となり、またその運営について国の特別な監督をうけているような場合等、特別権力関係による人権の制限は極めて多様であるので、次に若干の憲法上の問題のある場合について説明する。

2　各種の特別権力関係

（1）　受刑者　　まず法律上直接に強制的に成立する特別権力関係として、さきにあげた受刑者の収監がある（和田「基本的人権と身分」憲法講座＝五四頁以下参照）。受刑者は、刑の執行として身体に対する拘束をうけ、国の営造物である刑務所の施設に強制的に収容されて、特殊な生活関係のもとにあるわけである。その限りでは刑務所長の命令監督に服している。そこで、保安の維持ないしは逃走等の予防のために、刑務所長が在監者の発受する通信を検閲することが（監獄法五〇条）問題となった。もとより一般人の場合には、通信の秘密は憲法の保障するところである。従って、その検閲は、原則として許されない。これが許されるとすれば、その根拠は、まさに刑務所という特殊な生活環境および生活関係に起因する特別権力関係によって理由づけるより仕方がない。しかし、これらの検閲は無制限にできるわけではなく、それを必要とする明白かつ現在の危険がなければならないとされている（大阪地判昭和三三年八月二〇日行政例集九巻八号一六六二頁、なお、橋本「受刑者の基本的人権」憲法演習四六頁以下参照）。

（2）　公務員　　公務員関係が、特別権力関係の典型的な場合であることは、さきにのべた通りである。このことにより職務上、居住移転の自由が制限され（例えば勤務地および生活場所の指定の如し）、また表現の自由の制限および秘密保持の責任をおわなければならない。そのほかに特に重大な人権の制限として、政治活動の制限（国家公務員法一〇二条、地方公務員法三六条)と、争議行為等の禁止がある(国家公務員法九八条、地方公務員法三七条)。これらは、公務員が、全体の奉仕者として公務の遂行にあたり、その公正と政治的中立を確保するために考慮された措置である。とくに、一般職の職員は、政治を運営することよりも、その決定を具体化し、執行に移すべき専門職員の立場にあるのであるから、政治活動が厳重に制限されている(人事院規則一四—七)。このような制限は、合理的な根拠によるもので、平等原則に違反するものではないとされているが(最判昭和三三年三月一二日(大法廷)刑集一二巻三号五〇一頁)、制限をうけるべき公務員の範囲が広すぎること、また表現の自由をふくめて制限される権利自由の範囲が極めて広いこと、禁止される政治的行為の観念や範囲が不明確なこと、さらに、その制限の詳細な規定が法律によらずに人事院規則で定められたこと等が、批判されているのである。次に、労働基本権については、一般私企業の勤労者と比較して著しく異なった取扱をうけている。すなわち、本来の団結権および団体交渉権は認められず、ただ職員団体の結成や勤労条件についての交渉が許されるだけで、警察職員等には、これすらも認められていない。しかも争議権は、まったく否定されている。その理由は、全体の奉仕者たる地位と、その職務が主権者たる国民の信託によるもので、一般の労使関係と異なった勤務関係にあることによるが、とくに公益のために職務専念の義務があげられている(最判昭和二八年四月八日刑集七巻四号七七五頁)。しかし、公務員もまた勤労者たる点から、その制限は労働基本権の広範な剝奪であり、これらの制限は、職務の特殊性や国民生活への影響の度合を考慮して、それに即応した配慮がなされるべきであるとの批判がある。

(3)　学　生　　学生は、教育関係およびこのための学校施設の利用について、全面的に学生としての生活に対し、包括的に学校当局の指揮監督をうける(例えば、寮生活の場合には各人の私生活についても監督をうけることになる)。学生の懲戒処分等と関連して、特別権力関係に対して裁判権が及ぶか否かが問題となったが、その内部的な規律の自主性は十分に尊重されなければならないとしても、当然に裁判権が排除されるものではない（室井「特別権力関係と裁判権」行政判例百選三八頁参照）。

三　特別権力関係の実在

各種社会の実在に即応して、当該社会の秩序を維持するためには、それぞれに適応した方法が必要となる。これを権力関係と理解し、そのような名称をもって、表示したところに、拒絶、ないしは反対の意見が強く主張された。それ故に、特別な権力支配の存在と理解したことが、各社会の特殊性を正確に把握することができなかったのかもしれない。それ故に、近時においては、権力という言葉を除外して、単に特別な関係と名付けるようになったが、名称を変更しただけで、社会生活の実態が変化することにはならない。それ故に、各種の社会の特性に適合した生活秩序と、これを維持するための方法が必要となるのである。そのための命令と服従関係を除去することは、この種の社会の崩壊となり、社会生活の混乱となる。従って、一般社会のほかに、各種の特殊社会の生成は必然の成り行きと監察する必要がある。

〔追記〕原著をもとに加筆した。

（安部照哉＝池田政章＝田口精一編・憲法講義（改訂）、一九七五年）　第二章第二節特別権力関係と基本権の部分をもとにして、全面にわたり書き換えたものである。

5　街頭テレビカメラ設置の是非について

一　テレビカメラと人権侵害

街頭にテレビカメラを設置することは、設置者の必要に応じて、種々の目的により設定することができる。しかし、その設置の状況から受ける印象も、また各人によって、それぞれに相違がみられるのは当然である。

それが道路交叉点の交通事情を高所から観察して、情況判断を目的とすることを意図するためであったとしても、それを受けとめる相手方の気持からすれば、これを自己の行動を視察するための監視カメラであるとの印象を持つことも、十分に推測することができるであろう。その理由は原告が、自己の日常の行動にかんがみて、これから受ける当該カメラに対する印象を、終始、これを監視カメラときめつけ、このことをもって自己の肖像、プライバシーに対する侵害と主張していることが、まさに原告側の対立した気持を率直に表示した印象であるとみることができるからである。

これに対して、自己の行動につき他人から監視さるべき原因という事由につき思い当ることのない一般人からみれば、当該カメラは、道路、公園などの状況を撮影するだけの装置として、なんらの抵抗、不快感をも感じさせるものではないと、気にもとめていないことも事実である。

それ故に、街頭におけるテレビカメラの設置そのことだけで、直ちに各人に対する人権の侵害であると断定することができるわけではない。それが各人のプライバシーを害し、生活に脅威を与えることによって、人権侵害であるということができるためには、設置の目的、使用の方法、その他、設置、使用の態様など諸般の状況、条件から判断して認定されるべきことであって、テレビカメラの設置そのことだけで一方的に人権侵害であるとして、その撤去を請求できることになると結論することは公平な判断であるとはいえないことである。

ところで、テレビカメラなどの高度な技術開発によって、これらの機械を各種の目的に応用することにより、従来に比較して、労力、時間、費用などを節減し、かつ、正確な状況をとらえることによって、より多くの成果をあげることができるように工夫することが許されないという結果にはならないであろう。市街の交通整理、警備などについても、その設置、利用の方法によっては、各人の生活を妨害することもなく、状況判断の目的を、さらに効果的に達成することのために、十分に、その利用価値を認めることができるということができる。それ故に、このようなテレビカメラの設置が、各人の人権享有を当然に脅かすことになるか否かということは、その設置、利用のあり方について、現実に即して具体的に判断されるべきことであると考える。

二　住民、滞在者の安全、健康および福祉の保持

旧憲法時代と異なり、現行憲法のもとでは住民の社会生活に関し、直接に国から、つまり国家公務員によって指導、介入、規制がなされることよりも、広範に地方住民の自治を認め、その自主的な判断と運営とに委ねられることになっ

た。特に憲法九四条は地方公共団体に行政執行の権能をも付与し、そのために条例の制定権までも認めている。この趣旨を受けて、地方自治法二条三項は、地方公共団体の公共事務その他の行政事務を例示として列挙し、その最初に、「地方公共の秩序を維持し、住民及び滞在者の安全、健康及び福祉を保持すること」、次に「公園、運動場、広場、緑地、道路、橋梁、河川、運河、溜池、用排水路、堤防等を設置し若しくは管理し、又はこれらを使用する権利を規制すること」などを多数、広範にわたり、定めている。さらに同項七号は「清掃、消毒、美化、公害の防止、風俗又は清潔を汚す行為の制限その他の環境の整備保全、保護衛生及び風俗のじゅん化に関する事項を処理すること」、次いで同項八号に「防犯、防災、罹災者の救護、交通安全の保持等を行うこと」、そして同項九号には「未成年者、生活困窮者、病人、老衰者、寡婦、身体障害者、浮浪者、精神異常者、めいてい者等を救助し、援護し若しくは看護し、又は更生させること」などと、正に本件において問題とされている「愛隣地区」の現実の諸問題そのものが明示されているといってもよい。

これらの行政事務の処理を確実に実現するための方法として、欠くことができないものの一つに警察機関の活動があることは言うまでもない。このほかに各種福祉事業の運営促進に関する公務員の多大の努力が不断に継続されていることは、もちろんである。さらに、それと同時に、その成果を確保するための警察職員の活動と日夜の努力が、多大の成果をあげている現実を否定することができない状況にあるのである。

ところで本件、テレビカメラの設置も、問題地区の状況を観察し、状況に即応した措置を適時、迅速にとることができるための補助手段としてなされたことで、居住者の行動を、常時、監視し、追求して逮捕することを本来の目的とする方法であるとは考えられない。

もっとも特定の刑事事件に関して、被疑者の行動を探索し、証拠としての写真記録を撮影することを目的とするのであれば、それらの行為は、まさに刑事司法の作用として、裁判官の発する令状によらなければならないことは、もちろんである。しかし、本件の場合には当該地区の状況を観察するための設備であって、特定人の行動を対象とし、これを監視して、後に犯罪に関する証拠写真とすることを目的として、撮影がなされているのであると判断することはできない。その理由はテレビカメラの設置によって、道路、公園、広場の状況等を撮影すること、それ自体が、直ちに、各人の人権を侵害することになるとは限らないからである。このような設備は、もっぱら秩序の維持に関する行政目的の作用に関する事項であって、違反者を摘発し、処罰することを目的とする方法ではなく、反対に違反行為を予防し、阻止するための措置であると言うこともできる。その理由は、この種のカメラ設備を設置することは、道路交叉点に信号機を設置して交通整理と事故防止とに役立てるように、道路、広場、公園などの混雑の状況を映写、観察して、その整理に必要、適切な措置を決定することに利用しようとすることが本来の目的であると考えることもできるからである。

確かに、各人の行動がテレビカメラを通じて映写され、どこかで観察されているということは、心情的に不気味なことで、不愉快なことであるかもしれない。しかし、このような設備は、当該地区住民の安全のために設置された装置で、その措置は、一般社会の安全を維持することを目的とする行政の作用である。従って犯罪に関する被疑者の行動を監視、探索することを目的とするためのものでないことは、その設置の状態、使用の仕方などからみても明らかである。

ところで本件、問題の「愛隣地区」は、一般の市街地と異なり、その異様なスラム街としての状況は、地区の警備、環境の浄化についても、特別の設備、方法が必要であることを認識させるのである。その街路は、一般の通行人には異様なまでの恐怖感を抱かせるような人物が多数にたむろし、地区外からの来訪者に対しては、異常なまでの警戒心を向けてくるような雰囲気を感じさせる。市街地の汚染、衛生環境の劣悪化など、その程度は、他の一般の市街地とは比較にならない程に劣悪な状態である。そのために、これらの悪条件、汚染の生活環境などの影響に起因する犯罪の多発と、これらの影響による地区一般居住者に及ぼす生活の恐怖感は、放置できない状況にあるときく。

特に地区居住の憩いの場として利用すべき公園は、浮浪者の野宿の場として占拠され、一般居住者が近寄れない状況にあって、浮浪者たちの打ち捨てた汚物の滞積は、処理しきれないままに放置されている。また労務者に職場を紹介する地区福祉センターの施設も、就職にあぶれた者の野宿の場所として、多数の者が居ずわり、これを整理することも、極めて困難であるという。このような劣悪な環境の浄化、整備は、府、市など地方公共団体の行政事務に属する権限であることは、もちろんであるが、当該地区の治安を維持することも、また警察機関独自の権限であり、これに基づいて、必要な措置を選択、実施することが許されるべき事情にあると見ることができる。従って街頭テレビカメラの設置は、警察の権限内において、施行されたことであると認定することができる。

三　警察機関独自の権限としての保安警察

警察は、社会における居住者の安全保持を目的とする行政独自の作用の一つである。それ故に当該地区居住者および滞在者の身体の安全、財産の保護のために欠くことができない機構で、その確実な実現のための方法として、命令、強制の措置をとることが認められる。このような権力手段は、一般に権力行政として、国民の側からは、恐怖と懸念をもって疑われてきたのではあるが、しかし法令に基づき、その適法な権限内においてなされる限り、それは正当な統治の作用として、一般国民は、これに服従すべき義務を負うことになるのである。

ところで警察機関の責務として、警察法第二条は、「個人の生命、身体及び財産の保護に任じ、犯罪の予防、鎮圧及び捜査、被疑者の逮捕、交通の取締その他公共の安全と秩序の維持に当ること」を規定している。しかし、これらの事項は、行政または司法の両者に属する事項を含み、同条は、必ずしも理論として正確に、これらを分類し規定しているわけではない。通常、犯罪は社会一般の関心をひくところから、これに対抗して犯罪の追求、捜査、犯人の逮捕などが、警察本来の主要な任務であるかのように認識されてはいるが、これらの権能は、実質、内容としては司法の作用に属すべき事項であって、行政権独自の権限に属すべき職務ではない。確かに現行の警察法によれば、犯罪の捜査、被疑者の逮捕など刑事警察の作用も、また警察機関の主要な代表的な権限に属する事項であることは、もちろんであるが、しかし、それらの事項は、本来、刑事裁判および刑罰制度の実効性を維持するために、司法機関としての裁判所、訴追機関としての検察庁に協力するための司法の作用というべきもので、行政機関としての警察機関独自の権能である行政作用とは、法理論上、区別されるべき事項である。

この点について、行政警察と司法警察とを正確に区別した立法例としては、すでに古く例えば旧行政警察規則第一条では「行政警察ノ趣意タル人民ノ凶害ヲ予防シ安寧ヲ保全スルニ在リ」（明治八年大政官達）と定めていた。そして、さらに同第四条には「行政警察予防ノ力及ハスシテ、法律ニ背ク者アルトキ、其犯人ヲ探索逮捕スルハ、司法警察ノ職務トス」と規定し、また、これに対応して、司法警察規則第十条では「司法警察ハ行政警察予防ノ力及ハスシテ法律ニ背ク者アル時其犯人ヲ探索シテ之ヲ逮捕スルモノトス」（明七年大政官達）と改めて、理論上、観念的には、両者を明確に区別していたのである。ただし実際の組織機構の上では、両者ともに実力行使の作用であるところから、これらを同一の警察機関の権限に属する事項であるとはしているが、権力分立の原理からみれば、両者は、まさに理論上、別個のものとして正確に区別すべきことになるのであって、司法警察規則第十一条では、すでに「司法警察ノ職務ト行政警察ノ職務トハ互ニ相牽連スルヲ以テ一人ニテ其二箇所ノ職務ヲ行フ者アリト雖モ其本務ニ於テハ判然區域アリトス」と定めていた。それ故に、現在、司法警察における強制措置が、裁判官の発する令状制度のもとにおかれているのは、右のような行政作用と司法作用との区別を、その理由の一つとするのであるとみることもできる。

もっとも現行の警察制度は、刑事司法手続に関し、刑事訴訟法は、警察官に司法警察職員として、その職務を担当すべきことを認めているから、警察官の職務の主たるのが、この刑事司法警察の権限にあり、従って、あたかも警察が、裁判官による令状制度のもとに、広く拘束されているかのように理解されている。しかし本来、行政警察と司法警察とは、その目的を異にし、性質上、別個の国家作用に属するものであって、権力分立の法理からみれば現行制度においても、今なお、この理論上の区別につき、正確に理解することが必要であることについては変りはない。

それ故に公の秩序、公共の安全の維持に関する保安警察の作用は、その性質上、まさに行政権の作用であって、警察機関独自の権限と責任とに属し、常に司法権による監督、規制のもとにおかれる職務であるということではない。つまり行政作用は、事後に犯罪を追求することを目的とする職務ではなく、かえって事前に犯罪を予防し、犯行に到ることを阻止すること、つまり法令違反を事後に追求することではなくて、反対に違反行為をさせないように予防し、規制することを目的とする。従って警察機関独自の主要な任務は、公安の維持すなわち保安警察の作用にあるのであって、犯罪人の追及、逮捕は行政独自の作用ではなく、訴追、裁判の司法作用に対する協力のためにする司法の権限に属すると理解すべき事である。以上のような行政警察、保安警察の特質からみて、本件テレビカメラの設置も、公安上、必要と認定するならば、法令によって定められた範囲内において、警察が独自に決定することができる措置であり、警察機関の行為を、すべて司法の作用とみて、テレビカメラの設置までも、直ちに犯罪に対する監視、捜査のための措置と断定し、常に裁判官による令状を必要とすると理解することは、行政と司法との区別を無視した意見ということになる。

ところで一般に、行政にともなう命令、強制の作用は、各人の自由、権利の享有を制限する結果となることから、その行使については、法令の根拠に基づくことを必要とすることは、もちろんである。しかも、この点については、警察機関の権限にの場合も同様であり、警察官の職務執行については、特に厳格な法令の制限のもとにおかれている事項である。また警察作用に関しては、法令の規定のほかに、法理論上、その裁量、権能の行使については、特に警察権の限界ということが重視され、これを越える警察権の行使は、違法として、取消または損害賠償の原因とされることになる。このように警察作用は、本来、その性質からみて法令および法理論上の厳格な規制のもとにおかれているのである。それ故に法令の根拠に基づく限り、およそ警察官の職務執行をもって、直ちに、すべて人権侵害になることであると速断すべき作用ではない。それ故に、本件における街頭テレビカメラの設置も、そのことだけでは、なんら各人の身柄の拘束、生活行動の制約、阻害をともなうことではないから、これをもって、直ちに人権の侵害であると結論づけることはできない。従ってカメラ設置のような街頭状況の視察方法を選択することは、本件地区の特殊事情、環境状況などから判断して、警察機関独自の裁量、判断において、その設置、使用の方法等を決定することが許されるということができる。ただしテレビカメラは、その特質からみて、一般市街地において設置すべき必要があるというのではなく、本件のように、地区の特殊事情を考慮して、はじめて許されるべきことであると考える。

四　テレビカメラ設置の必要とその効果

テレビカメラの設置は、前述のように、本件「愛隣地区」の特殊な異常環境および昭和三六年以来、現在に到るまで、しばしば、くり返されてきた集団的な騒乱事件の経移からみて、是非とも必要な方法であることを知ることができる。特に同地区においては、その劣悪な環境、滞在者の精神的な不安と苛ら立ちなどに起因すると思考される凶悪犯、粗暴犯の多発がみられるために、その予防、抑制が、地区一般居住者の安全、保護の観点から確実に実施されなければならない。さらに浮浪者、労務者をひきいれて、多くの暴力団組織の勢力争いなどが発生し、それによる大規模な抗争事件が地区居住者の生活を脅威におとしいれているというのが現実の実情である。例えば、その事例として平成二年一〇月二日夕刻から発生した集団騒動は、約人員一六〇〇名、日数にして六日間にわたって、投石、放火、沿道の商店、住宅、車輌の破壊など大規模な騒乱、破壊活動をなし、地区警察署などの建物周辺に集まり、暴徒化して施設の破壊を行なうなど、同地区の治安は完全に失われてしまった。なお、このような騒乱状態は平成四年一〇月一日から三日間にわたり、くり返し発生している。

この種の騒乱状態をば事前に防止するためには、地区の秩序を維持し、常時、警察官の巡回などを実施して不穏の動きを防止し、騒ぎの原因などを早期に除去することが必要となる。しかし本件特殊地区のような場合には、これを完全に実施することが、極めて困難で、ほとんど不可能というべき状況にあると言っても過言ではない。滞在者の路上での瑣細な言い争い、浮浪者、日雇労務者と地区一般居住者との単なるいざこざ、これらの争いが常時、多発しており、これが僅かの刺戟によって急速に大衆による騒動に発展する危険をはらむ状況からみて、予定配置された警察官の人員だけでは、到底、対処しきれる状況ではない。

そこで、もし、この地区に必要、十分な人員を配置するとすれば、極めて多数の警察官を常駐させなければならないことになる。しかし現実に、それだけの増員を実現させることが困難であり、限られた人員の範囲で職務を果そうとすれば、それに必要な補助的な設備、機械、車輌などの準備、配置が是非とも必要となる。それ故に、街路、交叉点、広場などの要所にカメラを設置し、街路上の高所から、広範囲にわたって周囲の状況を映写、観察し、受像した状況の変化に即応して、適切な行動、増員要請の連絡など、必要な措置を迅速に実施することは、大規模な騒動への事態の悪化を未然に防ぐためには必要であり、かつ効果的な方法であると言うことができる。それ故にテレビカメラの設置は、本件特殊地区における警備と人員の不足を捕うためにも必要な方法であるとみなければならない。

五　本件「愛隣地区」警備の特殊性

ところで、およそ街路テレビの設置などが、警備上、一般に必要であり、かつそれが許されるというわけではない。通常の市街地であれば、当然に、それは不要であり、敢えて、これを設置すれば、そのような方法は、過剰警備として批判されることになるであろう。しかし、それにもかかわらず、このような設備が必要とされる理由は、あくまでも本件「愛隣地区」の異常なまでの特殊事情による。前述のように同地区は、凶悪犯、暴力犯の多発地帯であり、その防止のため警察、住民団体等の連絡、協力による防止と環境浄化に関する不断の努力がなされているのにもかかわらず、その成果が、十分には実現されていない。そのために街頭テレビの設置は、警察側の一方的な認定だけで実施された方策ではなく、地区一般住民の要望でもあり、その撤去請求に対しては、撤去反対の嘆願書(平成二年八月六日)が地区警察署に提出されているのも事実である。このように同地区の居住者は、一部の者の無責任な行動によって、しばしば、くり返されてきた騒乱状態に対して脅威を感じており、再び、このような事態が発生しないように、警察側による十分な防止対策、警戒措置を期待している事情にあることを現実の状況から直に知ることができる。

確かに人権の保障は、各人について、絶対に忘れられてはならないことは、もちろんである。しかし、それは同時に地区居住者、滞在者全体の生活安全に関することであり、他からの来訪者が脅威を感じ、危険地区として遠ざけるような状態が存続したままであってよいというわけではない。そのために人権侵害を理由に、本件地区の公安維持に関する必要な措置を看過、排除することが許されるということにはならないはずである。

そこで、もし必要かつ適切な措置がなされず、そのために騒乱状態が発生し、拡大することになるとすれば、地区住民は、生活自衛のため、自分たち自身で警戒措置、対抗手段をとることになるかもしれない。この結果そのような事態になれば、警察機関に対する住民の信頼は失われ、地区の居住者による自衛対抗措置によって、群衆相互の衝突、抗争状態となり、人身、財産についての損害は、はかりしれないものとなる危険をはらんでいるのである。事実、この種の事態は、これまでにテレビニュースの報道によって全国的に伝えられたことであり、このような状況が、今後、再発することになるとすれば、人的、物的な損害は多大なものとなって、その収拾、修復、救済に要する負担は、人的、物的、金銭的にも予測がつかないものとなるであろう。このような事態の推移は、治安対策のみならず、国、地方公共団体の財政つまり国民、住民の負担の観点からも看過することのできない重大な社会生活問題であると言わなければならない。

特にこの種の都市スラム化の問題は、わが国のみならず、さきのロスアンゼルス市騒動のニュース報道にもみられるように、適時、適切な警戒措置、対応策についての欠陥に起因するものであるから、テレビカメラの設置は、予防措置の一つとして、その必要性と効果とを十分に認めることができる。

なお次に、現実に警備に従事する警察官の危険についても配慮することが必要である。いかに警察官は、自己の危険を顧みず、居住者の安全のために勤務すべきものであると言っても、危険に対する必要、十分な対応策もなしに、服務しなければならないというわけには行かない。警察官の市街地巡回、パートカーの乗入れにしても、状況によっては、一部の者の感情を刺戟して、かえって侵害を受けることになるかもしれない。例えば、本件地区と類似の状況にある東京浅草の山谷地区においては、取調中に警察官が襲われて殉職者を出した事実があり、テレビカメラが設置されたのも、そのような事例が動機の一つであったと言われている。

前述のようにテレビカメラの設置は、確かに一般には、よい印象を与えることではなく、このような方法は安易にとるべき手段ではない。しかし一般に防犯カメラが私的にも設置されているように、この種のテレビカメラの設置されること自体が、路上での犯罪の予防に効果をあげていることも否定することができないのである。また事故の発生、行倒人、泥酔者などの発見、救済の連絡措置など、直接の巡回では直ちに認知、対応できないような市街地の状況をカメラにより展望することができる。特に路上での賭博、窃盗など犯罪を防止することについての効果は十分に期待することができる。しかも、テレビカメラの設置、街路上の状況の撮影、映写のみでは、何びとの身柄、行動をも拘束しているということではないのであるから、カメラの設置および街路などの状況撮影をもって、直ちに人権侵害を理由として論ずべき問題ではない。これらの行為は、まさに警察機関独自の権限として認められた保安警察の作用であることは明白であるが、しかし次に、その限界について思考することにする。

六　保安警察権の法制上の限界

警察行政作用の特質は、前述のように、居住者一般の必要に応じ、その生活利益を保持するために、命令、強制の措置をとることが認められることにある。その結果として、各人の自由、権利の享有が制限、侵害されることになるのであるから、警察権の行使は、担当機関の独断に委ねられているわけではない。それ故に法治行政の原理によれば、警察権は、必ず法律に基づき、または法律の委任による命令の根拠と範囲において、執行されるべきものである。このことは地方自治の場合にも同趣旨のことと理解されるのであって、国の法令に違反しない限り、地方議会の制定する条例、地方公共団体の長の制定する規則に基づき、その範囲において執行されるべきことになるのである。

このように警察作用が、その実効性を確保するために、最後に命令、強制の手段をもちいることが認められる根拠は、国会の定める法律または地方議会の定める条例に定められているのであって、言わば、秩序維持のための実力が、国民または住民の代表機関である国会または地方議会の承認を通じて、主権者たる国民による管理の下にあるものとみることができる。

しかも警察組織の管理は、旧制度のように内閣、内務大臣の直轄、指揮監督の下にあるのではなく、公安委員会の管理するところである。すなわち警察または検察の職務とは関係のない委員をもって構成する合議制の公安委員会の管理下におくことによって、権力執行機関による直接の指揮監督権を制約し、警察組織の民主化によって、行き過ぎた権力機構としての全国にわたる統一的な警察組織を、現在では国民のための警察として都道府県の地方警察に改組している。さらに居住者の現実の生活に直結する部分については、この都道府県警察を単位組織として、全国警察の国による統一をもって執行する活動は、ただ国家の緊急事態の場合だけに限定し、一般の平時においては都道府県公安委員会の管理下において、都道府県警察の自主性と、その活動の独立とを認めることを通常とする。それ故に、現在の警察制度と公安委員会の管理、監督下において実施される警察の活動をもって、いわゆる前近代的な「警察国」時代の権威主義による警察と変りなしとして、現にその運営の実態を批判することは、非現実的な警察の虚像をとらえた錯覚というべきことになる。もっとも、わが国における過去の警察の実績は、確かに強固な全国にわたる統一と命令指揮系統の確立とによって、行政権力の中核を構成するのみならず、国民生活に対する厳格な規制、介入を実施してきた。そのため警察権力を恐怖の対象としてきた過去の経験は否定できないが、しかし現行制度は、これを抜本的に改組し、国民、住民のための警察として奉仕していることを無視することは許されない。

七　保安警察権に関する法理上の限界

前述のように警察権の権力作用としての特質からみて、確かに、これに関する法規の定めは明確であることが望ましい。しかし警察の作用は予想されるべき将来の事態について、そのありうべき障害を想定し、それらに対する種々の対応策を事前に考慮して、準備しておくべき措置ではあるが、これらの事項を、立法機関が将来を十分に予測をして、必要な予防方法を前以って明確に定めておくことは、まさに不可能であると言ってよい。ところが法令の規定がなければ、警察機関は、なんらの手段をも、とることができないということであっては、警察は、社会の保安の目的を実現することができないことになる。従って立法機関は、このような場合への対応策として、明確に具体的な規定を定めずに、概括的な規定の仕方で警察機関の個別的な状況判断と、それに対処すべき必要な措置の選択とについて、裁量を認めておかなければならなくなる。

このために本件街頭テレビカメラの設置も、当該地区の警察機関による裁量、状況判断として実施された対策であることは、もちろんである。しかし警察機関の裁量というものは、その権力作用としての特質からみて、完全に警察機関独自の裁量と状況判断とによって一方的に、すべてが決定づけられることではない。つまり警察機関の裁量は完全に、その自由裁量に、すべてが委ねられているというのではなく、そこには法理論上の拘束すなわち不文の条理による限界があるのであって、その限界をこえた場合は違法になるとされている。その理由は、前述のように警察権による命令、強制は、各人の自由、権利の享有を制限することになるのであるから、人権尊重を基礎とする憲法原理によれば、各人の自由、権利の享有は、公共の福祉に反しない限り、最大限に尊重されるべきことが基本原理である。従って、その制限は、あくまでも例外としての措置であるから、これを厳格に解して、常に必要最小限度に止めるべきことが憲法上の要求となるからである。この意味で警察機関の裁量は、法規裁量の典型的な場合であるから、そこに自由裁量の認められる余地はない。

それ故に本件テレビカメラの設置については、その判断、決定が、右に述べたような法規裁量の限界を越えているか否かということが問題の中心的な論点となるのである。

八　テレビカメラによる肖像権の侵害

そこで前述の裁量に関し、テレビカメラの撮影、映写機能からみて、議論となるのは、それが各人の肖像権なるものの侵害となるか否かについての問題である。もし相手方の了解もなしに無断で、各人の肖像、容ぼうなどが撮影され、これが種々の目的に利用されるということになれば、それは当人に不快な印象を与え、各人の生活の平穏を害することになるのは、もちろんである。それ故に本人の承諾なしに、みだりに、その容姿が撮影されることのない自由を認め、この種の自由が侵害されることがないように、その保護を目的として肖像権の成立を承認することが、請求されることになる。

この種の人格にともなう肖像権の成立に関して、すでに最高裁判所大法廷判決(昭和四四年一二月二四日、刑集二三巻一二号一六二五頁)も、「警察官が、正当な理由もないのに、個人の容貌等を撮影することは、憲法一三条の趣旨に反し、許されない」として、まず肖像権が成立することの余地を承認している。しかし、このような自由を絶対無制限なものであると認定したわけではない。すなわち「公共の福祉のため必要のある場合には相当の制限を受けることは同条の規定に照らして明らかである」として限界のあることをも認め、これに該当する場合として「犯罪を捜査することは、公共の福祉のため警察に与えられた国家作用の一つであり、警察はこれを遂行すべき責務があるのであるから(警察法二条一項参照)、警察官が犯罪捜査の必要上写真を撮影する際、その対象の中に犯人のみならず第三者である個人の容貌等が含まれても、これが許容される場合がありうるものといわなければならない」と説示した。そしてこの許容される場合に該当するものとして、「現に犯罪が行われもしくは行われたのち間がないと認められる場合であって、しかも証拠保全の必要性及び緊急性があり、かつその撮影が一般的に許容される限度をこえない相当な方法をもって行われるとき」には、本人の同意がなく、または裁判官の令状がなくても、憲法一三条、三五条に違反しないと認定している。

もとより、この判旨については、多くの論評があり、右の説示が完全なものであるとは言いきれないが、しかし、肖像権の承認をもって、一さいの写真撮影が否定されるという趣旨のものでないことだけは明らかである。ところが右のような肖像権の成立とその侵害に関する問題は、そもそも犯罪捜査、証拠の収集、保全に関する刑事手続に関する場合であって、それ故に通常の刑事手続の場合には、裁判官の令状によらなければならないことを原則とし、ただ緊急やむを得ない場合の例外がありうることを示した場合であると理解することができる。

しかし、いずれにせよ右の判決は、刑事司法手続の場合に関する法理を説く判示であることは明白である。ところが、これに対して本件テレビカメラの設置は、犯罪に対する事後の対応措置としての刑事司法の作用ではなく、前述の通り設置の目的は保安警察上の措置としての方法である。つまり道路、公園などの公共の場所における一般公衆の状況を撮影、映写するための方法で、その対象を被疑者としての特定人に限定して、その行動を証拠とし、記録することを目的とすることではない。それ故に右にあげた最高裁判所の判例は、本件テレビカメラの設置に関する保安警察作用の場合には、そのままには適合しないことになると言わなければならない。しかも本件カメラの設置の方法は、街路、交叉点など一般に、その所在を知ることができるような場所に公然と備えつけ、しかも路上の高所に設置しているのであるから公衆の通行を阻害することもない。従って、ただ道路における状況をとらえるだけで、路上の一般各人を、すべて被疑者扱いにして、各人の肖像を各別に撮影録画し、これを将来の刑事手続の必要のために、証拠として保存、利用しようとすることが、テレビカメラ設置の本来の目的であるとは考えられないのである。確かにカメラが路上での賭博、恐喝、暴行などの犯罪現場をとらえて撮影することがあり、これが後に、犯罪捜査、証拠写真として活用されることがあったとしても、しかし、それは偶発的な場合であって、カメラ設置の本来の目的が刑事司法手続上の措置として論ずべき性格のものではない。ただしカメラの設置が対象を特定して、当該人物の行動を監視し、そのため、カメラの備え付けを秘匿して、いわゆるかくし撮りを行うというような使用方法をとるとすれば、それは行政作用の限界をこえることになるのは、もちろんであるが、本件地区でのテレビカメラ設置の態様は、右のような秘密のものではないから、被疑者の行動を監視することを目的とする方法であるとは考えられないのである。

もっとも騒乱状態の場合に、その鎮圧に際して、暴行犯人の行動を撮影記録することは公務執行妨害罪、騒擾罪の挙証資料となりうるもので刑事司法に直結することになる。しかし前述のように、このような事態は、もはや行政警察の範囲をこえて、刑事事件として処理されるべき事項であり、また、この種の偶発的な騒動については予め事前に、特定人につき裁判官の令状を求めておくということは、あり得ない。それ故に、このような偶発事態について司法警察職員として事前に令状申請手続をとるべきことを求めることは、そもそも不可能で無理な要求である。これに対して街頭におけるテレビカメラの設置は、この種の不測の騒乱状態を発生させないための予防を目的とする措置であるから、カメラの設置が、そのことのみで、すでに人権侵害に該当するとの疑惑をもって、各人の行動を監視することを目的とする手段であると推測ることについては、ことさらに、警察の行動を国民に対する弾圧的な行為であるとする先入観と予断としての過剰がみられるのである。

しかし保安目的ということになれば、テレビカメラの設置は、どのような場合、どの場所でも許されるということではなく、おのずから社会常識の点からみて限度のあることを心得ておかなければならない。テレビカメラの設置が問題とされた東京山谷地区事件に関する判決（東京高裁、昭和六三年四月一日、判例時報一二七八号、一五二頁）はすでに「当該現場において犯罪が発生する相当高度の蓋然性が認められる場合であり、あらかじめ証拠保全の手段、方法をとっておく必要性及び緊急性があり、かつ、その撮影、録画が社会通念に照らして相当と認められる方法でもって行われているときは、現に犯罪が行われる時点以前から犯罪の発生が予測される場所を継続的、自動的に撮影、録画することも許されると解すべきであり……」と判示していた。

また自動車専用高速道路上に設置されたカメラによる速度監視装置により制限速度違反が摘発された事件について、最高裁判所（昭和六一年二月一四日、刑集四〇巻一号四八頁）は、前述の大法廷判決を引用して、写真撮影による速度測定とその記録方法につき「現に犯罪が行われている場合になされ、犯罪の性質、態様からいって緊急に証拠保全をする必要性があり、その方法も一般的に許容される限度を超えない相当なものである……」と判示している。

いずれも事件の本体は刑事司法に関する事ではあるが、カメラ装置の設備が、場所、状況によって、それが許される方法であり、しかも、その設置、使用方法が、社会通念上、相当と認められる範囲内の方法であれば、それが許されることを認めている。これらの判例に基づくならば、本件地区におけるテレビカメラの設置は、当該地区の特殊事情、騒乱状態の多発の経過などからみて、限度をこえた警備方法の過剰とは断定できない結論になると考えることができる。

九　プライバシー侵害の問題

さらにカメラの使用については、しばしばプライバシー侵害の問題が指摘される。各人の私生活すなわちプライバシーと、その不可侵に関するプライバシーの権利という観念を明確に把握することは実際には極めて困難である。しかし人権思想成立の根拠から思考すれば私生活自由の不可侵すなわち他人から自己の生活内部を知られたくないとする権利の成立を認識することができると見るのが自然である。つまり私生活と社会生活との境界を各人相互に認識し合い、これを尊重して侵害しないとするところに法益の存在することを認めて「私生活を、みだりに公開されない」ということにつき一種の人格に結びつく権利の存在を認めようとするのである。

ところで路上、広場など公共の場所での各人の行動は、それ自体、他人からは隔絶された秘密の生活とは違って、衆人の眼にふれる行為であるから、その点に直ちにプライバシーの権利が成立することになるとは考えられない。それ故に道路での公衆の通行の状況、広場、公園などでの各人の利用の状態が、撮影、映写されたとして、もしそれが逐一、各人のプライバシーを侵害することになるとすれば、このようなテレビカメラの使用は、まったく許されないことになる。そのために日常のテレビニュースなどの放映は、そのすべてが、プライバシーの侵害行為ということになってしまうのであり、催物、行事における観客の状況、道路通行の状況、災害現場の状況など、公衆の写し出されるテレビニュースの放映は、そのすべてが、プライバシーの侵害行為となって禁止されなければならないことになる。

しかし、このような思考は社会生活の実情に適合することではない。

およそ、各人において、その生活の侵害につきプライバシーの権利を主張するについては、当人が自己の生活範囲につき、これを維持、管理しようとする態度、行動がともなうことが必要であり、これを無視し、排除してまでも私生活に介入するところに、初めてプライバシーの侵害ということが認識されることになる。それ故に本件街頭テレビカメラによる撮影の場合にも、プライバシーの保持を意識する者は、これから遠ざかり、または自室をカーテンなどで遮蔽すれば足りることであり、そのような生活管理をすることもなしに、直ちにプライバシー侵害の主張をもって、カメラ装置の撤去を請求することは、権利意識の過剰と言わなければならない。

ところで最近の傾向として、犯罪多発のおそれがあるために、銀行、深夜営業の販売ストアなどで、民間に防犯用のテレビカメラ装置を設備する事例が多くみられる。しかし、それは来客のプライバシー、肖像などの権利に対する侵害というよりも、自己防衛方法として、社会生活において許されていると言ってよい。同様に地域における防犯、秩序維持、交通事故の防止などの必要から、街燈を設置するように、あわせてテレビカメラを設置することがあったとしても、そのことだけで地区居住者各人のプライバシーを侵害することになるとは断定できない。

もっともカメラ装置が居住者に与える心情としての印象は、各人によって種々の相違が考えられるであろう。原告当事者のように、これをもって、行動の監視ととらえ、不快感をもって拒絶反応を示す者も実在する。また反対に、その設置目的を理解して、秩序の保安に対する信頼感も考えられ、前述のように撤去反対の申請が地区警察署に提出されている。ただ一般の居住者にとっては、街路上の高所に設置され通行の妨害となるわけでもないから、ほとんどは、まったくの無関心で看過しているのかもしれない。しかし、いずれにせよ、テレビカメラの設置それ自体は、各人の生活行動を物理的に妨害しているわけではなく、かえって、設置目的の合理性、設置場所の妥当性、その使用方法の相当性からみて、テレビカメラの設置そのこと自体だけで、直ちにプライバシーを侵害しているとまでは、言いきれないのである。

一〇　特殊地区における秩序維持と環境の浄化

前述のように、本件「愛隣地区」は、住民の失業、生活の困窮に起因する生活環境の悪化に対する対応策が急務である。もっとも、これに対する各種社会福祉事業が、その成果を示してはいるが、いまだに、それが十分な改善の効果とはなっていない。そのために社会生活に対する不満、これによる焦燥感そして、これらにかられる日雇労務者と地区一般居住者との対立、いずれをとらえても、限られた特殊地区に限定された社会問題に止まる事情ではなく、その背後には、国民生活全般に関係する社会問題、経済問題、倫理問題などのすべてが、この狭い特殊地区に集約されている。

これらの問題は、地区の治安対策だけで対処できる問題ではないが、地区の保安行政の確実な維持、実現なしには、各種福祉政策の適切な効果を期待することができない。地区のレポートが示すように、わが国の経済、特に不況の影響が、地区における野宿、浮浪者の増加という事実となって反映するという。それらは、いずれも地区の暴力犯、騒動の原因となるように、一方において福祉政策の促進を期待するとすれば、他方においては地区の保安が常に確実に維持されなければならない。現実に生活不満と焦燥感のすきをついて、暴力団、労務の悪質仲介者、暴力行為の煽動者などが介入することによって、煽動への展開の危険を常にはらんでいる。本件地区における、このような特殊環境のもとにおいては、各人個別の人権尊重も重大な関心事であることは、もちろんであるが、地区居住者一般の生活の安全も、またまさに人権の尊重として無視することができない問題である。

このように人権の尊重は、一面において特定人の主張に対応することに止まることだけではなく居住者全般の人権保障にも関連することである。保安警察の行政作用においては、その限界をこえる過剰の警備対策は許されないが、必要な措置は、常に的確に実施されていなければならない。その意味で本件地区の特殊性を考慮するならば、テレビカメラの設置は、肖像権、プライバシーの権利侵害をもって論ずべき問題ではなく、地区居住者、滞在者の身の安全、社会生活の保安、環境整備など、その必要性と有効性とをもって考慮すべき問題になると言うべきである。

（平成五年九月一四日、当行政事件訴訟に関する意見書として大阪府警察本部に提出）

6　ベルギー王国における国家緊急権

一　国民生活における緊急事態

1　法制度における例外状態と非常立法

「非常立法の本質」ということに関する委託調査において、その合同研究に参加することになった。

非常立法といえば、かってドイツのワイマール憲法が、その法典のなかに定められた大統領の緊急権に関する条項が原因となって、その存立の隙をつかれ同憲法自体が独裁勢力の活動により、すぐれた憲法であったのにも、かかわらず完全に無視され、崩壊してしまったという周知の史実がある。このような非常事態に対応するための緊急権制度ということが、わが現行憲法のもとにあっては国の実情から判断し必要であるといえるのであるか否か。また、このような緊急事態において、平常時とは異る特殊の例外措置ということを実施することが許される根拠は、法論理として、どこに、これを求めることになるのか。独裁主義を認めず、権力分立を本旨とする国での組織のもとにおいて、緊急時における平時とは異った臨時の例外措置は、いずれにせよ明白に憲法の基本原理に違反することになってしまうのである。それ故に緊急措置を是認するための根拠を、どのような法論理によって説明することが可能になるのか。

この課題は憲法および行政法を通じて重要な、かつ困難な避けて見すごすことの許されない難題の一つであることは明らかである。

現に社会状況の変動により考えられる緊急事態発生の場合について、現行憲法は、その対策に関し、なんらの条項をも定めてはいない。もし、このような場合に、必要となる緊急措置ということが、そもそも実定法をこえる対応手段として肯定されると思考することができる余地があるのか。この種の問題は、憲法および行政法の本質に関連する基本課題の一つでもある。しかも、この種の対策は同時に、わが現行憲法のもとにおいても無視することができない課題であり、今後、永く将来にわたって研究を続ける必要がある難題になると予測することができる。

2　緊急事態における対応策の必要

最近、神戸地区における震災以来、危機管理体制の設立および整備の必要が強調されて来るようになった。それらの原因となるべき事由には、震災、大火災、風水害、火山の噴火、伝染病の発生蔓延など自然災害の突発を初めとして、人の行動による場合としては、毒物の散布、爆発物による多数人員の殺傷、諸施設の破壊など、そして最近では現に想像も及ばぬようなミサイルの打ち込みまで、多種多様の事態の険悪化を想定することができるような状況にまでなって来ている。そして、その極限は、まだ限定された地域の範囲に止められているとしても、国の内外における武力衝突による侵略破壊闘争にまで発展してしまった事態を、ただ静観していることだけではすまされない。

このような情勢にまで至らないように対策を考慮し、準備しておくとすれば、国の安定を維持するための侵害に対抗すべき予防体制、情報蒐集、侵入への対抗措置、被害者の救済、保護など一連の緊急事態対策の必要は、これらの研究を否定することができない。

わが国では、これまで現行憲法の平和主義方針に基づいて、平和への努力が強調されて来たために、緊急事態における対応策などは、思考し研究しようとすることだけでも、平和の精神に反することであると激しく反対され、これを発言するならば、このような意見は封じられ非難されて来たのが実情であった。

しかし緊急事態の事例は、現実に無視することはできず、忘れたままにしておくことができない歴史に記録されるべき経験である。それ故に古くは関東大震災以来、その日を防災の日として対策訓練の行事を繰り返し、災害時への心構えを忘れないように、現に災害訓練の努力を続けて来ている。

ここに掲載した研究がなされた当時、「非常立法」という言葉で表現されていたが、現在では緊急事態そして、さらに危機管理体制という表現まで造語され、実際に使用されるようになった。この「非常立法」に関する共同研究は、現在から振り返って思いなおせば、この種の緊急事態における諸国先例の比較研究に関する最初の作業の一つであったと考えている。

「備えあれば、憂いなし」の諺のように、平時においてこそ、冷静に、想像されるべき事態を各方向にわたって十分に予測、検討しておけば、それぞれに対応した必要な措置を想定して準備計画を用意し、応急の活動、対応および救済措置の手順、それに基づく十分な訓練をなすことの予裕を持つことができる。このような平時における備えと、それに即応した訓練の経験があればこそ、実際における予想もできないような事態の急変に直面しても、適切、迅速な応用および応急活動によって、事態の変動に即応することが可能となるのである。

これに対比して、事態が現実に発生してからでは時機を失して対応の余地もなく、被害は甚大なことになって、収拾の方策さえ見当がつかなくなってしまう。それ故に、この種の対策準備研究は、常に心掛けて実施しておかなければならない課題であるというべきことでなければならない。

3　研究対象として取り上げたベルギー王国における先例

次に外国における先例として比較研究のために、担当を割当てられることになったのは、ベルギー王国憲法（ベルギーの憲法）の運用と戦時における実際の経験である。ベルギー憲法は、その制定以来、重要な変更を加えず、すべてを条文に関する運用の妙によって事態の変動に対処してきた。しかも同憲法は緊急事態に関する条項については、これを、まったく規定せず、かえって正規の憲法の一部または全部の停止ということは、憲法の条文を定めて明白に憲法に対する妨害を禁止、否定をしていたのである。

4　ベルギー王国における難局

それにもかかわらず、ベルギー王国（以下ベルギーとする）は、第一次世界大戦および第二次大戦の二回にわたって、ドイツの攻撃を受け、国内の混乱を収拾することについては、想像も及ばぬ非常な苦労を経験した。それでも憲法は、遂に、これを変更せず、その柔軟な運用の妙によって、事態に対処し、国の統一を維持することに専心した。このことによって、戦後の復興に結びつけることができたのである。このような外国の稀な経験例は、それぞれの国の特殊事情によって発生した偶然の事態であるが、緊急事態の措置という事実は、前もって、その基準を定めておいていたとしても、実際に執行された方法は、事態の急変に対応するために、所定の基準通りの措置をとることができることになったとは限らない。従って実際にどのような措置がなされ、それが適切であると言える方法であったか否かということについての研究は、一定の基準を定めることよりも、かえって臨機の措置をどのようにしたかということにつき、調査しておくことが、将来への準備、教訓として、ぜひとも必要になることであると考えて来た。

5　緊急例外措置の許容性

そこでベルギーでは、まず国の緊急権という例外措置が、果して憲法において承認される方法であるか否かということが、問題となった。その理由はベルギー憲法が、制定当時から三権分立主義を基本原理として採択し、これを厳格に遵守してきたからである。従って緊急事態に際し、行政権を中心とする国の権力作用が実施された場合に、この措置は明らかに違憲となる。しかし同憲法には緊急権に関する規定が、まったく定められてはいないので、この違憲性を阻却することの根拠を、実定憲法に求めることができないことになってしまった。そのために事実として憲法を現に施行することが、まったく不可能となってしまったような異常な緊急事態に突如として直面したが、実際に、この場合に行われた緊急対応措置を、法理論上どのようにして理由づけできたのか。国の緊急権ということが、そもそも法の基本原理において一般に是認されていることであるのか。このような例外方法が認められるとすれば、その措置が許される法に基づく根拠は、どこに求められるべきことになるのであるか。正常の事態を前提にして、この場合に適用されるべき法原理が、緊急事態に際しては通用しなくなってしまった場合に、緊急時において実際に、執行されるべき特殊な法とは、いかなる種類の法であるのか。このような問題に対する対策が、ベルギーでは実際に発生し経験された国の危機の状況のもとに、現実に即した法理論の領域のなかで、しかも実際に直面した国の危機に際し迅速に対決、処理しなければならない難題に関して、その検討が行なわれて来たのである。

6　緊急事態の可能性

それでも国によっては、緊急事態の発生があるかもしれないということを考慮して、わが旧憲法が戒厳のような緊急例外の措置を、あらかじめ規定していような場合もある。しかしベルギー憲法は、これに関する規定を、まったく制定してはいなかった。そればかりではなく、反対に同第一三〇条によれば、憲法の一部ないしは、その全部の停止ということを禁止し、さらに緊急権をも否定していたのである。その上、憲法の改正については、第一三一条に定める正規の改正手続によってだけ実施することができると定めている。それ故に、ベルギー憲法においては、緊急権ということを、まったく予定せず、かつ認めてはいなかったというようにも考えることができる。しかし、憲法が、どのような趣旨の条項を規定している場合であろうとも、緊急事態という状況は、事実として法の規律を離れ、情勢のいかんによっては発生することが十分に予想される変動であり、緊急事態が、まったく発生することがないということは断言できることではないのである。実際にベルギーも、第一次および第二次の世界大戦においては、自国の中立方針にもかかわらず、その意に反して、突如、戦乱にまきこまれたことは周知のとおりである。そして、このために憲法の実施が、まったく不可能になってしまうというような事態におちいったのであり、そのほかにも天災、ゼネストのような国内における混乱から、緊急事態という事実を経験してきたこともあったのである。

7　緊急権の特質

およそ緊急権の特質は、正常の事態を前提として実現されるべきことを通例とする憲法が、予測もしないような例外ともいうべき異常事態の発生によって、憲法を、そのままに実施し、適用することが困難になった場合の対抗措置であるということにある。そのために、やむをえず、とられる例外としての権力作用が特質であって、憲法の原理には最初から適合しない非常手段であるということは自明のことである。それでもベルギーでは、右のような経験をくり返した結果にもかかわらず、緊急措置の制度を憲法条規のなかに正式に採択せず、緊急権を憲法の規定の外にある必要やむをえない例外対策とし、これを不文の権能として承認するようになったのである。

ところで憲法停止の禁止に関する規定は、政府当局の勝手な権力行使によって、憲法が、じゅうりんされることを防止することを目的とする条文である。それ故に緊急事態発生の場合にとられた措置は、たとえ違憲の手段であったとしても、それは非常例外の右のような憲法に違反する意図のために実施された策略ではなくて、反対に憲法を擁護し事態収拾のために、やむをえずなされた措置であると認識する。従って、このような国つまり政府の活動は、憲法を破壊するということよりは、逆に憲法ないしは国の秩序を、その破壊より救うことを目標とするために執行された対策である。従って決して憲法に違反する活動ではなく、その正当性は、さらに実定憲法を越えて、より上位に考えられる法の一般原理によっても、承認されるべき方策であると、解釈されるようになった。

8　ベルギーの先例を研究することの目標と理由

ところで日本国憲法には、緊急権に関する規定が、まったく制定されていない。もちろん参議院については、緊急集会の方法が採択されており、これが緊急の場合に利用されることができるとしても、この制度は、そもそも緊急事態に対処することを、本来の目的とする制度ではない。いうまでもなく、この条項は、衆議院の解散後、新たに同院が構成されるまでの間の空白をうめるべき補充としての便法を定めただけにすぎない。それ故に日本国憲法は、旧憲法のように緊急権（戒厳大権）を定めず、これについては、まったくの空文のままに、残されている事項であるといってもよい。このような憲法のもとにおいて、国の緊急権が、どのようにして法のもとに根拠づけられることになるのであろうか。あるいは、まったく否定されなければならないことであるのか。もし、このような緊急例外措置が許容されるとするならば、緊急権の範囲なり、行使の方法などは、どのように根拠づけ実施されなければならないことになるのであろうか。これらの問題を考えるにあたって、ベルギーで行なわれた先例なり、それについて主張された法理論を、とりあげて検討することは、ベルギー憲法が、緊急権という制度を、まったく予定していなかったという先例にかんがみ、現行の日本国憲法の場合にとっても、十分に参考となるべき先訓が見い出されると予想されるのである。しかし、もちろん、ベルギーの事例なり学説が、そのままに、わが国にも妥当するというわけではない。緊急権の現実における発動の態様は、あくまでも、その国における、その時々の、事態に対応した展開との関連において見られるべき特殊現象である。そのために、これを、ただちに一般化して他の場合にも適用しようとすることは不可能である。特にベルギーの場合には、自国の中立方針にもかかわらず、突然、他国の軍隊による侵入から心ならずも戦争にまきこまれ、国内秩序は完全に混乱し、これを収拾するために、思い切った非常措置がとられたのである。しかし、このような事例は、その経験がないわが国にとって、そのまま、通用することでないことは、いうまでもない。従ってベルギーの緊急権をとり上げた理由というのは、緊急権の特質が、その典型として実現させられたベルギーの実例をとおして、緊急事態ないしは緊急権というべきものの実態を理解し、憲法上、緊急権ということを、どのように法の領域において把握し、評価すべきことになるのかということに対する一つの注目すべき参考資料を、得えようとすることが目標である。

二　緊急対策の概要

1　立法権の委任

緊急事態克服のために、執行機関による例外の措置として権力作用を直接に可能とする方法が行なわれたのは、立法機関すなわち議会の立法権を全体として執行機関つまり行政府に対して委任することである。議会が、正規の議事手続をもって立法を行なっていたのでは、迅速な活動を必要とする緊急事態に、即応することができないことは、もちろんである。それ故に立法権は、政府に委任され、政府の判断だけによって、緊急措置が決定され、実施されることになる。ベルギーにおいても、執行機関に対する授権立法（Ermächtigungsgesetzgebung）が、この時に特に重要となった。このような方法によって、国の権力は、国王ないしは、その政府に集中されることになり、国王または政府だけの判断によって、行政権中心の権力作用が施行されなければならなかった。この立法権委任の範囲は、緊急事態の必要に迫まられ、段階を追って、著しく拡大して行くことになるのである。しかし、このことは、ベルギー憲法のとる権力分立の原理に反することではあったとしても、ただそれは、戦時ないしは大きな災害などによる混乱に際して、秩序を回復するために、なされたことである。従って、その方法は、あくまでも例外の手段であったのであり、憲法を無視することではなくて、憲法典自体が空文となるかもしれないような状態を、収拾して事態の悪化を防止し、かえって秩序の回復、維持を、はかる対策であった。それ故に、このような措置は緊急時における対策としては必要であり、憲法の趣旨に反することにはならないと判断されたのである。この場合に、立法手続は、正規の立法機関である議会によることなく、法律としての効力を有する緊急勅令によって、迅速に応急の措置がとられた。

2 軍隊の行動

緊急権行使に必要な実力発動手段としては軍隊の出動がある。正規の軍隊を中心として、さらに憲兵隊、民兵組織などの軍事組織が、公共の安全と秩序との保持の任にあたることになる。この場合に当然に軍当局に大きな権限が与えられることになるが、このようなことが承認される要件としては、戦時（temps de guerre）ないしは戒厳状態（état de siège）の存在していることが必要である。このような状態は、国際法上の戦争状態の場合には当然のこととして、国内における内乱などによる秩序の大きな混乱の場合にも発動が考えられることである。

3　徴　発

また、必要な労務ないしは物資に対する強制処分として徴発が許される。これは、当然に自由ないしは財産に対する強い制限ないしは剝奪となるから、徴発権の行使は、一定の条件のもとに、執行機関によって厳正に行なわれなければならない。しかもその範囲は、緊急事態の克服にとって必要最小限度に止めなければならないとする。ただ、実際には徴発権の範囲も、緊急の必要のために、おいおい拡大されて行ったのであるが、当然に原則として戦時にだけ実施することができる緊急措置であるとされていた。ところが、これに対する例外として、戦時以外の場合に、例えば、国家公務員の大規模なストライキなどのような場合には国の行政機能確保のために、施行されるというようなこともあった。しかし、徴発は原則として、戦時において、その必要最小限度の範囲でなされるべき方法であるとされていたのである。

4　例外措置としての緊急権

緊急権の行使は、以上のように、憲法の原理に反して、国の強い権力作用の執行措置があり、個人の自由ないしは財産を制限して、場合によっては国民の基本権停止などの措置も強行される。従って常に例外措置としての緊急権発動には厳重な制限が要求されるのである。しかし、緊急事態の進展によっては、緊急権の拡大強化が、必要となることも当然であるので、緊急事態克服の要求と、国民の自由権利保障の目的とを、どのようにして調整するかということが、とくに重要な課題となることは、いうまでもない。現実の必要から、緊急権が、どんなに必要とされたとしても、その実態は、あくまでも原則には適合しない例外措置の拡大であることに変りはない。従って、この点に緊急権の本質に基づく制約がともなうことは当然である。それ故に緊急措置が許容される要件としては、とくに不可抗力によって、憲法の定立している原理を実施することが不可能であるような緊急事態のもとにおいてだけ、やむを得ず採択されることが許される手段であるということである。従って政府側の一方的な利益ないしは都合だけによって緊急権の発動が許されるべき事項ではなく、情勢を客観化された事態に即して厳正に判断し必要やむをえない場合に限定して許される措置である。

三　立法機関活動の停止

次に前述の二において概要を説明した事項および事態につき個々に検討することにする。

1　立法機関における活動の不能

緊急事態において、最も困難な障害の原因となるのは、立法機関つまり議会の活動が、まったく停止してしまうことである。その理由は、まだ議会が正常な機能を営むことができる状態にある場合においては、執行機関により例外としてなされた緊急措置に対して、議会が事後に承認を与えることのできる余地が残されてはいるからである。ところが、もし議会が、まったく、その権能を停止しなければならないような事態を生じたならば、政府の活動は、まったく単独の行為として、事実上、行なわれているに過ぎず、その措置に関する適法性の根拠を求めることが、まったく不可能になってしまうことになる。ベルギーでは不可抗力の事態によって、議会の活動が停止してしまったような場合には、実際に国王および政府の単独活動を承認してきたのではあるが、この時には二つの場合が指摘されている。

(1)　会議不能

まず、その第一は、物理的な緊急事態 (Physischer Notstand) と称されている。この混乱は、両議院それ自体の内部にある原因によって生ずることではなくて、外部からの妨害による影響のために、両院が集会し、会議を開くことが不可能となってしまったような場合である。(1)

また第二は、道徳的な緊急事態 (Moralischer Notstand) と名づけられている。この場合は、両院の内部で発生した政治上の紛糾のために、両院が議決することができなくなったような事態である。(2) この二つの場合をふくめて、ベルギーでは政府の緊急措置が認められるのである。

たとえば一九一四年に、ベルギーが、ドイツ軍の占領を受けていたときに、国王は、両院を招集することが不可能な情況にあった。そこで国王は議会から特別の授権なくして、自ら法律としての効力のある緊急勅令 (arrêté-loi) の方式をもって、立法を行ったのである。(3) しかも一九一六年には、ベルギー憲法によれば、選挙を行なわければならないのにもかかわらず、国王は、選挙を施行せず、そのために元老院の半数の議員の任期を延長している。しかし、この方法は、いうまでもなく、ベルギーがドイツ軍の占領下にあったという例外状態のためになされたので、やむを得ない措置であった。このほかに、憲法上、正規の機関が、正常の作用を営なむことができなくなってしまったような場合に、それは戦時の場合には、もちろんのこと、このほかに内乱、天災などの場合にも、これに対処する国の迅速な活動が必要となるのであるならば、権限のある機関は、特別の措置をとることが許されることになるのであると認められている。しかし、このような憲法の範囲外にある例外措置に対しては、これを違憲であるとする意見の対立があった。

(2)　超憲法的な承認

まず、第一次大戦後において、国王のとった緊急措置については免責立法（Indemnitätgesetz）によって事後承認を与え、これらの措置を、すべて適法な行為であることにするという便法が要求された。しかし、これに対する反対意見は、戦争その他の緊急事態に際してとられた例外措置を、敢えて合憲であるとすることについては、特に、これを拒否するという考えであった。この問題について、破毀院（Cour de Cassation）は、一九一九年二月二日の判決で、つぎのように裁定している。

同判決によれば、緊急措置という対応策は、ベルギー憲法第一三〇条において定める憲法停止の禁止条項に該当し、これに違反することにはならない。その理由は憲法第二六条には、国王、代議員および元老院の三者が、共同で立法権を行使することを定めているからである。それ故に三者が同等の地位において、立法に関与すべきことを意味すると理解することができる。もし他の有権者が不可抗力によって立法作用に関与することができなくなった場合には、他の機関が単独で、立法権を行使することできることになるのである。そのような方法は、国の存立および国の作用の維持、存続のためは許される行為である。これに対し第一三〇条の禁止する憲法の停止とは、故意に、なされる場合のことであって、不可抗力によるやむをえない場合は、この禁止には該当していないことになると判断したのである。(4)

しかし、この判決については、つぎのような反対の主張もあった。その要旨は国の権力が、すべて国民に由来することであるというベルギー憲法第二五条の規定を根拠にして、国王は議会と同等の地位において、立法に関与するわけではないというのである。(5)その結論として緊急措置の合憲性ということを否定したのである。しかし、一般には破毀院の判決は支持されたのである。その理由は国王の緊急立法権について、議会の立法権に対する不可抗力により同立法権を行使することができなくなった場合に、国王の権能が憲法第二六条により導かれる結果としてではなく、国王は、国および国民の安全と独立とを保持するために、必要な措置をとるべきであるという、憲法典より上位にある法の一般原理によって、この緊急措置が認められるというのである。(6) 要するに国家緊急権、特に国王の緊急命令権というような事項を、憲法典によって理由のある権限であると認めることは困難であった。それでも、ベルギーでは超憲法上の法原理によって、この非常手段を認めようとするのが通説とされている。

2　憲法をこえる措置

(1)　内閣による単独の行動と法の一般原理

さらに、その後、一九四〇年の事例によれば、ベルギーは、国王の緊急命令権に依存することも不可能となるような、最悪の状態におちいったのである。その理由は、第二次大戦において一九四〇年にベルギーがドイツに降伏した際に、国王はドイツ軍の捕虜となるという予想もしない非常事態となってしまった。そのために内閣が国王の名において、完全に単独の状態において立法権を行使しなければならなくなるという混乱に陥ったからである。政府は、やむを得ず、このような措置を摂政の設置に関するベルギー憲法第八二条を根拠として正当化しようとしたが、同条をもって政府の広範な緊急権をも理由づけることには無理があった。これらの実例から判明するように、ベルギー憲法は摂政制度に緊急権を正当化するための十分な根拠を、あらかじめ与えてはいなかったのである。

およそ成文憲法というものは、憲法の基本原理を確立することを主要な目的とするので、例外の緊急措置についてまで、あらかじめ十分に事態を予測して規定を定めておくようなことは基本原理を軽視することにもなるおそれがあるので不可能なことになるであろう。その理由は緊急事態が、どのように進展していくことになるのであるかということは、事前に完全な予測をすることが不可能であるからである。そのために、ある程度の準備をして、これに対する措置を、憲法が規定していたとしても、それで十分であるということは絶対にあり得ない。それ故にベルギー憲法は、緊急権に関する規定を、まったく定めてはいなかったのである。従って、平時に適用されるべきことを前提としている憲法が、緊急時において通用することができなくなってしまうことは当然のことである。そのために前もって憲法施行の混乱は、情勢により十分に予想することができることではある。しかし、このような場合に、権限のある機関が、一般国民ないしは社会の福祉にとって、最も適切な臨機の措置をとるべき権能と義務とが存在していることは、成文憲法をこえる法の一般原理によって、当然のことであると考えられるにいたった。そこでベルギーでは、これまでの先例により、つぎに示めしたような場合に、国の緊急権が認められ、政府に、その権限が与えられるということが不文の憲法として認められることになるのである。

そこで緊急措置は①不可抗力のために憲法を遵守することが不可能となってしまった場合、②憲法に定めているなお依然として適用することのできる規定が、厳重に遵守されている場合、③事態が一般社会の利益にとって急迫しており、そのために必要やむをえない対策として、予定された措置だけが実施された場合、以上のような制限のもとにおいてだけ、緊急権として認められることになるのである。(7) しかもこのような緊急権は、前述の物理的な議会外部からの侵害による緊急事態発生の場合にはもちろんのこと、道徳的な議会内部における緊急事態による混乱の場合にも認められるのである。

(2)　立法機関の崩壊

さきの第一次大戦の事例においては、国家緊急権は、まだ一つの立法機関である国王の単独立法権の行使という方策により、憲法とのつながりを、ある程度維持することが可能であった。しかし第二次大戦におけるベルギーの降伏の場合には、代議院元老院そして国王と、すべての立法機関が、活動不可能な状況になってしまったので、立法権の認められない執行機関である政府が、やむを得ず立法権をも行使しなければならなくなってしまった。このように、極度の緊急事態における最も困難な最悪の場合というのは、立法機関が、事態の混乱によって、まったく正常な機能を果たすことができなくなった場合に生ずるのである。従って、常に立法機関の活動を確保するための保護対策が絶対に必要となるわけである。

以上の経験に基づく先訓は、統治の中枢部が事態の混乱に巻き込まれないように、全力をもって、その存立と活動とを擁護することが絶対に必要となるということである。

（1） Hans Bullreich; Das Staatsnotrecht in Belgien (Max-Planck-Institut für Ansländisches öffentliches Recht und Völkerrecht, Beiträge zum auslandischen öffentlichen Recht und Völkerrecht Heft 31, Das Staatsnotrecht) S. 7, Fußnote 20.

（2） A. a. O., S. 7, Fußnote 21.

（3） A. a. O., S. 5.

（4） A. a. O., S. 6.

（5） Pirre Wigny; Droit Constitutionnel, Principes et Droit Positif, Brüssel 1952 Jome I, S. 202.

（6） Wodon; Considérations sur la sêparation et la dêlégation des pouvoirs en droit public belge, Bulletin de l' Académie Royale de Belgique, Le sérei, XL III, 1943.

（7） Ballreich, a. a. O., S. 7.

四　戦時および戒厳状態

緊急権の行使は、主として執行機関とくに軍隊の活動を通じて実施されるのが通例である。しかし、この種の例外措置が許される要件としては、その原因となる戦時および戒厳状態の発生および存続について述べなければならない。

1　戦　時

戦時（temps de guerre）とは、ベルギーでは一八九九年六月一五日の法律第五八条によれば、それは軍隊の動員に関する勅令によって定められた日に始まり、軍隊を平時体制にもどす勅令の定める日に終わることになると規定されている。[1] この戦時の観念は、国際法上の戦争状態（état de guerre）と異なり、戦時は国際法上の戦争状態の場合にだけ認められるということではなく、国際情勢とは関係なしに、国内における内乱などの場合にも発生することがある事件を含むのである。また国内法上は戦時が終了したとしても、国際法上の戦争状態が、なお継続していることもあるという場合もあり得ることになる。[2]

(1)　動員体制と国王への権力集中

動員令によって戦時に入ると、次のようなことが、実施されることが可能となる。まず通常の裁判は軍事裁判の方式に変更して施行されるようになる。このために平時の裁判組織が変えられて、特定の刑罰法つまり軍刑法が主として適用されるようになる。もとより、この種の戦時に関連した種々の組織および制度の変更は、立法、行政、司法の全般にまで及ぶことになるのである。それでも、この種の例外措置は制定法の根拠なくして発動することが許されことではなく、その承認は一九一六年一〇月一一日の緊急勅令にあると指摘されている。(3) この戦時における緊急権は、その後一九三九年九月七日の授権立法に基づく非常大権によって、さらに拡大され、戦時にとって必要な執行権は、すべて行政の最高機関である国王つまり国王の指揮のもとにある執行機関に集中されることになった。

(2)　行政の集中組織と厳重な警戒の実施

以上の結果として、①中央官庁または、その下にある官庁の警察権は、すべて国王の下に統轄される。また、地方警察に対しては、国王は、これを軍の指揮下に入れることができる。さらに、この地方警察権を国王のもとにある機関に委任することができる。②国王は、各人の自由を制限する強制措置をとることができることになる。次に、また下級の機関をして、これを執行させることができる。(4) ただし、このような自由の制限を実施するためには閣議の承認を必要とすることになる。

このような緊急事態の場合に各人の自由に対する制限としては、さきの一九一六年の緊急勅令第四条によれば、(イ)一定の地域またはベルギー国領域より、危険な人物の追放、(ロ)昼間および夜間における住居の捜査ならびに個人に対する身体検査、(ハ)武器および軍需品に対する検査およびその押収、(ニ)公安を害し騒動を激化するおそれのある集会の禁止、(ホ)信書の検閲と差押え、以上の緊急措置が許され、戦時には、これらの警察作用としての強制処分が実施されることになる。(5)

もちろん、戦時に突入したということだけで、直ちに国内において騒乱が発生するというわけではない。また、これに必要な非常手段が、すぐに実施されなければならないということでもない。戦時における国の組織は、行政の最高機関である国王を中心に、とくに軍の実力を背景として、警察権の強化および、その中央への集中が実現され、これによって平時の組織は緊急権発動の体制にきりかえられるという事態になることを意味する。

2　戒　厳

(1)　戒厳の限定

このような戦時の宣言に基づいて、実際に公共の安全に対する不穏な状態が発生した場合に、または外国の軍隊による攻撃を受けて秩序の混乱を生じた場合には、戒厳が実施される。戒厳（état dc siège）とは、ベルギーにおいては、元来、戦時においてだけ施行されるべき対策であり、そのため特に戒厳の意味が狭く限定されていた[6]。しかし、第一次大戦における先訓によって、戒厳の措置を拡張すべき必要が生じ、これと関連して、戒厳は、戦時を前提としてだけ、施行することができる対策であるのか。または平時の場合においても、国内秩序の混乱の場合には、実施することができる対策ではないのかということが問題となった。しかし特に軍事上の理由に基づく場合ではなくても、単に政治上の不穏な状態に対する政治戒厳（état de siège Politique）が、法によって認められるか否かということについては、これまでの戒厳に関する緊急勅令を根拠にしての政治上の戒厳は、これを認めず、戒厳の実施のためには、必ず戦時の存在を要件とするという意見が有力であった[7]。そして、このような意見は、一九一六年一〇月一一日の緊急勅令によって、その明白な根拠が与えられることができることになる。すなわち国王は、戦時に際して、国王の命令により戒厳を施行することができることになるのである。しかし、それは単に国内における政治不安による場合には許されず、しかも国王は、戒厳に関する命令のなかに、この施行されるべき地域を明示しなければならないことになった[8]。戒厳を発動することのできる地域については、最初は特定の地域だけに限定されていたのであるが、第一次大戦における実情により、それが、あまりに狭きに失していたという経験から、その後は、ベルギー全土に、これを行なうことも認められるようになった[9]。この規定によって実際に戦時と戒厳状態との区別は、明確なことではなくなってしまったが、しかし、戒厳の措置は、国が戦時に突入したということだけで直ちに実施されるわけではなく、あくまでも国に対する危機が、現実に発生している場合にだけ執行することができる対策であることに変りはない。

(2)　戒厳の措置

緊急事態による戒厳において実施することが許される強制処分は、ほとんど戦時の場合と同様である。しかし、戦時の場合に比較して、危急切迫の程度に応じ、なお強力な措置を実施することが許されることにもなるのであり、軍の活動範囲は、さらに拡大され、その実力が強化されることになる。そのために警察権は通常の警察機関より軍大臣に完全に集中されることになり軍当局には広範な警戒および警察に必要な実力執行の権能が委任されることになる。もとより、このような場合における権限の委譲に関し、軍当局は一般行政庁に、この旨、通告しなければならない[10]。戒厳下にあっては、国民精神および軍の士気に悪影響のある文書創作物などの領布は禁止される[11]。また国の作用を維持する目的のために一般行政庁および裁判所の管轄を変更し、これらについては原則として、議会の立法事項に属することであるのにもかかわらず、戒厳状態においては政府が単独で行なうことができる[12]。そして裁判については軍事裁判が実施され、特定の犯罪については一般国民にも軍刑法が適用されるようになる[13]。軍は作戦行動の一環として、または急迫した事態に対処し、国民の生存を維持するための方策を実施しなければならない。そのために治安の維持は、もちろんのこと、住民に対する物資の補給などが軍の任務に移管されることになる[14]。

(3)　戒厳の限界

ところが戦時および戒厳状態のもとにおける国家緊急権は、そのような緊急事態を理由にして無限に、しかも、なんらの制約もなしに執行されることになるわけではない。前述のように国の権力を行政府のもとへ集中させることは、戦時または戒厳状態の場合には直ちに当然に行なわれることではなく、さらに戒厳のもとにおいては軍当局への権能の引継ぎが、関係官庁へ通告されなければならないことである。それ故に戒厳の布告によって、すべての国家権力が自動的に軍に移譲されることになるわけではない。さらに軍によってなされた強制処分は、それが本質としては行政作用であるところから、これについては裁判所、裁判官の審査をまぬがれることが許されない。(15) その理由は、この種の強制処分が、緊急事態に際して軍によってなされた措置であるため、そのときに直ちに、これを裁判官が審査することができなかったとしても、事後において、その審査に服しなければならないことになるからである。この場合における軍の権限を区画する限界としては、国の防衛にとって、また軍自体の保全のために、軍のとった措置が必要とされる範囲に止まっていたか否か、これにより各人の自由に対する制限が、必要やむをえないことであったか否かというような諸論点について、裁判官は当然に、これらの事項に関し、事後の審査をすることができるからである。このように各人の権利保障との関連において、緊急権には、またその限界が当然に考慮されていなければならない事項であるということができる。

(4)　軍の任務と文官による統制

次に軍それ自体の特質およびその存在の目的より生ずる軍の活動の限界に関し前もって考えておくことが必要である。ベルギーにおける軍事力構成の中心となるべき実力は、いうまでもなく軍隊それ自体であることは、もちろんである。しかし、このほかに憲兵隊および臨時応急の団体として民兵組織がある。これらの軍事力の存在理由は、外国からの侵略に対して、自国を防衛することであり、また、国内における治安の維持に任ずることである。しかも軍それ自体は、ただ権力の発動を担当するだけの執行機関であって、それを発動すべきか否かを自ら決定する機関ではない。(16) すなわち軍は自国全体の法秩序を維持し、国民の総意を実現することを確保するために存在する。従って軍は権限のある他の官庁ないしは裁判所の要請により、軍命令に従って行動するのである。要するに軍隊が出動すべきか否か、軍事力の行使を必要とするか否かの決定は、軍自体が行なうべき事項ではないとされているのである。このために軍の活動および配置についての基本となるべき決定は、一般行政庁ないしは文官の担当するところであり、文官優位の原理が主張されている。たとえば一七九一年七月八日の命令によれば、戦時および軍事上の必要な場所においても、事態が平静であるならば、できるかぎり、その警察権は、文官である通常の一般警察職員によって行なわれ、軍人の権能は、あくまでも作戦行動に限定されていることを特質とする。

(5)　軍の本質に基づく限界

いうまでもなく軍事上の目的は、実力を有する軍の活動を軍隊本来の任務のために許される軍事の範囲に限定することである。それ故に民間統制の観点から見て、軍が、その武力をもって国の権力を専有することを防止することが必要にある。また民兵組織を採用することの理由は、その方法が一般国民の利益のために活動し、一部の者の利益ないしは階級の利益のために、軍事力が利用されることを排除することを目的とするのに適しているからである。このほかに軍隊ないしは、これに準ずる実力組織を民間団体が私有することは許されない。このようにして軍隊は、あくまでも国の管理、維持する組織である。従って、その活動は、おのずから軍本来の国家防衛および国内の治安維持という任務の観点から見て、その必要な範囲に限定されていなければならない。緊急事態における軍の担当することができる職務の範囲ということは、軍隊の本質より考えられる行動の限界から、おのずから認識される。そのために、この限界が軽視されるようなことになれば、軍事クーデターの危険が、ともなうおそれが生じてくることになる。

(1)　Ballreich; Staatsnotrecht (a. a. O.) S. 17.
(2)　Ballreich; a. a. O., S. 3.
(3)　Ballreich; a. a. O., S. 17.

(4) Ballreich; a. a. O., S. 18.
(5) Ballreich; a. a. O., S. 18.
(6) Ballreich; a. a. O., S. 3, 18 f.
(7) Ballreich; a. a. O., S. 19.
(8) Ballreich; a. a. O., S. 19.
(9) Ballreich; a. a. O., S. 19.
(10) Ballreich; a. a. O., S. 19.
(11) Ballreich; a. a. O., S. 19.
(12) Ballreich; a. a. O., S. 19 f.
(13) Ballreich; a. a. O., S. 20.
(14) Ballreich; a. a. O., S. 20.
(15) Ballreich; a. a. O., S. 20.
(16) Ballreich; a. a. O., S. 16.

五 緊急事態における事実上の臨時応急公務員

1 臨時の措置

緊急事態において、法の定める正規の公務員が、その任務に基づく活動を担当することが現実に不可能となった状態が発生した場合に、事実上の公務員 (fonctionaire de fait) という便法が考え出された。一般に行政庁の公務員は、行政機構のもとにある行政庁の職務権限内において、その権能を適法に行使することができる資格と権能とが授権されている。しかし、それは公務員として正式に権限が付与されて、はじめて可能となることであるから、そのためには、まず最初に任命権者によって、正規の公務員として任命されていなければならない。ところが緊急事態に際して正規の公務員による任務の遂行が不可能になり、しかも正式の任命によって公務員を補充することができなくなったような場合に、その対策を考慮しておかなければならないとする必要を生ずることになる。そこで、このような場合については二つの方法が考えられた。その一つは、他の公務員をして臨時に、その権限外の事項ではあるが、これを担当させることである。他の一つは、公務員として正規の法に基づく地位を付与された者つまり公務員に任命されなくても、事実上、臨時の職員として職務を担当させる授権の措置をとる場合である。

2　他の公務員による代行

まず、第一の場合であるが、正規の公務員が緊急の場合に、事実上、職務を執ることができなくなってしまったとき例外として同公務員の権限に属する事項を、他の公務員をして、その権限外の事項ではあるが、やむをえない事由のために、これを臨時に担当することが許されるということが、一九四〇年五月一〇日の法律によって認められた(1)。ただし、この法律は、右のような便宜上の措置を戦時における軍事に関する作戦活動に基づく例外状態のもとにおいて、臨時に認めた便法である。この方法は同法第五条が軍事上の作戦実施によって、各公務員の連絡が上級庁の命令によって禁止されたり、または上級庁の活動が停止してしまったような場合には、各公務員が、その権限の範囲内において、緊急事態を理由に、上級庁の権限を代行、担当することが許されることを認めた規定である。この規定は、当初、広く解釈され各省の事務総長(2)（Sécrétair gênéral）および、それに従がう公務員が、多くの政治上の権限を保持することを、同法によって根拠づけることを意図したのである。ところが、このように広範な授権は、その後、一九四四年五月一日の法律としての効力を有する命令[3]によって制限され、下級庁への授権は、同一系統の官庁間においてだけ、しかも、さきの第五条が定めた場合に限って許されるという限定をおいた。すなわち、戦時において、作戦活動の結果、各庁の連絡が不可能になったり、上級庁の活動が停止された場合においてだけ、下級庁の単独の権限行使が許されることになるとしたのが、この便法の意図するところである。

3　臨時の公務員

緊急事態のために正規の公務員が職務を担当することができず、また、これに対処するために正規の任命行為によって職員を補充することができないような場合には、事実上の公務員による活動という便法が考えられる。しかし、このためには、つぎのような事情が要件とされていなければならない。すなわち①正式の官庁による活動が不可能な事態を生じた場合。②これに対する正規の職員補充が不可能な場合。③このような事実上の公務員の任命が違法であったとしても、その趣旨目的よりみて、正規の公務員の権能を侵犯する結果とならない場合。この三つの要件が成立する場合には、臨時に、適当な人物を事実上の職員として任命、授権し、職権を行使することが許されることになる。[4]もちろん、これは、緊急事態においても、できるだけ国家機関の活動を継続せしめるための便法であって、その限度においてのみ許容されることである。

（1）Ballreich; a. a. O., S. 8. Loi relative aux délégations de pouvoirs en temps de guerre, moniteur belge, 11. 5. 1940.

（2）　各省の事務総長（sêcrétaires generaux）とは各大臣につぐ各省の行政官であり、わが国でいえば事務次官に相当するものと考えられる。事務総長は、その省に属する行政各部局の配置について、これを決定する権限を有し、行政事務の配分について、大臣に責任をおうものである（a. a. O., S. 8 f. Fusnote 25）。このような事務部局の担当者が、事態により、さらに政治上の決定についての権能を有するようになったのである。

（3）　Ballreich; a. a. O., S. 9.

（4）　Wigny; Droit Administratif, Principes Généraux, Brüssel 1953, S. 88 ff. (Ballreicd; a. a. O., S. 8).

六　徴　発

1　徴発措置の採択

(1)　徴発の限定

緊急事態に際して、特に軍の経済に関する要求を充足するために採択された強制手続としては徴発がある。ベルギーでは、当初この緊急方法が認められてはいなかった。この非常手段が特に必要とされ、その範囲が拡大されるに到ったのは、いうまでもなく第一次大戦である。(1) それまでは、軍需物質の調達といえども、自由な取引による購入によって行なうことができた。従って徴発という緊急、特殊な手段を必要としなかったのである。しかし、その後一八八七年八月一四日の法律によって、軍隊の動員に際し、軍当局には、その必要のために徴発権が認められることになった。しかし、これには厳重な制限がおかれていたのである。それには、まず軍隊の職務遂行に必要な物資が、購入できなかった場合、または通常の自由取引による購入方法では、必要物資が十分に、しかも迅速に調達することができなかっ

た場合に限って、徴発が許されたのである。(2)

(2)　徴発の拡大

徴発が右のような限界内でだけ、許されたのでは、その範囲が、あまりに狭すぎるということが、第一次大戦の経験によって判明した。そのために軍当局の徴発権は、次第に拡張されてきたのである。その理由は徴発が軍隊だけではなく一般行政庁によっても行なうことが認められるようになり、その影響は、戦時だけではなく平時の場合にも及ぶことになったからである。(3)まず軍隊による徴発は、平時においては、非常に制限されていたことであり、たとえば軍隊駐屯のための宿舎用地などについて、演習などの場合に許されることではあったが、その実施については、厳重な制限があった。しかし、戦時においては、当然に、その範囲が拡大されたのである。もちろん、軍隊の行なう徴発といえども、提供された物資や労務に対しては、相当な補償を交付することを必要とする。しかし、その範囲は一九二七年五月一二日の軍事徴発に関する法律(4)によって、およそ、すべての人および物資に対して、これが実施できるまでに、拡大されたのである。しかも徴発は軍隊のみならず、一般行政庁にも、その権能が認められるようになり、それが拡大されることによって、それは戦時だけに許される権能ではなくなってきたのである。すなわち、一九三五年三月五日の徴発に関する法律(5)によって、一般行政庁も、また戦時において、その行政権の作用を確保するに必要な場合には、徴発を行なうことが認められることになった。そしてさらに一九三七年六月一三日の動員における国王の権能に関する法律(6)によって、戦時の動員に際して、国民の安全を確保するために、国王は、内閣の関与によって勅令により、軍隊の動員および国民の安全保障のために必要ならば、徴発を、すでに平時の場合においても行なうことが認められていたのである。これらの許される事項は、たとえば、官庁の活動その他、国の事業の維持確保、軍隊および住民に対する食糧衣服などの補給、防空などに関する場合である。しかし事情によっては、このほかにも必要な措置をとるために徴発が許されることになり、徴発のなされる場合、事項などについて、その範囲が非常に拡大されて来ている。なお、一九三八年二月一日の勅令(7)によって、一般行政庁の徴発権は、国際法上の戦争状態とは関係のない国内における緊急事態としてのいわゆる内戦時の場合にも許されるのであり、とくに第二次大戦においては、なお、いっそう、この権能が拡大されたのである。

(3)　徴発の変化

このような徴発権の変動を通して、当初は非常に限定されていたこの権能が、特に戦争における危機克服の必要から非常に拡大され、その本質をも変化するに到ったのである。これまで徴発とは主として必要な物資すなわち動産の収用と考えられていたのであるが、現在では国家の危機に際して国力を総動員し、それに必要なすべての物資、労務に対し国民の義務として強制的に各種負担の提供を要求することができる権能であると理解されるに到り(8)、その広い範囲に及ぶ調達の権能が政府に認められて徴発に関する課題を提供しているわけである。

2　行政庁による徴発

(1)　一般行政庁への拡大

軍隊が戦時において、強力な徴発権が認められることのほかに、一般行政庁による徴発が問題となった。一九三五年の徴発法および一九三八年の同施行令によれば、戦争の全期間にわたって、これが許されている(9)。しかも戦争とは、前述のように国際法上の戦争状態だけではなくて、国内における危機の場合に宣言される国内戦時の場合をも、包含しているのである。このような戦時においてなされる徴発であるから、それが一般行政庁による実施であっても、直接間接に軍隊の動員と関連してなされる措置であることは言うまでもない。ただ、この場合の徴発の必要性に関する判断は、その執行機関に委ねられていることではない。まず徴発の期間は、公告によって国民に周知されるべき事項である。[10] しかし徴発の実施は、あくまでも非強制的な措置によっては、自由な協議が成立せず、必要な物資、労務を調達することができない場合に限ってだけ許される。それ故に非強制的な通常の方法を、とるべき余地のある場合には強制の方法は許されないことになるのである。

(2) 徴 発 権 者

徴発権を付与されている一般行政機関は、大臣およびその代理者、地方長官、市町村長などである。しかし、その権限は各機関の所管事項に限られ、施行地域も、大臣については全国に、その権限が及ぶとしても、地方機関の長は、それぞれの地域内に限定されるの[11]は当然である。なお、下級の一般職員は、緊急の場合に、自己の責任において単独に徴発の措置をとることができるが、これについては、ただちに責任ある上級機関に連絡しなければならない[12]ことと規定されている。

(3) 徴発の順位と対象

軍隊の徴発と行政庁の徴発とが競合した場合には、軍隊の措置が優先することとし、国と地方機関の徴発とが競合したならば、国、地方、市町村の順位において優先権が認められる。[13] 徴発の対象は、すべての人および物件をふくむものであり、動産、不動産、労務および、それに必要な器具設備、および生産事業、鉱業、農業、商業などの企業体全体などに、及ぶのである。[14]

(4) 徴発の手続

徴発によって必要な給付を相手方に請求する場合には、その目的物の使用だけに止めるのか、所有権をも、収用することになるのであるかを、明確に決定しなければならない。[15] これらについては、防衛大臣、労働福祉大臣、農業大臣などの承認を必要とし、地方機関による徴発には、さらに内務大臣の同意を得なければならない[16]。徴発は、その令書を、相手方に交付することによって行なわれる。企業体を徴発するには、その旨の文書を、企業主ないしは支配人に交付し、また、必要によっては従業員をして、引続き業務に従事すべき負担を、課すことができる。しかし、そのためには事業場内に、この旨を公告しなければならない[17]。なお、徴発には、相当な補償を交付しなければならないが、この補償金額については、裁判官の審査が認められる[18]。

(5)　一般行政庁による徴発についての制限

以上の徴発は、一般行政庁が戦時において行なう場合であるが、このような権能が、戦時以外においても、許されることであるのか。一九三五年の徴発法および一九三八年の同施行令によれば、徴発は、戦時以外の場合にも、その措置をとることができると理解されている[19]。もちろん、それが法としては可能であるとしても、政策としては適切であるとは限らず、戦時の場合に比して、その必要性も弱いものであると考えられる。それ故に、その決定については政府は慎重でなければならない。すなわち、国内における危機に際して、まだ戦時に入る旨の宣言がなされず、軍隊の動員がないような場合に、予め、それに対処するために事情によっては徴発が許されるわけである。しかし、その程度は戦時の場合の徴発よりも当然に弱い措置でなければならないはずである。このような必要は一般公衆の福祉にとって、重要な事業の実施を保障しようとする場合に、その必要な物資、原料、製品などを確保するために生ずることである[20]。この措置は、とくに重要な企業のストライキや事業場閉鎖などの場合[21]に注目されることである。しかし、この場合に労働者と企業主との争いに関する調停委員会が、一般社会にとって重要な企業として、その業務停止の許されない業種を決定することができる。この決定は、一般に通用する拘束力を有することであるが、これが無視され、現実にストライキや工場閉鎖がなされるような場合には、徴発が行なわれることになる。とくに政治目的にするためにするストライキや工場閉鎖が禁止されるが、これに対処する場合の手段として、徴発が考えられたわけである。

3 裁判所による審査

このように徴発は、本来、軍に関する軍事上の必要を充たす手段としてだけ認められた対策であるが、緊急事態の必要に迫られて、漸次拡大されて来たことである。しかし、あくまでも強制処分であり、しかも例外としてだけ許される措置であるから、その実施は、あくまでも慎重でなければならない。従って、これらの措置は、裁判官によって審査を受けるのであり、具体化された事件の場合において、裁判所は、個人の権利が、必要以上に、社会の要求のために犠牲にされているか否かを判断しなければならない[22]。ただし徴発に関する必要については、広い裁量が、行政当局に認められているのであり、また、徴発権を認めた法律の違憲性に関する問題を審査することは、裁判所に、その権限がないとされている[23]。以上がベルギーにおける徴発の制度の概略である。

(1) Ballreich, a. a. O., S. 21.
(2) Ballreich, a. a. O., S. 20 f.
(3) Ballreich, a. a. O., S. 21.
(4) Loi sur les réquisitions militaires. Moniteur belge, 25. 5. 1927.
(5) Loi concernant les citoyens appelés par engagements volontaires on par réquisition à assurer le fonctionnement des services publics en temps de guerre, Moniteur belge, 15. 3. 1935.
(6) Loi attribuant an Roi le pouvoir de prendre les mesures nécessaires pour assurer la mobilisation de la nation

et la protection de la population en cas de guerre, moniteur belge, 8. 7. 1937.

(7) Arrêté royal réglant I'éxécution de la loi du 5 mars 1935 concernant les citoyens appelés par engangements volontaires ou par réquision à assurer le fonctionnement des services publics en tempr de guerre.—Règlement sur les réquisitions civiles, moniteur belge, 19. 2. 1938.

(8) Marcel Vauthier, Précis du droit Administratif de la Belgique, 3 e éd., Jome II, Brüssel 1950, S. 435. Ballreich, a. a. O. S. 22 f.

(9) Ballreich, a. a. O., S. 23.

(10) Ballreich, a. a. O., S. 24.

(11) Ballreich, a. a. O., S. 24.

(12) Ballreich, a. a. O., S. 24.

(13) Ballreich, a. a. O., S. 24.

(14) Ballreich, a. a. O., S. 24 f.

(15) Ballreich, a. a. O., S. 25.

(16) Ballreich, a. a. O., S. 25.

(17) Ballreich, a. a. O., S. 25 f.

(18) Ballreich, a. a. O., S. 26.

(19) Ballreich, a. a. O., S. 26.

(20) Ballreich, a. a. O., S. 26 f.

(21) Ballreich, a. a. O., S. 27.

(22) Ballreich, a. a. O., S. 28.

(23) Ballreich, a. a. O., S. 28.

七　立法権の委任

1　正式の委任の有無

緊急事態に際して、政府が、直ちに、これまで説明してきたような非常手段を、単独でとることが、許されるというわけではない。このような非常措置は、あくまでも不可抗力によって、立法機関の正常な活動が、停止してしまった、やむを得ない場合における対策である。

これに対して立法機関が正常に活動できる場合には、その議決によって、緊急事態に対処する措置を、迅速に決定して実行するために、立法権が、立法機関から政府に、委任される場合もある。すなわち、正式に立法権が委任された場合には、憲法が、停止させられたわけではなく、一応、憲法が維持されてはいるわけである。しかし、この措置については、もちろん権力分立の原理に適合しないことであるという批判がある。しかもベルギー憲法には、臨時の措置として、立法権の委任に関する規定がなかったから、とくに、この点から、授権立法の制度を認めることに対しては批判が強かった。しかし、それでもベルギーでは実際に、緊急の必要のためには立法権を政府へ委任することが、よく行なわれてきたことも事実である。緊急事態において、立法の委任がなされる場合と、この立法委任のなかった場合との相違は、次のとおりである。

立法の委任は、立法機関、特に議会が、正式の立法手続をもってしては、緊急措置を、迅速に決定することができず、また、それでは、事態に間に合わないというような事情があるときに、それらを考慮して、立法機関が自ら議決することよって、政府に、立法権が適法に委任されているのである。

これに対して、委任のない場合は、立法機関の活動が、不可抗力によって停止してしまっているために、正式の委任がなく、政府が単独で行動しなければならないわけである。そのような場合は、まったくの例外状態であり、憲法その他の法原理は、もはや行われなくなってしまった場合である。[1]しかし、正式の立法権の委任が、なされている場合には、政府の非常手段については、適法な承認があるわけである。それ故に憲法が、事実上の変動によって、まったく停止されてしまったというわけではなく、一応その活動能力および法の効力が、維持されていることになる。このために緊急事態において、政府の単独行動が、ただちに必要とされたわけではなく、このような場合でも、できる限り立法機関からの正式の委任によって、政府の権能を憲法上、正式の能力として構成しようとする考慮がなされ、実際には、立法権の政府に対する委任が、理論としては反対説があったとしても、やむをえない措置であるとして、実際には行なわれてきたのである。

2　特別委任立法と非常委任

そこで、委任立法には二つの段階が考えられる。

その第一は、立法の委任について、委任の時間の点で、また、その範囲において、限定のおかれた特別権(pouvoirs speciaux)であり、第二は、明確な制限のない包括的な委任による非常権（pouvoirs extraordinairs）の場合である。

限定のなされた特別権は、一九一四年八月四日の授権法[2]に基づき、第一次大戦の期間中、国王に命令制定権が認められたことによって実現された。いうまでもなく、特別権は、戦争継続中の事項については、国王を中心とする政府の命令によって、これを、迅速に処理する必要のためにとられた措置であった。しかし、この権能は、その後、一九二六年七月一六日の法律[3]によって、当時の財政上の危機を克服するためにも認められたことがある。さらに戦争に関係なく、このような措置を、とくに必要とした理由は、一九三二年以後、世界の全般にわたる経済恐慌が、ベルギーにも影響を及ぼした場合である。[4]

このように戦時以外の場合でも、立法委任の権能が第二次大戦によって、いっそう強化され、拡大されることになった。ただ、この特別権については、その実施される期間が、限定されていることを必要とし、委任立法の許される事項、政府に許される権能の範囲、種類などについて、明確な制限を、おかなければならない。しかも政府は、これに基づく措置については、議会に報告すべき義務を負わせられていた。[5]この限りにおいて、特別権の範囲で、委任立法がなされているのであるならば、憲法の民主主義の原理は、それほどに、侵害されることにはならなかったのである。

その理由は戦争または財政危機、経済恐慌などの例外状態を克服するために、平時におけるような立法機関による正式の議決を、まつだけの余裕がなかったからである。しかも正式の手続によって処理したのでは、かえって事態を悪化させるだけの結果になると考えられたので、このような事情のある場合には、右のような立法の委任による便法の必要性が認められて来たからである。そして、これには立法機関による事後の監督が伴い、委任の範囲については、明確な限定がおかれていたのである。従って、決して政府の独裁により、憲法の原理を根本から否定することではなかった。しかしそれでも、一般には、このような委任立法の制度について権力分立の原理を崩し、行政権強化の観点において、その危険が懸念され、強い批判が加えられて来たのである。しかし、それでも現実には、ベルギーにおいて発生した多くの混乱を収拾する必要のために、どうしても委任立法の増大を実施しなければならなかったというのが実情である。

3　非常委任の拡大

特別権を戦時において、さらに強化したのが、非常権（pouvoirs extraordinaires）である。それは第二次大戦中の必要のために、実施された方策であった。一九三九年五月一日の授権法においては、まだ国王の法律としての命令（arrêté-lois）には、国会の追認が必要であるとして、[6]広範な授権に対しては、その制約が考慮されていたのである。しかし、最後には、これも維持することができなくなり、全面にわたる授権が、行なわれるようになった。そこで、遂に一九三九年九月七日の授権法[7]によって、この非常権が認められ、実現するにいたったのである。

この非常権と特別権との相違は、つぎのようなところにある。すなわち、特別権には、授権の期間が、明確に限定されているのに対し、非常権の場合には、戦争継続中の前期間にわたって、授権が許されるということで、その期間の明確な限定がないことである。また、非常権においては国王は、一応法律によって、その範囲が定められていることを根拠にして、広範にわたり法律としての効力のある勅令を定めることができた。これには特別権と違って、議会による事後承認を必要としなかったのである。[8]

この非常権は、その後、戦争中にしばしば拡大され、強化された。このような非常権は、委任立法の特別に徹底して拡大された場合であるから、国王の法律としての命令に対して、裁判による制約も、ただ、それが非常権としての授権の範囲内でなされたか否かを審査することがでるということだけに止まり、緊急命令の個々の内容についてまで審査することは許されなかった。

4　非常委任の憲法上の問題

このような徹底した立法権の委任については、別に、事実上、この種の委任を必要とする理由があったとしても、憲法上では、つぎの点において重大な問題があった。すなわち、特別権の場合は、まだ憲法上、許される点が少しはあったとしても、非常権のような明確な限定のない広い範囲の立法権の委任が、憲法上、認められるか[9]ということである。

その理由はベルギー憲法第六七条が、国王の法律執行に関する命令規則制定権を認め、また第七八条は、国王の権能を、憲法および、それに基ずく特別の法律が、明文をもって付与している事項に、限定しているからである。ところが、この点において、さきの非常権が、この範囲内にあることであるか否かということが論争されたわけである。それ故に、この非常権に基づく国王の命令については、それが裁判所の審査に服する事項であるのか否か、また行政機関に、立法機関と同等の立場において、立法権を付与することとするならば、それでは権力分立の原理に基づく両者の権限の区別が、なくなってしまうという危険が指摘されていたのである。

この疑問に対して、国王の非常権に基づく緊急命令権も、憲法六七条の命令の範囲内にあり、従って、裁判所の審査に服する事項であるから、これを、まったく排除しているわけではなかった。そこで憲法第七八条は、立法機関が、直接に憲法に基づいて、行政機関に、その一定の権能を委任することができる余地を認めたことになるという意見[10]が主張されたのである。

5　国王の緊急命令に対する制約

特別権にせよ、非常権にせよ、これに基づく国王の緊急命令は、これに対する裁判所の審査権を、まったく排除しているわけではない。また、議会も、これについて、必要とあらば、行政機関の活動に対して、干渉することができることになると考えられている。まず、政府が委任された範囲を逸脱して、緊急権を行使しているとみられる場合には、議会が、事後に、これを取消すことができるのである。[11]

また裁判所は、特別権に対しては、国王の緊急命令が、つぎの三点において、憲法および法律に適合しているか否かを判断することができた。すなわち①当該命令は、授権法に定める授権の範囲内に止まるものであるか否か。②その命令は、授権の期限内においてなされているか否か。③命令の公布に必要な有効な手続を経ているか否か。以上の三点である。[12]

しかし、非常権による場合には、授権の期間に限定がないから、②の点についての審査はありえないことになる。このように裁判所の判断は、国王の緊急命令が、授権法の範囲内において行なわれたことであるか否かという点においてだけ認められるに過ぎない。

6　独立命令の実現

このような国王に掌握された緊急権は、その後、一九五三年二月四日の法律案によれば、政府は、新たに完全な政府の独立による非常権体制を採用すべきことを、意図したのである。これによれば、国王は、行政権の最高機関として議会の関与なしに、または議会からの立法権の委任なくして、単独に戦時において法律を制定することができることにしようとしたのである。[13]もちろん、この制度は、第二次大戦の経験に基づき、今後の戦時動員の場合に、その特別の発動手続がなくても、迅速に緊急立法ができるようにしようと意図することであった。これに対する枢密院(Conseil d'Etat)の意見[14]は、このような制度の強化の必要を認め、次のように述べている。すなわち、緊急事態においては、事実の力によって、一般にわたって効力のある正規の法律は、無効となってしまうことになる。このような場合に適用されるべき法規は、もはや憲法の範囲の外にある特殊の規定であり、その成立については、憲法が、予測することできない事項である。立法機関は、このような異常状態についても、秩序の維持を考慮しなければならない。そのために、このような場合には、その任務の達成に関して、立法の権能を、行政機関に委任することができるのである。その授権に基づく行政機関の緊急措置については、裁判所は、審査できないことになる。そこで、以上のような意見を表明して、その制度の採用を認めたのである。このような憲法上の例外措置は、現実に国の危機を経験するごとに、増大してきていることに注目すべきである。

(1) Ballreich, a. a. O., S. 9 f.
(2) Loi concernant les mesures urgentes nécessitées par les eventualités de la guerre.
(3) Loi relative à certaines mesures à prendre en vue de lâmélioration de la rituation financière, moniteur belge, 17. 7. 1926.
(4) Ballreich, a. a. O., S. 11 f.
(5) Ballreich, a. a. O., S. 10.
(6) Ballreich, a. a. O., S. 11.
(7) Loi donnant au Roi des pouvoirs extraordinaires, moniteur belge, 8. 9. 1939.
(8) Ballreich, a. a. O., S. 12.
(9) Ballreich, a. a. O., S. 11f.
(10) Ballreich, a. a. O., S. 12f.
(11) Ballreich, a. a. O., S. 13.
(12) Ballreich, a. a. O., S. 13.

(13) Ballreich, a. a. O., S. 14.
(14) Ballreich, a. a. O., S. 14.

八　緊急権制度に関する慎重な考慮とその必要

緊急事態において、憲法の外にある例外の措置を実施することは、現実の必要の観点から見れば、それが、必要であり、許されることは当然であろう。そしてそれは、現実の経験によれば緊急の必要にせまられ、事態の発展に応じて拡大されてきたことである。しかし、ここで注意しなければならないことは、憲法が、このような権限の拡大を、事前に承認していたわけではない、ということである。すなわち、緊急措置は、あくまでも例外の場合の措置であり、違憲違法な手段であって、ただ、やむをえない事由のために、事後に、その正当性が追認されているに過ぎないことである。従って、緊急措置を法の観点から評価するにあたって、この判断を逆にし、緊急の必要のためには、強力な広範囲の権力行使が許されるというな思考を、前面に、おし出すことは危険であり、法の判断としても誤りであるということを、十分に認識しておくことが重要である。

緊急権の必要および、その拡大には、やむをえない理由があったとしても、それには、また憲法の原理が、安易な緊急性に対する判断のために無視されるということについての懸念が伴うことになるのである。従って、緊急事態に対処する例外としての権能は、あくまでも、その例外手段であることにかんがみて、その必要のなくなった場合には、速かに基本原理に、復帰すべきことが考慮され、努力されるべきである。立法機関ないしは裁判所による事後審査の制度も、確保されていなければならない。前述の非常権のような措置は、ベルギーの事態においては、やむをえないことであったとしても、それが、一般に、当然に許されることであるといえるかは、はなはだ疑問である。

たしかに緊急事態の発生および、その発展は、予測しがたいことである。憲法、法律などに定められた緊急措置のみでは間に合わず、場合によっては、あらかじめ定められた緊急規定実体が停止され、そのような措置が、実施することができなくなってしまうことも考えられる。従って緊急権の内容、その手続などを、事前に完全に制度化しておくことは、まったく不可能なことであるといわなければならない。また、事態によっては、まったくの臨機の応急措置を、とらなければならなくなることもある。しかし、それでも緊急権の制度を、憲法、法律などに、できるだけ明確に規定しておくことは、必要であるといわなければならない。その理由は、緊急権が、国の一方からする独断によって、無責任に、その権限が拡大されることを抑制するために必要であるからである。しかも、国は緊急の必要を名目にするならば、いかなる独裁をもって、その権力行使をもすることができるというわけではなく、緊急事態に即した適切な手段をとるべき必要な場合も絶対にないとは断言できないのであるから、これについての判断の基準を一応法制化しておくことは、決して無意味なことではない。

ただ、ベルギーにおける先例は、ベルギーにおける秩序の混乱が甚しかった経験であり、そのために、非常に思い切った措置がなされていたことを示すだけである。しかし、そのような事例があったからといって、それが、ただちに経験則として、そのような広範囲な緊急権の拡張を是認することができる根拠となるわけではないと言うことに注意しなければならない。その理由は、緊急権の内容が、具体的には個々の事象において、適切に判定されるべきものであるからである。たしかにベルギーの事例は、緊急権に対する理解をうるために貴重なことではあるが、しかし、決して緊急権制度化の規範というべき性格のものではない。

要するに、緊急権の客観的必要性は、否定することのできない現実である。しかし、その必要のために、国の権力が必要以上に拡大される危険のあることも、十分に注意されるべきことである。緊急権の存立の基礎は、実定憲法をこえて、自然法に求められるべきことになるが、そのために、いっそう、その把握が、客観的であることが要求される。決して当局の一方的な判断のみで、決定されるべきことではない。

大国に、はさまれて、国の存立を維持してきたベルギーは、緊急権の必要性を現実に認め、それを常に、法によって抑制しながら、個々の現実の事態に対処してきた。しかも、それは、あくまでも例外措置であり、できる限り迅速に立憲主義、権力分立への原理に復帰すべきことに努力してきた。

緊急権の制度を正式に導入していない、わが国の憲法において、ベルギーの経験は、無視することのできない先訓であると同時に、不文の法として、緊急権の成立の余地が存在することを示すものである。

それ故に、単純に、現行憲法の趣旨に反することとして、この問題から目をそらすことではなくて、その前例を各国に求めて、検討すべきことを忘れてはならない課題であるということができる。

（非常立法の本質、防衛研修所・研究資料第一四号七三頁以下、昭和三七（一九六二）年）

7　国民生活の保護と国家緊急権

一　国民生活の混乱とその収拾

1　国家緊急権の現実化

前に、国の非常立法に関する研究会に参加し、ベルギー王国（以下ベルギー）における国の緊急権について報告を担当したことがあった。

ベルギーは、第一次世界大戦および第二次大戦の二回にわたって、中立国の立場を維持していたのにも、かかわらず、ドイツの攻撃を受け、国の秩序も国民の生活も混乱してしまった。しかし、それでも国の統一を維持し、憲法の秩序を保持して、この難局を乗り切り、国の崩壊をさけることができた。このような事態の混乱にもかかわらず、憲法を変更することもなく、反対に憲法運用の妙によって事態を収拾してきた。特に第二次大戦の時には、国王がドイツ軍の捕虜となり、実際に国政を担当することができなくなってしまったという極端な危機に遭遇するが、しかし政府は、それでも、国民のまとまりを維持して、国法秩序の統一を保持することができた。

このような現実の史実を観察して、憲法という法規は、各条項として書かれた条文のなかだけに内包されているだけではなく、現実の国民生活のなかに活用されているという実情を知ることができた。

それから約八年後に、今回、再び国家緊急権の合同研究に参加することを求められた。しかし、この度は、わが国において、もし現状のもとで混乱状態が生じたときに、どのような緊急措置を考えることができるかということが調査研究の課題であった。研究の主要部分は、政治学専攻者が、昭和四四年から四五年にかけて、日米安全保障条約に関する反対運動の活発な政治情勢の実態分析を担当することであった。それに加えて法学の分野からは、現行憲法のもとで、国の緊急権が、どのようにして根拠づけられることになるのであるかということに関する法理論について検討すべきことを依頼された。その時に思い出されたのが、いま述べた稀な貴重な先例としてのベルギーの経験である。ベルギーでは、当時、憲法を改正することをさけ、その運用によって事態に対処したという緊急措置のことである。正に、この方法によって、現実の政治混乱にもかかわらず、国の統一を崩されることには到らなかったのである。

安保反対運動当時わが国では、平和憲法の尊重が重視されていたから、防衛とか緊急制度を研究することだけでも日本国憲法の平和の精神に反するとして危険視される状況であった。それ故に、今回は、いわば危機管理体制に関する研究のはしりである。

2　憲法改正による防衛条項の採択

次に昭和四一年から四二年にかけて、当時の西ドイツ、シュパイヤー行政大学に留学する機会を与えられた。西ドイツの生活事情は極めて平穏ではあった。それでもドイツ基本法においては、防衛と財政との安定に関する問題についての論議が活発になされていた。この時の防衛に関する論議は、旧ソヴィエトのチェッコスロヴァキアに対する軍事介入がなされたことが、当時、西ドイツにおける脅威の原因となり、緊急に防衛論議の対象となったのである。この問題は滞在中には決着がつかなかったが、帰国後、間もなくCDU（キリスト教民主同盟）とSPD（社会党）との連立政権による連立政府が形成されて、反対勢力がなくなり、ドイツ連邦政府の財政安定について、その権限を強化するための憲法条項改正と防衛に関する一連の新条項を追補する憲法改正とが相次いで実現することになった（基本法一一五a条から同条1まで追補）。

3　緊急事態に関しベルギーおよび西ドイツ両国における対応措置の相違

ベルギーは、かつて現実の政治および国民生活の混乱のなかにあっても、憲法それ自体を変更することは行なわずに関係条項の巧みな運用によって事態を処理した。これに対比して、わが留学当時の西ドイツは、平穏で現実に国民生活の混乱、外国からの攻撃の脅威ということなどが、まだ実現していないのにもかかわらず、憲法の条項を、すでに前もって変更した。この二つの顕著な相違を実際に現地で見聞したときに、わが国の憲法の運用は、いかにあるべきか。安保条約の改訂に関する賛否をめぐって、政治論争、政治運動の実践行動が活発ではあるが、国民生活の安全および憲法の運用は、どのように思考されているのであるのか。わが国における自分自身の問題が、どのような状況のなかにあるのかを知り、また、どのような実践の過程をとらえることができるのであるかを見極めることのために、国民生活と国家緊急権とに関する法理論について、その研究の分担に参加することの必要を感じた。これが当研究を実施した理由でもある。

4　わが憲法のもとにおける研究課題

ところで憲法運用における実践活動の観点をから見て、確かにドイツ、ベルギー二カ国の間には相い対比すべき経験の顕著な相違の事実が存在していることを認識することができた。一つはベルギーが最後まで遂に制定憲法の条項を変更せず現実の実態に即して、憲法の運用により困難な政治の難局に対処した。他の一つは旧西ドイツが、あくまでも憲法法理の正確な維持と実現とを期して、予測されるべき事態の変動に対処できるように、前もって、憲法条項を整備するために、その変更を実現させたということである。事実、旧西ドイツは、基本法制定以来、防衛軍の設置、兵役の義務などに関する重要な条項の補充をも含めて、これまでに四〇回をこえる憲法の変更を実現させている。

このように際立って、その相違をみせる二国の憲法運用に関する相違を見て、わが国における憲法の運用が、いかにあるべきか、どのような運用の在り方が、国民の期待に応ずることになるのか。そして憲法の模範とされて来たイギリスは、いまだに憲法さえも制定していない。しかしイギリス憲法は、制定法としてではなくても、イギリス国民の生活の実態のなかに不文の法として根づよく実在している。これらの各国の憲法施行の実情を観察するとき憲法の内容は、形式として制定された各条項それ自体に表示されていることだけに在るのではなく、国民生活の実態のなかに現実の生活状況と融合して実在していることを明確に感じとることができる。

日本国憲法には緊急権の条項は存在していない。それ故に、この課題は、憲法の実質に関する内容を知り、不文の憲法ということが、国民生活の現実のなかに、どのようにして生成されて来ることになるのかという経過を認識することについて好個の観察課題を提供していると考えているのである。

二　憲法存立の保障

1　国民生活の維持と憲法存立の保障

政治も法も、社会生活の平穏を維持し、これを保護するために、その機能を果たすべきことを目標とすることは自明のことである。それには、各人によって営まれる自由な民主主義の思想によって支えられた社会生活の基本秩序を確実に保障すること、そして、その努力によって、各人の福祉を増進し、各人の生存に対する害悪から、その生活の安全を防御することが、必要なことである。それらの生活維持に関する事項は、各人個別の生活範囲においては、それぞれ自己自身の自活による努力によって行なわれている。それと同様に、国民全体の共同生活のなかにあっても、公共の活動として国存立の維持のために、必要な準備および対策がなされていなければならない。例えば、各人が常に、自分の健康に注意し、災害に対する備えを行ない、また生活資金の貯蓄に努力すること等と同様に、国の生活においても、国民全体の生活の安定のために、公衆衛生、災害予防、健全財政の維持などの種々の必要な措置が、常に適切に実施されて、いなければならないことを意味する。

こういう国民の共同生活を維持することにとって必要な政治を通じてなされる対策を、法秩序の維持という観点から見ると、そのもっとも重要な基本というべき範囲については、これを憲法の存立保障という関心をもって、国民生活のすべての課題を、まとめることができる。

ここで憲法の保障ということは、国民の共同生活を、憲法秩序の維持運営ということと結びつけて考えているのであって、憲法秩序の正常な運営を保持することは、結局、国民の国家における共同生活を保持するということに帰着する。すなわち憲法存立の保障ということは、その名目において外見上、政治制度および法制度の保持だけに止まることではなく、正に国民の生活そのものの安全を確保することにある。もし憲法秩序の正常な運営が維持されていないとすれば、国民各人の生活も、結局は社会生活の混乱のなかに押し流されて、その安全を保つことができない。憲法保障といい、憲法擁護ということも、つまり自分たちの社会共同生活を平穏に維持し、確保することにある。法の目的が、そもそも平和であるということは各人の生活を安全に維持することであり、政治の目標が平和の実現にあるということも、各人による社会の共同生活を常に安全に確保することである。それ故に憲法の保障とは、要するに社会生活の平静と平和とを維持しようとする各人の永続してなされる総合した努力を、いいあらわしたことに他ならない。

2　各人の努力と自治

ところで一般には、あたかも法が各人の生活を安全に保護し、政治が各人の福祉を増進させてくれるように期待されている。しかし実際に法秩序を維持し、政治を促進させるのは、自分たち国民自身により実行される行動であり、法および政治という観念が、それらの活動を各人に代って現実に執行してくれているという現実があり得るわけではない。法という社会生活の規律をつくり出し、政治という人間の集団生活行動を通じて、現代の社会生活における、まとまりを造り上げて来たのは、まさに社会生活のなかにあって生活をともにする各人相互の努力と協力とにあったことは確かである。

また反対に社会の生活秩序が乱れ、各人の社会に対する期待が失われたときに、あたかも政治が失敗して社会の生活を害し、法の秩序を侵犯しているかのようにいわれている。しかし、それも結局、各人の行動が政治の正常な発展を乱し、法を無視した態度および行動をとるからで、政治を望ましい方向に進展させ、社会の生活関係を正常に運営するか、それとも社会生活を混乱させて、自己自身の生存にも脅威を来たすような混乱になるのか、政治および法を活かすも殺すも、それは社会の共同生活を形づくり上げている各人の現実になされる行動以外には有り得ないことである。社会生活の混乱を、あたかも政治の悪化と、その責任に帰し、法秩序の動揺を、法の権威の失墜と堕落とに原因があるかのように考えて、正に政治ないしは法そのものに欠点および責任があると考える風潮が見られる。しかし結局それらの欠陥は、各人が政治を進めるについて発展をもたらす積極性の参加能力と各人の法を支える理性に基づく健全な判断とを十分に発揮することができなかった結果に過ぎない。

国家緊急権の問題は、共同体仲間の各人によって社会生活における安全と秩序とを保持するために共に考慮されるべき自己自身の問題である。社会生活の基本秩序が確立されているからといっても、日常生活における法秩序の存立および法による規律の貫徹が期待できないことでは、各人の生活の安全が確実に保障されたとはいえないことになる。それ故に国家緊急権が、遂には法によって認められることになる理由も、その基本には、社会生活秩序の基礎を形成している憲法秩序の存立を強固に保障することを目的とするためにある。しかもその実践は、形式としての憲法の各条項を維持するという意味に止まることではなく、結局は国民生活の安全を保障するために意識されていることである。それ故に国家緊急権の発動は、まず最初に国民の生活安全の保障という着想から判断されることでなければならない。ところが国家緊急権は、憲法秩序だけを保護するための権力で、それは国の保護に通ずるところから、政府当局の利益ないしは都合のためにだけ認められた作用であると誤解されるおそれがある。しかし国の秩序保持は、結局、各人の生活の安全に帰着することになるのである。従って、それらの緊急の措置は、国民生活に対する重大かつ急迫な侵害に対してだけ発動されれのでなければならない執行作用であると考えなければならない事項となるのである。

3　国民生活の侵害に対抗する緊急権

国民生活の保護という観点から観察すると、当然に緊急権発動の動機は、国民全般にわたる生活保護にとって緊急の措置を必要とする重大な侵害が予測される場合である。その想定される原因には、自然災害に起因する場合と、人為の行動により引き起される場合とがあり、またそれらが、国内において発生した場合と、国外からの影響により国際関係において生ずる場合とにわけて考えることができる。

(1)　自然災害による原因

自然災害を原因とする場合としては、いうまでもなく火災、震災、水害、伝染病の蔓延等による大規模な災害により社会生活混乱の発生した場合である。このために国法秩序の正常な維持運営が困難となり、罹災者の救済、災害の復旧、そのほかに国民の不安動揺をさけるため民生の安定、それらに対応する施策として特別の緊急措置が必要となるような場合である。これらの天災、自然災害による場合の措置を定めた法規としては、周知のように災害対策基本法、災害救助法等がある。

(2)　人為の行動による原因

人為の原因による場合としては大規模な騒乱がある。しかし、この場合は国内においては叛乱の意図による内乱ないしは外国から侵攻される戦争または武力侵略等による場合で、とくに外部からの侵害に対抗するために、各国は軍備を保有している。ところが、わが国は憲法九条により軍隊および戦力を保持しないと定めているので、現在においては、これに該当しない程度の防衛機構として自衛隊を設置しているだけである。しかし現在その組織、装備、機能および任務等から見て、実質として同組織は軍事力を保有すると見られ、ただ、その実力の程度が、他国に軍事上の脅威を与えるほどには到らない程度の軍備であるとして、いわゆる戦力とは理解されていないだけのことである。

(3)　国内における混乱

①　上層からの侵害　　つぎに国内問題としては、まず国の機関の地位にある当局者つまり公務員が、憲法秩序を無視して、その掌握する権力を勝手に濫用することの懸念がある。この極端な場合が、いわゆるクー・デターである。そのために、これらの権力濫用を防止することを目的として、統治組織を法制度化し、各機関の権限を適正に配分するとともに、相互抑制のために権限の執行に関する法の手続きを定め、さらに各機関の責任および憲法尊重擁護の義務を課している。

②　下層からの騒乱　　また逆に国民の側からする憲法秩序への侵犯は、その極端な場合として内乱が想定される。しかし国内の騒乱に対抗するために、すでに、その初期の段階において、この種の行為を騒乱の犯罪として禁止し、またその予防措置として警察による治安維持の取締対策がとられることになる。このように憲法は、あたかも上下左右から加えられる侵害の危険にさらされているということが常に考えられ、警戒の努力を不断に続ける必要がある。

そこで、そのいずれの原因による場合であるにせよ、憲法秩序の混乱は、結局、国民生活を侵害する結果となることに変りはない。従って国法秩序の混乱を防止するために、まず憲法秩序に対する種々の方向から加えられる侵害に対抗して、それぞれに応じた対策方法を準備し、憲法秩序を保障していなければならないということが必要なことになる。本来、社会秩序を保障すべき法が、かえって憲法の場合には、憲法自体がが保障されなければならないという特質を考慮しておかなければならない（現行憲法九九条）。

(4)　国法秩序維持としての憲法保障

①　保障されるべき憲法秩序　　法といえば、一般に、それは社会生活における各種の法益を保護することを目

標とする規律である。また、そのためには各人の行動を規制する機能をも果たさなければならない。例えば人の生命、身体、自由、財産、名誉および信用等の法益に対する侵害は、これらを犯罪として禁止する。そして、このような犯罪を社会からなくすために、刑罰法が、その役割を果たしている。また財産取引その他の経済活動を秩序づけ、家庭生活における親族関係を支えるために、民法その他の私法に関する法規が、社会生活関係を規制している。それ故に決して刑罰法秩序ないしは私法秩序が、逆に他の秩序によって保障され支えられているということが行なわれてはいない。すなわち法は、社会の法益を保障するための方法ないしは手段であり、反対に法が他の侵害から保障されなければならないとする保護の対象となされるわけではない。従って憲法も、また国の制度ないしは国民生活の基本秩序を支持するために、国の統治に関する基礎法として、国政の運営に対し、規制の作用を営む法規としての存在に、その価値が認識される。

ところが、この基本としての法秩序が、もし根底から動かされたのでは、国法秩序の全体が動揺し、このために国民の生活自体が、脅かされる結果となってしまうことはさけられない。それ故に国政の基本秩序を保持するためには、逆に憲法秩序が、前述のように、その侵害に対して防衛されていなければならないとし、憲法については特に憲法の保障（Verfassungsschutz）ということが重視されるべき課題となるのである。

②　政治急変に起因する混乱の阻止　憲法は、国政運営の基礎を定める法である。それ故に憲法秩序は常に政治の動態現象である発展のなかで維持され実現されている。その場合に政治の動きは常に憲法の規制の範囲内に止まっているとは限らない。政治情勢の動きによっては、実際の憲法運用が、憲法制定当時の趣旨から、かけ離れてくることも、しばしば経験するところである。そこで、その隔りが大きくなれば、憲法の変更は、さけられないことになる。すでに制定された憲法が、社会の実情の変化に応じて、憲法改正として正式に変更されることは、憲法秩序の

観点から見て、なんら忌避されるべきことではない。しかし憲法の変動が、その存立の基礎をも押し流すような勢いで行なわれることは、それを進める政治の目的が、どのようなことにあったとしても国民生活保護の観点から見て、この種の政治急変および混乱は、さけなければならないことである。憲法は特に政治現象に直結した法であり、憲法秩序を支えている根拠は、国民の政治に対する意識である。しかし国民の政治意識は、同時に憲法秩序を、ゆり動かす政治の力ともなるのである。それ故に政治は憲法を擁護する力ともなれば、逆に憲法を破壊する力ともなる。それ故に憲法保障の課題は正に憲法を支える政治の力と憲法を破る政治の力との衝突の問題である。それらの相い対立する政治勢力による争いの場合には名目だけの制度および手続きだけでは、もはや、そのいずれかの立場の正当性を根拠づけることはできない。現行の憲法を擁護する立場は、憲法の尊重擁護を主張することによって自己の正当性を理由づける態度をとる。これに対抗して憲法のわくをも踏みこえようとする革新勢力の立場は、既存の憲法が時代の趨勢に即応しなくなってしまったことを理由に、新らたな政治の動きによる正当性の根拠が、すでに形づくられつつあることを主張して、従来の憲法とは別の憲法の成立を意図することになる。これらの正義に関する相い対立する個々の具体化された価値判断の変化が、憲法秩序のわくのなかで行なわれている限り、それは通常の政権交替によって、政治の正常な動きの中に吸収されてしまっているから、法としての問題にはならない。ところが政治の対立が憲法のわくを踏み越えるような急激な政変に直面した場合には、人の制定した形式としての憲法各条項は、もはや両者の対立を裁定すべき判断の根拠としては、役に立たなくなってしまうのである。

③　成文憲法のもろさ　　成文憲法が、政治勢力の圧力によって、それが単なる紙きれに過ぎないものになってしまうということを指摘したのは、ラッサール（Ferdinand Lassalle）である。そのことについては彼が一八六二年にベルリンにおいて、「憲法の本質について」と題する講演を行なった。このなかで憲法における現実の権力関係という

憲法を動かす政治事実としての要因を強調したのである。すなわち成文憲法を支え、または動かす主体は、軍隊を統率する国王、政治の実権を保持する貴族さらに財力を握る事業家および銀行など、そして、これらの勢力に対抗する一般の各人ないしは労働者との間に展開する政治対立行動として実現される事実上の実力対抗関係であるというのである。それ故に、これらの実際に展開される政治権力関係に適合した成文憲法だけが、現実に施行することのできる憲法として存続することになるのである。反対に、この現実に適応することができないような成文憲法は、実際には憲法として存続することができない紙片に過ぎない。その結果、救うことができない空文として失われてしまうことになると説明した。

このように憲法の存立に欠くことができない基本条件として、政治において実現されている実際の事実への憲法の適合性を強調したのである。このような憲法のとらえ方は、当時のプロイセン・ドイツにおける各種政治勢力の対立と、プロイセン国王の他のすべての勢力を圧倒する政治権力による支配という歴史の事実を通じて主張されて来た当時の現実である。しかし憲法は、まさに法であり、それは単なる議会の制定する法律ではなく通常の制定法である法律以上の法として、施行されている規範でなければならない。それには憲法自体が、憲法による諸規律の貫徹と憲法秩序の存立とを維持することができるだけの規律力を保有していることが必要である。そのことは憲法が政治の成行きに応じて、ただ政治の実情の変動のままに左右されるだけではなく、反対に政治の道理ないしは政治の経過を確保することができる法規範として、政治の事実および政治の実現過程さらに将来への動向をも規制できるだけの規範力を保有していなければ、それは単なる政治宣言ないしは宣伝文書に終わってしまうことになるのである。この憲法の規範力は憲法の各条項にあるのではなく、これを憲法として維持する国民全体の政治実践力が支えているということによって存続するのである。

4　法規範としての憲法

(1)　憲法の規範力

このために憲法については、とくに憲法の規範力（Normative Kraft der Verfassung）ということが強調されている。憲法の法規範としての特質をとらえて、その規範としての規律力を強調したヘッセ（Konrad Hesse）の説明することによれば、憲法は正に国民生活共同体における法としての基本秩序である。それは単に国の組織に関する基本秩序ということだけに止まることではなくて、さらに国民の社会生活全般にわたる法としての基本秩序でもある。それ故に憲法は、これらのすべての法秩序を創造し、また施行し、加えて、それらを確立する前提条件を根拠づける法規である。従って国民生活共同体に関するすべての法秩序を支える統一の基本であり、国民の国家共同生活に欠くことができない要素となっている。憲法が、歴史における社会発展の現実のなかで、各人の社会共同における生活事実を決定し、これを統一のある法秩序に形成して行く規律の働きが、憲法の規範力といわれる社会統一力のことである。それ故に、この憲法の存立いかんということは、結局この憲法の規範力に、かかっているということになる。このように法のすべてを支える基本秩序としての憲法が、単なる宣言ないしは政治原理だけに止まることではなく、万人の営む生活の現実のなかに、社会生活の基礎を形づくる規律として実際に施行されて行くためには、憲法自体に、そのような規範力が内包されていなければならないはずである。それを創造するのは国民の協力一致した政治意識が基礎となる。

(2)　憲法を支える国民の合意

それ故に憲法の保障とは、この憲法の規範力を確保することに関連する課題ということになる。従って各人が憲法を尊重擁護するという意識行動は、外観だけでとらえた国の制度としての形式ないしは慣例を理解も認識もなく、ただ惰性として存続させることだけではなくて、現実に憲法の法規範としての実効力を育成し、保持して行くことである。これによって国民の創造する憲法秩序が、万人の生活発展に適合する基準となる。その国民生活発展に関する各人による努力の成果を、尊重し確保して行こうとする国民全体の一致した協力意識に基づく承認のなかに、憲法の生命ともいうべき規範力が造り上げられてくることになるのである。もし憲法における規範力の源泉ともなるべき国民の憲法秩序に関する基礎についての合意と、国民における合意の尊重擁護に関し進んで協力しようとする各人の意欲とに欠けるところがある場合には、結局、憲法それ自体が、法としての生命も失われてしまう。このような状況のもとで、活力の失われた制度の上に種々の手続により、どんなに補強の対策を講じたところで、憲法の存立を維持することができるどころか、結果は憲法のまとまりを保持することが不可能となってしまうことになるのである。従って憲法存立の保障とは憲法の法規範としての規範力を強めることに他ならない。そのことは国民のすべての者にとって共通ともいうべき生活の基本秩序である憲法に対して国民の法に基づく承認と合意とをもり上げ、国民の憲法に対する尊重、擁護の決意を強化することに帰着すると考えることができる。

(3)　国家緊急権と憲法擁護

国家緊急権が、正規の法秩序の範囲をふみこえて、その例外である応急措置としての性格をもつ実力であるにもかかわらず、それらの法の外にある例外措置が認められ、許される根拠をたずねるとすれば、それは、憲法保障のために実施された、やむをえない手段であるという特質、これ以外に、その正当性の根拠および理由を求めることができない。それ故に国家緊急権の背後には、国民の憲法擁護に対する一致した承認と決意とによる支柱がなければ、国家緊急権は、そのまま憲法破壊の実力として、憲法を保障するどころか、一転して逆に、これを覆えす露骨な暴力に転化してしまうことになってしまう。国家緊急権にともなう危険な特質については、多くの危惧ないしは懸念が表明されていることは確かである。その原因は憲法保障を目標とする正当と見られた力が、反対に憲法破壊の実力に転化し堕落してしまうのではないか、それを抑制防止する確実な方策を果たして求めることができるか否かという政治上の不安に起因することである。この種の懸念ないしは不安を解消するために、国家緊急権の法理について、なお考察を加えておく必要があるということになるのである。

三　国家緊急権

1　緊急権の意義

国家緊急権とは、防衛の作用ということもできる。その理由は、平時における正常な国法秩序の運営によっては対処することができない程の異常な事態の発生に際して、これらの混乱を克服し国および憲法秩序の存立を確保するために発動される各種の対応措置であるからである。従って緊急権は国のあらゆる権力作用につき、緊急時における一切の特別作用を総括する観念であると見ることもできる。例えば通常の国政運営としては、議会の議決に基づいて、その指示により行政機関の実行する行政の具体化されるべき執行作用を決定することが正常の方法手続であるといわれる。しかし事態が急迫して議会が立法ないしは、その他の議決をなすことが不可能となった場合または行政機関が議会の議決を求めている余裕のない場合に、行政機関つまり行政作用を担当する当局者の単独決定によって必要とすべき対抗措置がなされるような場合が発生する。しかし、これらの独断専行は、もとより議会の承認がなされていないのであるから明らかに違憲または違法の措置である。しかし、そもそも事態が予測もしなかったような異常な状況にまで展開し、しかも、それが急迫した事情にあるという場合であるために、それらの異例な独断専行による行政発動であるとしても、法としては結局、この例外措置を承認しなければならない結果になるというので緊急権(Notrecht)と呼ばれている。正に異例の措置というべき場合である。もっとも国の権能とは、およそすべて法をもって付与されている。それ故に、この法を逸脱する行動は法の実現としては不可能であるはずである。従って国の緊急権能は、不文の法により潜在する国の非常事態に対処すべき権能として、すでに法の範囲内にあると認められている権能であると理解しておかなければならない。

2　正常な法の例外としての緊急措置

(1)　権力の集中

立憲民主主義の憲法によれば国の正常な統治作用は、国民が民主主義政治の方法に従って議会制度に参加すること、および権力分立の原理によって各国家機関が、議会の議決した、これらの作用を分担することが基本原理である。しかし今、このような緊急事態に直面したとすると、この種の状況では民主主義ないしは権力分立の原理によって正規の原理に則した手続きを取る余裕がない。事態は、まず迅速な決定と行動とを必要とする。これに対処するのには、どうしても政府への権力の集中と政府による専決、独断の方法とによって決定すること以外に方法はない。いわば憲法の正常な運営が、一時の措置ではあっても、停止、中断される結果となる。それ故に、その対抗策は、あくまでも緊急事態という状況のもとで異常な動乱に応じ採択された臨時の応急措置としてだけ許される。

もっとも、すでに憲法が、この種の変化を予め考慮し、これに対抗する手段として独裁制度を採用し、緊急措置のあり得るべきことを予測決定づけている場合には、緊急事態にあっては、すべての決断が、予定通り常に政府当局者の独断専行をもってなされることになるわけである。それ故に緊急権と憲法との抵触に関する問題を生ずる余地はない。ところが民主主義および権力分立の原理だけを採用している立憲主義の憲法の場合には、この種の事態急変に対して、反対に憲法が、その妥当性ないしは通用力を失ってしまうことがあるかもしれないのである。それ故に、ここに、とり上げた緊急権に関する論議が当然に発生してくることになる。

(2) 基本権に対する極度の制限

ところで立憲民主主義の憲法においては、国民の自由および権利の保障が、憲法の重点となっている。これに対して緊急事態の場合には、各人の自由権利の保障ということが期待できず、事態を克服し、混乱を収拾するためには、反対に個人の自由権利に対する極度の制限強化が、どうしても避けることができないことになってくると予測しなければならない。特に、この国民の自由権利に対する制限の強化は、立憲主義をとる憲法の趣旨とは、まったく相い反することになるので、立憲主義の憲法における基本権の保障原理から見れば、この種の非常措置は、まず当然に否定し、排除されなければならないことになる。さらに事態が険悪となれば、それに応じて緊急措置も強化されることは当然であり、そのために各人に対し精神の領域において、また物質の点においても、多くの苛酷な負担が強いられる結果ともなって来るのである。特に戦時または事変に際しては、生命の危険をも、ともなうような負担も必要となる場合が発生することになることが予測される。従って、これらの異常事態は、平時における正常な国政の運営を前提として構成されている憲法に基づく判断をもってしては、およそ緊急措置という非常手段について、その理由を根拠づけることが、まったく不可能になってしまうことになる。

(3) 二律背反としての憲法を破る力

もっとも独裁制の政治においては、このような緊急事態における国民への待遇も、結局、指導者としての独裁によるべき決定権を掌握している政府当局者が、その専断により決定できることで、この方法により無限の権力作用を発動することができる可能性が、すでに開かれている。それ故に当局者は、その時どきの情勢に応じて必要な措置を臨機に、しかも制約なしに選定することができることになる。そのために独裁制の下では、緊急権と基本権の保障との間に生ずる論理、手段の衝突ということについて憲法上の問題を生ずる余地はなく、これを論ずる必要もない。事は専ら事態の収拾のために必要な対策についての配慮だけが問題となるだけである。

ところが、この種の緊急権は平常時を前提として定立された立憲主義、民主主義の憲法原理のなかに、いわば独裁制の異質な要因が入りこんで来ることになるのである。従って緊急権による措置は民主主義の憲法から見れば法の外にある実力であると見られることになるのであり、また、この法外の実力としての性格をとらえて緊急権の本体は憲法を破る力であると理解することもできるのである。このような憲法を破る力をもって逆に憲法の存立維持の保障手段としようとする二律背反の措置を理解することを特質としているために、緊急権の問題は最初から法論理の観点において、また政治の実践としても、意見の著しい対立に直面していることになるのである。

(4)　緊急権の基礎となる不文の法

国家緊急権は、このような異常な性格から、その法に基づく根拠を、立憲主義を基礎とする正規の憲法に規定する明文の規定のなかに求めることが、不可能であるということを特質とする。もっとも旧憲法のように戒厳や非常大権に関する条項を定めることによって緊急権の根拠を憲法典のなかに、あらかじめ確立しておくこともできる。しかし、それでもなお予想外の異常な緊迫した状況に直面した場合には、それ以上の法定外の緊急措置が、とられるような事態の発生することも予想されるわけで、やはり緊急権の特質は、あくまでも法の外にある作用であることに、その特質を求めなければならないことになる。このような事態の急迫した変動の場合でも緊急措置の本体は、もとより正規の憲法から見れば違憲、違法の措置であることに変わりはない。それ故に、そもそも、そのような例外措置が法に基づく行動として是認されるべきことであるのか否か。許されるとすれば、その法の認める根拠ないしは理由づけは、どこに求められるべきことになるのであるのか。正常な事態を前提として正常の場合に適用されるべき法原理が、予想外の緊急事態に際して通用しなくなってしまった場合に、緊急時には事態に適用され、その対応措置を根拠づけ適切な措置を支持すべき法という根拠が、もはや存在しなくなってしまって、その結果、無法状態におちいってしまうことになってしまうのであるのか。それとも、なお緊急事態に適応する法の存立ということが思考されて事態の収拾のために、緊急事態の法を活用することができることになるのであるとすれば、緊急事態のもとで行なわれるべき法とは、いかなる法のことを示しているのであるのか。緊急措置が、すぐにでも緊急の事態に対応して必要となることは明白である。しかし、そのような例外対策が法として正当性を認められるべき根拠は、単に事態に対する対策として必要であるということだけで例外措置のすべてが正当化されると決定されたわけではない。

もし対策としての必要ということだけで、その正当性のすべてが根拠づけられることになるのであるとすれば、緊急権の成立することを認める法としての根拠とか、その法による制度化および手続ないしは限界づけということなどは考慮することの必要がなくなり、そのすべてが事態の進展ないしは現実の状況によって決定づけられることになる。それでは緊急権は、まさに法の外にある実力そのものであるということを、おのづから明白にすることになるのである。

緊急権に関するこれらの性格をとらえて、緊急権は実定法をもってしては、これを正当化することが不可能であると思考し、それは、ただ政治の現実としてだけ理由づけることができるという意見もある（W. Bruckhardt）。しかし緊急事態を克服して法の正常な状態を回復するということは、憲法が法規範として、その存立を明示すべき当然な法の作用であると思考しなければならない。ブルックハルトのように、実定憲法の外にあるすべての作用を、法の外にある政治の範囲に属する事実であると見れば思考の論旨は別の事項となってしまうかもしれない。しかし憲法秩序が破壊の危機に直面した場合に、たとえ憲法を踏みこえる措置がとられたとしても、それらの対策措置は、憲法が正常な状態へ回復するために、やむをえない例外手段として法の範囲においても正当化されることになると考える。その根拠は、不文の実質としての憲法に求めるべき事項であるということになるのであろう。憲法の弾力性のある運用が考えられるのは、このような場合であると思考することができる。

3　緊急権の法制度化に関する試み

(1)　最高権威者による非常大権

これらの緊急事態を予測して、憲法典に緊急権の制度を、あらかじめ定めておく立法例もある。例えば、さきにあげた旧憲法一四条の戒厳大権および同三一条の非常大権に関する規定である。しかし、この種の緊急権は、君主における至上の威厳に基づく大権によって根拠づけられている最高の権能である。それ故に緊急事態に際し君主は立憲主義の憲法による拘束を離れて、君主本来の無限とされる統治権を回復することになるとする根拠をもって説明されて来た。ところが民主主義に基づく現行憲法のもとでは、もはや君主における最高絶対の統治権により緊急権の存立を根拠づけることが許されない。それ故に、どうしても民主主義に基づく法体系のなかに流れる法の論理によって、緊急権存立の根拠を判断しなければならないことになるのである。

(2)　制定法をこえる法による根拠づけ

国家緊急権の法による根拠づけは、結局、実定法ないしは制定憲法典をこえる不文の実質として示される法の正義の観念にまで、さかのぼらなければならない。そこで例えば、緊急措置を根拠づける観念として、自然法とか、国民の健全なる慣習であるとか、事情の変更であるとか、そして民族の法に関する確信さらには正義感情という実定法をこえる国民の確信が、法存立の根拠として認識されてくることにならなければならない。前にも国民生活安全の保持または人命の保護ということについて説明したが、いずれも、それらのことが国民の正義に向けての要求として、現実に示される行動の現われであり、または逆に、このような正義の感情を国民生活のなかに、よみがえらせ確立して行く行動となるのである。国家緊急権は、その外見としての違憲性にもかかわらず、それが最終の結論において正当化される根拠は、憲法の正常な秩序を回復して国民生活の安全を保持し、これらに対する危難を排除しようと意図して国民の努力するところに、法に基づく正当性の根拠が求められることになる。もとより各人の行為については刑法により正当防衛ないしは緊急避難の場合、人間自然の能力を根拠にして、すでに違法性阻却の法理が確立されているのである。しかし、これらの防衛行為が国民全体の立場で、国の行為として統合された場合に、国については制定法をこえて国家緊急権の法理が認められることになると防衛の法理を構成することが思考される。

(3) 緊急事態における応急の法

緊急権も、いきなり憲法をこえる強力な措置が採択されるということを意味するわけではない。刻々と変動する事態の状況に応じ、これを程度の段階にわけて考察することが必要となり、また、それは可能でもある。例えば、まず制度上、発生することが当然に予測される事態に対応して憲法に、あらかじめ一時の臨時な便法が準備されている場合がある。実例として現行憲法五四条は参議院における緊急集会の手続を定めている。その理由は衆議院の解散中には両院制の原理による国会の正常な議決が不可能となるからである。それ故に緊急の必要のある場合には、参議院、一院の議決をもって、臨時に国会の意思を決することができると定めている。また内閣と国会との対立があって内閣が国会から信任されず、しかも衆議院が解散されないような場合には、政府の提出する緊急の法律案が常に国会で否決され必要な行政措置を執行することができないという内閣の活動が封ぜられる窮状が発生する。ドイツの基本法八一条は、このような対立を打開するために立法の緊急事態（Gesetzgebungsnotstand）に関する手続きを定め、緊急の法律案については連邦大統領が連邦政府の申し立てにより立法の緊急事態を宣言して、連邦参議院一院だけの議決により法律を成立させることができるとしている。

(4)　緊急事態に起因する立法機関の活動不能

①　相対的立法不能　ところで緊急事態の場合に、国の活動に対する障害として、最も重大な状態は、立法機関である国会の活動が現実の状況変化によって阻害される場合である。もし国会が、正常に活動できる状態にあるのであるならば、現実に社会生活上の混乱が発生したとしても、国会における正規の議決により、全国民の合意に基づく防止対策を決定し、これに基づき内閣ないしは行政機関をして、その収拾措置をとらせることができる。従って、この場合には国家緊急権の問題は、そもそも発生してこない。

それ故に緊急事態といわれる場合とは事態の混乱が国会における正規の活動による方針の決定を不可能としてしまうような段階にまで発展した場合が、特に重大な危機を生じさせることになる。立法機関に関して発生する、これらの緊急事態の場合についても、二つの段階にわけて考えることができる。まず第一は立法機関が種々の政治情勢による影響ために、たまたま憲法典に定める正規の手続をとることができないような場合で、相対的な立法不能（relative Funktionsunfähigkeit）といわれる状態である。これらの場合には、さきのドイツ連邦参議院による緊急集会の実例のように、予測される事態に応じて、あらかじめ、それに対処すべき便法が、憲法の条項に定められていることもある。しかし、このような場合には、政治情勢の回復をまつだけの時間について余裕がないような案件の処理についてのみ、ただ時間の急迫が問題となるに過ぎず、国家の組織全体が危険にさらされるという段階には、まだ到ってはいない。

それ故に通常の平時における憲法条項に基づき若干の臨時措置だけで対処することができる事態である。従って緊急性の程度としては、その最も軽い場合である。

②　絶対的立法不能　これに対比して外部からの妨害または災害などの障害により国会の召集がまったく不可能になるような事態が、絶対的な立法不能（Absolute Funktionsunfähigkeit）といわれる場合である。例えば戦争、内乱、その他、大きな災害などを原因として発生することが予測される緊急事態である。そのために、これらの場合には議会の議決により全国民の立場に基づく合意を求めることが、最初から、まったく不可能になってしまうことになる。その対策として、どうしても行政担当機関の執行する緊急措置は、行政機関のなす単独の決断によらなければならない。これらの、なお一層緊迫した事態についても、憲法条項が、あらかじめ、それに対応した制度ないしは手続、措置を定めておくことがある。例えば、さきにあげた、わが旧憲法の定める戒厳の制度、また現行のフランス憲法一六条による大統領の非常権限および同三六条の戒厳に関する制度、さらに、かつてのドイツ、ワイマール憲法四八条二項に定められていた大統領の独裁による緊急命令権などをあげることができる。また現行のイタリヤ憲法七七条は政府に法律としての効力を有する独立の緊急命令を発する権限を認めており、このほかの国においても大統領、国王、最高指導者会議等に緊急命令権、非常立法権、戒厳の権限などを認めた立法例をインド憲法三五二条、三五九条、デーンマーク憲法二三条、ソビエト憲法四九条等に見ることができる。

③　旧西ドイツにおける基本法の改正　ドイツ現行基本法には、これまでに連邦議会と政府との政治についての対立に起因する立法の緊急事態については、さきにあげたように連邦参議院の単独決議による法律制定の便法を定めている（基本法八一条）。しかし騒乱などに起因する国の緊急事態に関しては、これまでに、なにも規定してはいなかったのである。その理由は、さきのワイマール憲法の経験によれば大統領の担当する緊急命令権は、かえって国民に対

する基本権侵害ないしは憲法無視の独裁権力によってなされる弊害が著しく、世論も過去の失敗にかんがみて、この種の緊急権の制度化には極めて慎重であり、批判的であったからである。しかし、すでに災害その他の国内に発生した混乱状態に際して民生の安定と保護、住宅、食糧、衣料、医薬、飲料水などの生活必需品の確保、工業用水、消火用水の維持、通貨その他の流通手段に関する経済秩序の維持、交通施設の維持および保全などに関する種々の必要な緊急措置を定め、また国内における緊急事態に対処するために軍隊によらない民間防衛組織を構成することと、これに参加すべき国民の義務に関する法律とを制定して、緊急事態に対する種々の応急制度と対応措置とを採択して来たのである。しかし、それでも、これらの緊急措置について、軍事には関係がないのにもかかわらず、なお政府の権限拡大の強化と個人に対する負担ないしは自由、権利の制限に関する増強とについて、その危険な特質に基づき一般国民の側から多くの批判があり、さらに反対へと拡大していった。

しかし昨年（一九六八年六月二四日）の基本法を補充する改正法によって新たに緊急事態に関する制度が加えられたのである。しかし今次の基本法改正においては、主として国外からの侵略に際して軍事手段による対抗措置をも含めた防衛制度を定めたことが重要である。この種の改正案は、すでに何度か立案され、多くの論議を、まき起して来たのである。しかし東西勢力の最前線という旧西ドイツの置かれた国際関係上の存在位置と、また国内においては政府案に終始反対してきた社会党との連立政権が成立したという異例の政局転換もあって、防衛に関する意見の対立は表面に現われず年来にわたる基本法の改正が実現してしまったのである。

④　全ドイツにおける防衛事態　　まず国土が外部からの武力攻撃を受け、または侵害の危険がさし迫った場合を防衛事態（Verteidigungsfall）と名づけて、この場合には軍隊に対する命令権ないしは統帥権が連邦宰相に集中することが承認されることになる。さらに国民の自由、権利が制限され、軍隊、国境警備隊、民間防衛隊における役務の負

担が国民の義務として課せられることになる。そのために平時における憲法の通常とされた基本原理が広く制限され、または停止される結果となる。従って、それに対処するために基本法の改正が必要となったのである。ところでワイマール時代の経験によれば大統領に認められた独裁権を名目にして行政機関による独裁執行の行き過ぎが原因となり、かえって憲法自体が空文化されてしまったという失敗があったことは周知の通りである。

そのような失敗を反省して今度は防衛事態の確認と、その対策運営とについては、まず連邦議会および連邦参議院の議員により構成される特別の合同委員会が、防衛の判断について全面にわたり関与することになっている。この委員会の三分の二は連邦議会議員、残りは連邦参議院議員によって構成されることになる。その結果、国民代表の議員が関与すべき比率を高めて、行政機関の独裁化への傾向を防止しているのである。このほかに軍隊、国境警備隊、民間防衛隊の活動、国民の自由権利の制限、国民の防衛上の義務ないしは負担さらに防衛事態の終結等についても詳細な条項を補充したのである。

四　緊急権条項の不存在

(1)　不文法に基づく例外としての緊急措置

前節で説明した諸国のように、緊急措置を前もって条文に明らかに定めているような事例とは異り、特に憲法が緊急事態について、まったく必要な条項を定めていないような場合には、緊急権をもって合憲化すべき憲法典に明白な根拠は存在していない。そのために、憲法の基本原理に基づく法理論により、緊急措置を根拠づけることが、まったく不可能となってしまった。また憲法に規定があったとしても、そこに定められた各機関の権限をこえて事態の急迫化に応じた必要な臨機の措置がとられた場合には、緊急権は明文上の根拠をこえた違憲、違法の行動となってしまう。このような状況が緊急権の極限として予測される事態で、その実定憲法をこえる緊急権の特殊性が、もっとも明白に現れて来る場合である。

しかし、これらの場合にイギリスおよびアメリカ法系の諸国では伝統とされる不文法としてのコモン・ロー（common law、普通法）が、この種の緊急手段に関し、法としての根拠になっているから、この普通法に基づく法理により軍政を施行するマーシャル・ロー（martial law）に関する権限が、国王または大統領に認められている。しかし憲法における立憲主義の原理は平常時と緊急時とを問わず常に、この原理が堅持されていなければならない。従って憲法原理をふみこえる方法である緊急権は、いかなる場合にも絶対に認められないとする思想が伝統として強かった。特にイギリスでは緊急権にともなう行政機関による独裁権を、制度として明らかに立法化することについては、議会の立法権が失われるおそれがあるとし、議会の権威を損なう結果になるということで、この種の緊急制度を公に承認することが、ためらわれてきたのである。また緊急権は、その性格として当然に国民の人権を侵害し、それに対する救済の機会をも奪う結果になるので、アメリカ合衆国では緊急権は法の支配の原理に反するという思想が、従来からの伝統として通説とされて来た。特にアメリカでは憲法の番人ともいうべき合衆国最高裁判所の判事たちが、これらの行政による独裁の権能としての緊急措置に対しては、常に厳しい態度をとってきたのである。そのために緊急権の制度は公式に、これが明文上の制度として確立されることはなく、あくまでも例外の措置として厳格な制約のもとに、ただ不文法上の権限としてだけ、僅かに承認されているのに過ぎない。

(2)　法の外にある緊急権を認めたベルギーの先例

①　ベルギーにおける緊急権の正当化

しかし憲法上に明確な根拠が定められていないとしても、この種のコモン・ローないしは普通法の伝統と理論とが確立されている国では、その法理の展開によって、緊急権を法の上に根拠づけることができる。ところが、これらの伝統ないしは不文の法理論が確立されていない国では、緊急権の規定が憲法に定められていない場合に、緊急権は正に法の外にある実力として発動されることになる。そのために、緊急権の作用は憲法をこえる実力であるとか、法を破る力であるというように受取られることになってしまう。しかし、この種の対抗手段が、法の外にある事実上の実力行動であるのにもかかわらず、その防衛ないしは鎮圧の目的および方法が、憲法を維持し、憲法を回復するために、なされたことである。それ故に必要やむをえない措置であるとして、憲法上では正当な行為であると認定されることになる。この特殊な実例としては、これを前述のベルギー憲法の先例に見ることができる。

②　憲法典をこえる根拠

ベルギー憲法において、国家緊急権については、なにも規定を定めてはいない。そればかりでなく、同一三〇条は、憲法の一部ないしは、その全部の停止を、まったく禁止し否定しているので、緊急権のはいりこむ余地は、どこにもなかったのである。ところが、ベルギーは第一次大戦および第二次大戦において二度にわたり、ドイツの軍事力による侵攻および軍事占領を受けた。それにもかかわらず、この二度の危機ともいうべき異常事態の難局をのりきり、それでも憲法を変更することなしに、この経験を根拠に緊急権の制度を憲法に加えることの改正もしていない。そして現在に到るまで憲法を変更することなく、憲法の基本原理および基本組織を堅持しているのである。このほかにも、ゼネストのような国内において発生した混乱に際し、緊急措置を不文のうちに活用しながら憲法を保持してきた。しかし、これらの場合に緊急権は、本来ならば違憲であると結論されなければならないはずである。しかし、それにもかかわらず緊急権は憲法ないしは国法秩序を、その破壊から救済し、国法を堅持する方法として、制定憲法つまり憲いるのである。

法典よりも、さらに上位にあると認識されている法の一般原理によって根拠づけられていることになると理解されているのである。

③　緊急権の実施方法

緊急措置は、君主国においては法律としての効力を有する国王の緊急勅令に基づいて実施されてきたのである。しかし、これについて上告審裁判所である破毀院が、これまでの措置を事後に審査し、その理由のなかで立法権は、あくまでも国王、代議院、元老院の三者が共同で行使することを原則とする。しかし、そのいずれかが不可抗力により立法に関与することができなくなった場合には、他の機関が単独で、立法権を行使することができることになる。そのような場合には、この方法は、さきの一三〇条に定める憲法停止の禁止条項に、ふれることにはならないということを、確認しているのである。

また第二次大戦の場合には、一九四〇年にベルギーがドイツに降伏した際、国王自身がドイツ軍にとらわれるという事態が発生し、代議員、元老員、国王のいずれも立法権を担当することが不可能になってしまった。そこで、遂に立法権の担当を認められていない行政機関に、その担当する行政上の命令権および決定権によって、国内の統一が、はかられたのである。これらのような歴史上の経験から国家緊急権は、不可抗力により立法が完全な機能の麻ひによる不能の場合が発生したとしても、そのときには、その最終の段階において憲法典の規定する条項に、その根拠が明示されていなくても、不文の法原理として理解される条理によって、その正当性を根拠づけれることができるということが、不文の経験則として普及されている。これらの各国の経験から見ても、緊急権の最終段階における、やむを得ない対抗手段は、制定法の定める範囲をこえることがあるのである。それ故に緊急権の本体は、法の究極の理念である正義によって根拠づけられ、判定されなければならないことになる。この経験事実は緊急権のすべてを前もって成文化し、これを完全に法制化することが不可能なことであることを明らかに示している。

五　緊急権制度化の諸問題

1　憲法典における緊急制度採択の要否

(1)　緊急権の合法化

これまでの説明に見られるように、緊急権に関する実態の特質は、事態の最終段階において採択されるべき応急措置の内容が、これを条文化するのには不可能であるともいうべき程に、予測することができないということである。つまり想像も及ばぬ事態の変動に即応して、臨機の措置を決定するということは、前もって、その対策手段、方法の選定と状況判断とについて説明することが困難ないしは不可能であるということである。それ故に緊急事態とは、予測不能という特質を有する状況であると考えておかなければならない。しかし国の作用を、できるかぎり法によって規制することが、法治国原理の要点である。それ故に、この観点から見れば緊急権でも、これを成文の法規によって、あらかじめ制度化して置くことの必要が生じてくる。すなわち緊急措置は臨時の対策で応急の暫定措置である。従って実際に緊急措置が必要となる場合が発生することが予想されるとすれば、それは、あらかじめ憲法典のなかに制度化しておいて、法により、そのような例外措置が正当であると規定しておくことである。このように正当と認められる範囲に、すでに対応の方策を採択しておこうとし前もって準備しておくことの事前方策をとることができる。わが国の旧憲法およびドイツのワイマール憲法などが採択した立法例が、この実例である。今次の旧西ドイツにおける基本法の補充改正も、このような理由に基づく方法を採択したのである。

①　緊急権に対する法による制約　　ところで、これらの国家緊急権に関する制度化については、つぎのような問題と理由とが考えられる。まず第一に緊急権自体が事態の進展に応じて、おのづから無限に拡大強化される危険をともなうことを特質とする。それ故に緊急権の限度を、あらかじめ考慮して、これが必要以上に拡大され、当局者の濫用に委ねられないように防止するためには制定法をもって、あらかじめ制約を定めておくことである。

②　緊急措置に関する基準設定の必要　　ところで第二に、もし、この種の制度化が規定されていなかったとすると、緊急権は直ちに非合法な実力の作用として実現されてくることになる。そのために実力行使を正当化する目的ないしは理由が実施の段階において見失われてしまうことになるおそれがある。そうなると、そのような実力と実力との衝突は、法の規制の及ばぬ事実上の混乱状態におちいってしまうことにもなる危険を生ずるからである。

また事後に緊急権の正当化に関する理由づけを考えたとしても、その公正な、そして万人に通ずる客観化、公正化を理由づける基準を求めるということが極めて困難になってしまう。そのために緊急権は反対に憲法を破る力として非難されることになってしまう。しかし緊急措置を必要とするような事態が実際に発生することが避けられないとすれば、あらかじめ、これを憲法典のなかに合法化しておくことの方が道理に適合しているとも考えられる。それ故に緊急措置に関する基準を、前もって正確かつ明確に設定しておくことが必要になると考えることもできる。最近、危機管理体制とする文言のもとに、緊急事態に関する対応の組織および活動の基準例を考慮しておくことは必要なことであるということが指摘されるようになってきた。

③　迅速な復旧措置に関する規定　　さらに第三に緊急権に関連しては、あくまでも緊急権が例外として臨時、応急になされる対策である。それ故に、その発動に関する条件ないしは行使の限界づけを厳重に定めておくことが、ぜひとも必要となる。そのことと同時に事態が収拾されてから、速やかに異常事態を憲法に適合する正常な状態に復帰

させなければならない。それらの緊急事態の終了と正常な状態への移行および事後の善後復旧措置ならびに緊急措置によって生じた損害ないしは各人の負担に対する救済等を、あらかじめ考慮しておかなければならないということも必要である。これらの理由から国家緊急権を憲法に制度化することの必要性と、その法理論上の根拠とを指摘することができると理解され、また必要であることが主張されてくるようになったのである。

特に前述のような混乱の場合には現実に緊急権の限界づけに関する確定が困難な問題となる。しかし緊急事態における状況に対応して緊急権の作用それ自体は、事態の進展にともなう必要に応じて、無限に拡大されて行く可能性を有することが、その特質である。それ故に緊急権の作用の在り方を、あらかじめ制度および手続として完全に限界づけてしまうということは、そもそも無理な要請といわなければならない。しかし緊急権の一環としてなされる個々の具体化される措置は、法治国原理によれば、逐次、発生してくる事態に即応して、その必要を充足することができる方法のなかから常に必要最小限度の対策が、選定されていなければならないことになる。事態が急迫しているために当局者は、とかく冷静な判断をかき、対策の限度をこえた過剰な手段を選択しがちな傾向にあるということが予想される。それ故に緊急措置の方法、選択の手順、緊急行動の在り方、限界づけなど、すでに前もって想定しておいたことであっても、その基準をくり返し、あらかじめ訓練しておくことが、ぜひとも必要となるのである。とくに緊急事態の発生についての判断が、担当行政庁の専断に委ねられているときには、緊急事態とは、いえないような場合にも国家緊急権の発動がなされ、これが濫用される危険が多分に予測されることになる。これらの誤りを防止するためにも緊急権を制度化しておくことは、それなりに道理にかなった理由のあることであるということができる。

2 制度化に対する反対の意見

(1) 政治の観点から提起される反対意見

これまでの理由は専ら法論理の観点からとり上げられて来た思考に基づく判断である。しかし従来の政治経験に基づき政治実践の立場からは、まったく意見を異にして、緊急権制度化に対する強い反対の理由があげられている。つまり、これまでの諸国における政治の先例によれば、緊急権を憲法に導入することについては、政治を実力により混乱させることの危険に対する配慮として、緊急権を法制度化することに反対する傾向がきわめて強い。旧西ドイツにおいて、かつて提案された防衛に関する基本法の改正も、法論理としては一般に、侵害の危険に対する防止の必要性が認められているのにもかかわらず、政治の観点からは、緊急事態における混乱の懸念を理由にして常に反対されて来たのが実情である。それでも、かつての旧西ドイツをめぐる国内の政治動揺、また東ヨーロッパから加えられる現実に緊迫した対立状況に起因する脅威に直面した場合に、防衛の実際の必要に迫られて、やむを得ず防衛条項についての基本法改正を採択しなければならなかったというのが実情である。政治の目的または法の理想から見れば緊急権のような権力を手段とする措置が望ましくないことは明らかなことである。もし、これらの強力な権力作用を実施することなしで事がすませるというのが現実にできるのであれば、これにこしたことはない。しかも過去におけるドイツ史としての経験事実はナチスの策謀によるワイマール憲法運営の極端な失敗に見られるように、緊急権は必ずしも正当に行使されて来たことであるとはかぎらない。政治の立場から提起される反対は、これらの過去の経験から、特に緊急権制度の濫用による政治の失敗に向けられて来た経験の現実に基づく批判と反省とであるということは周知の事実である。それ故に緊急権の存在を憲法典に明記した逆効果として、かえって絶大の実力を掌握した政治勢力者が、自分たちの立場を有利にないしは目標達成の野心を満足させるために緊急権制度を濫用した。この経験に基づき緊急権制度に対する国民の恐怖感情が、政治における実践行動として緊急権反対の方向へと指向させて来た根本の原因となっている。それ故に緊急権は、あくまでも正式には認められない方法として、憲法に、これを採択することについては、かえって憲法崩壊の原因になることを恐れて、これまでに強く反対して来たことが、その理由である。

(2) 緊急権制度の採択と、それに関する国の態度決定

① 不文の根拠づけによる場合の危険

しかし結局、旧西ドイツは緊急権の制度化を基本法の条項を変更、追加して採用しなければならなかった。東西政治勢力の接点、その最前線に位置づけられた旧西ドイツとしては、ワイマール時代の失敗にもかかわらず、それでも敢えてドイツ基本法を変更し、緊急権条項を採択して、国際情勢の変動に応じ、この条項を補充して、さらに強化することをさけることができなかった。それでも、これらの課題については、次のいずれかの態度決定がなされていなければならないことになる。その第一は国家緊急権をやむを得ない例外の暫定措置として、明文上は、あくまでも、これを正式の制度ないしは防御のための対抗措置とは認めず、ただ実際に緊急事態に直面した場合には、ベルギーの先例のように不文の法理によって、これを理由づけて行こうとする思考方法を採用する。この思考によれば国家緊急権の実質は、あくまでも非合法な実力そのものであると理解するのである。従って緊急措置が軽率に許されるべきことにはならないという結論の趣旨を貫くことが重要である。

しかし緊急事態に直面した場合に、準拠すべき法の基準が明示されてはいない。しかもコモン・ローのような不文法の伝統ないしは法観念の基礎をも確立されてはいないのである。このような場合には一層の事態混乱ないしは混乱状態につけこむ権力濫用の危険が予測される。特に緊急権に関して明確な根拠が法として定められていないために、憲法の各条項について予想外の拡大解釈さらには歪曲までも行なわれる。このために憲法の原理が極度にゆがめらて

しまう危険が大きくなることに注意を要する。

② 緊急権制度化の場合の困難

次に緊急権を制度化した場合には、国家緊急権に関し、法による明文上の根拠を確立することができる。しかし、それにしても、政治実践においては緊急事態を大義名分にして権力の無用な拡大強化が意図される危険をともなう。特に政府与党の勢力が強大であれば、それだけ権力強化の傾向に、はしる危険の度合も高まって来ることになる。従ってドイツでも緊急権制度採択に対し、その拡大ないしは濫用の理由から政治の立場として終始、反対してきたのは野党である。そして、その中心となったのが社会党であった。その理由は国家緊急権の行使を誤まれば、それは、かえって憲法を破壊することになるのであり、自分達の政治上の立場が抹消されてしまう結果になることを、おそれるからである。それは法論理としての思考および判断による反対ということよりも、かえって政治の観点における政策決定に対して、拭い去ることのできない懐疑と懸念とに基づく不安による反対であったのである。緊急権の問題は、この二つの考え方のうち、いずれを採択するかの決断をせまられた極限の課題である。

しかし事態が平静で、情勢の険悪化も差し当って認められていないような場合には、問題にたいする態度決定も、次の機会に持ちこされてしまうのである。しかしこの種の問題は、法論理の思考によれば、常に制定憲法をこえて、その背後に存在している事項であり、これについての明確な論理により導かれる解答は、なかなかに求めることが困難である。内外の学者が、緊急事態および緊急権の法理について、その究明に努力しているが、法の根源にまでさかのぼる課題であるために、まだ的確な解答が得られていないということが現実の情況である。

六 国家緊急権存立の基礎

1 緊急権の二律背反

これまでに述べてきたように、緊急権の実質は一つの実力である。その実力は国法秩序の基礎を保持することを目的とするための方法手段である。それ故に、その実力の利用方法いかんにより国存立の保持という本来の目的を達することもでる。しかし反対に国の混乱に悪用される危険をも、発生する事態にもなる危険が大きい。その実力が強力で憲法秩序の保障に極めて効果のある支柱となることができるだけの実力であればあるほど、憲法侵害の暴力に転化する危険の度合も、また大きなことになるおそれがあるということもできる。

それ故に反対に防禦の力を弱め濫用の危険を軽減することを考慮すれば、そのような緊急権は実際には憲法の保障手段としては役に立たない力になってしまうことになる。もし憲法の保障を考慮し国民生活の安全保持を考えるとすれば、国家緊急権は、その期待に応えることができるだけの強力な内容を有することにならざるをえない。従って国家緊急権が、その正当な本来の目的のために行使されるべき実力でなければならないとすれば、それを根拠づけ決定づけているのは、それらの強力な権力担当者自身の政治を支える能力にあるということになる。かつて、そのような実力が君主における絶対の権威によるか、または政治指導者の独裁による決断と行動力とに、そのすべてが委ねられてきたのが実情である。

しかし民主主義に基づく国の組織のもとでは、国民の現実に持てる政治自治の能力以外に、たよるべき根拠はなにもないのである。もし一国の国民で、民主主義の自治政治能力に不十分な点があるとすれば、それらの国民によって形成される行政機関つまり行政府は、当然に十分な政治力を具備していることになるわけではない。そのために未熟な行政機関に国家緊急権を委ねることは極めて危険なことである。従って必ず憲法上は国政について厳重な制限が加えられて、結局、国家緊急権は否定されてしまうことになる。それらの場合には緊急事態の臨時措置を考慮するよりも、反対に政治の在り方としては平常時における政治当局者における憲法遵守と憲政の常道を堅持する態度とが特に強調される必要があるわけである。それは、あたかも高度に複雑な危険な機械の取り扱い、または困難な医療手術を未熟な技術者または医師に担当させてはならないという一般人の心配および懸念から注意がなされるように、未熟な政治の実力担当者に対し、憲法による厳重な制限が要求されてくるのである。

これに対して信頼のおける政治を実現するだけの健全な自治能力をそなえた国民の場合には、緊急事態における高度の独裁方法による緊急権の行使であっても、これを当局者に許した場合に、当局者の権限濫用ないしは政治の独走を阻止して事態を克服し、本来の憲政の常道を回復させることができる。イギリスその他の歴史における経験と教訓とは、また、この種の緊急権の成功した実例をも示している。このように緊急権の成功または失敗は、究極において国民の政治に関する見識と法による判断能力とが、緊急権行使の成否を左右することになるということは歴史の事実が、その教訓を示している通りである。

2　わが国における緊急権

日本国憲法の場合には、周知のように国家緊急権をまったく制度化していないということに等しい。もとより緊急制度を排除した理由は、旧憲法以来の経験から、継続して常に政治の運営に対する慢性ともいうべき政治不信の念が国民に存在するからである。その理由は反対に信頼をおける政治の当局者を選出することができない国民自治の未熟さを原国とし、このことに対する各人の不安が、そのような決断を、にぶらせているからでもある。それでも現行制度としては、憲法の範囲内において法律により災害対策の制度が採用され、また警察法の範囲においては緊急事態の特別措置が定められているに過ぎない。警察法七一条以下によれば、内閣総理大臣（首相）は国家公安委員会の勧告に基づき緊急事態の布告を発することができるのである。その場合に首相は警察を直接に統制、指揮することができることになる。しかしこれとても内閣総理大臣の権限強化として多くの疑いをもって見られて来た。さらに防衛ないしは国内治安維持のために、とるべき措置にいたっては自衛隊法七六条および七八条、八一条による防衛出動と治安出動とが定められている。しかし自衛隊そのものについては強い憲法上の批判がある。それ故に、この種の強力な権限については、それが憲法ないしは国法秩序の保障を目的とする組織として役立つということよりも、反対に憲法および国民生活に対する侵害の手段と変化することが、懸念されているという状況が目立つのである。ただ自衛隊の実績としては、災害派遣の場合における人命保護ないしは復旧活動としての権限が注目されているだけである。しかし、その本来の任務である防衛活動には、かえって憲法違反として批判されているような状況である。これらの政治情勢のもとで、緊急事態の問題を考察するということは、その本来の法論理上の思考と研究とを目標とする意図が、すべて政治の立場からする疑惑の眼をもって見られてしまうために、かえって憲法に関し必要にして十分な研究がなされなくなってしまう虞がある。

緊急事態に対して、いかに対処すべきかという問題は、政治における対立の立場をこえて、国民全体の生活安全の保護のためには、法としては回避することのできない課題である。たしかに政治情勢によっては、この種の論議を次の機会に持ち越すことができる。しかし、それでは問題が解決されたことにはならない。緊急事態は諸外国での歴史経験が示す通り突発的に発生してくる事態で、それに対する措置も冷静に十分に考慮する余裕のないままに、あわただしい混乱状態のなかで、その時々の応急措置がとられてきたのが実情である。そのために対策の成否は、まったく、その時の偶然によって左右されて来たといっても過言ではない。もし、でき得れば、それらの事態の発生を防止し、また必要とあれば、それに応ずべき緊急措置を迅速にとることができるように、かえって冷静な判断をもって思考することができる余裕のある平時において、緊急措置の道理に適合した制度、緊急権に関する手続き、緊急事態における損害ないしは負担の救済調整に関する善後措置、また事後における緊急措置についての再審査の制度などを十分に研究しておくべき必要があるのである。現に、この課題は危機管理体制の名称のもとに各部局を総合した研究課題となって来ている。

政治について疑惑の多い状況の下では、その制度化の実現は期待できないかもしれない。しかし緊急権の問題は、その時の政局担当者の政治に関する立場をこえた国民各人の生活安全に関連した生存の課題である。憲法ないしは国法秩序の全体に関する維持ということになれば、個々の政治上の対立ないしは変動をこえた法の維持、執行の緊急課題である。これらの国法秩序の維持執行の作用は、個々の現実における政治判断または政策決定に関する対立をこえて、それ自体独自の法ないしは法の執行に関する国政全般に関する作用に属する事項である。国家緊急権の存立に関する法論理としての必然性は、その本体から見て常に否定することができない課題なのである。

七　危機管理体制の研究課題

わが国において、緊急事態に関する対応策は、参議院の緊急集会の手続しか定められていない。それ故に緊急措置に関する研究は、今後の課題である。

ところが、これらの研究は、その結論として、反対することは歓迎されるとしても、その必要性を説明し、または少しでも、これを肯定する趣旨の意見は、研究すること自体が、憲法に反し、非難されるような状態であった。しかし、事態の変動は、いつ、どのような方向に向うとも限らない。警察の当局者が、常に公の秩序と公共の安全の維持とに配慮すると同様に、政治の担当者は、常に緊急事態への配慮を忘れてはならない課題というべきである。

緊急権の法理については、固定確立した原理というべき基準を見出すことは不可能に近い。それでも緊急時に通用する法理の研究は忘れさられるべき課題ではない。医師が緊急医療を研究することが、その使命の一つであるように、法研究の使命の一つに緊急権制度を忘れることができない。具体的な対応策は、行政法の各分野で研究されるとしても、その総合的な考察は憲法の課題となる。それらの研究については、なお、これを継続しなければならないことになるであろう。最近は、社会および政治の情勢も変化し、危機管理という新しい表現によって、その必要が注目されるようになった。社会情勢が平穏に落ちついて来れば誠実な気を落ちつけた慎重な研究を期待したい。

八　国際情勢の変動

現行憲法の案文発表と憲法案の審議当時における国民の感情とは、これを実現させた背後の事情を知ることができないために、大きな疑問を抱かせた。これまでに「国体の護持」を基本方針として進められてきた戦後処理の政治運営からは、まったく予想もすることができない異質の憲法案であった。しかし、この案件を受諾したということは、将来わが国が占領から開放されて独立したときには、国際連合への加盟が認められて、各国の自立と安全とは、各国独自に維持することではなく、国際連合の管理、指揮する国際警察軍によって確保されることになると予想したのであろう。当時マッカーサー総司令官は、日本国新憲法を称讃し、世界各国は、日本の平和方針に学ぶべきであると強調した。

しかし現実の情勢は、これに反し、朝鮮の動乱は、第二次大戦にも比敵する程に拡大した。絶対に戦力を保持させないとした当初の占領方針は、総司令官自身が秘かに私信をもって、わが総理大臣に警察予備隊の名称をもって、軍備の復活を許さなければならない状況となった。アメリカ本国からは、再軍備をすすめる外交特使が派遣されてきたが、わが内閣は、これに応じなかった。わが国が果すことができたのは、僅かに後方における支援だけであるというのが、当時、残された国力の総てであった。

ところが、そのような状況になると国民の平和への願望は、ますます強くなる。防衛という言葉を口にし、防衛事項を研究することは、それだけで、平和の精神に反すると非難された。

これに対して現在では、不明国による秘密のうちに、各種の工作活動がなされてくるようになると、警備、防衛の課題を無視することができなくなって来た。学会でも、この種の研究が公に発表されても、非難の聲が聞かれなくなってしまった。確かに憲法は変わらない。それでも、情勢は著しく変化していることを否定することは許されない。

（昭和四四年二月、一九七〇年の展望とその対策一一三頁—一三八頁）

第二部　判例解釈

8　旧憲法下の法令の新憲法の下における効力

最高裁昭和二七年一二月二四日大法廷判決
（昭和二五年（れ）第七二三号、鉄砲火薬類取締法施行規則違反被告事件）
刑集六巻一一号一三四六頁

〈事　実〉

上告人（被告）は、無資格で火薬類を不法に所持していたこと等の事実によって、銃砲火薬類取締法（明治四三年法律五三号）一四条に基づく同法施行規則（同四四年勅令一六号）二二条（火薬類の所持の制限および禁止規定）の違反として、同四五条（右の違反について一年以下の懲役または二〇〇円以下の罰金を定む）により、第二審（昭二三・七・二七福岡高裁判決）において一年の懲役刑の判決をうけた。これに対し上告人は、昭和二二年法律七二号日本国憲法施行の際現に効力を有する命令の規定の効力等に関する法律一条（「日本国憲法施行の際現に効力を有する命令の規定で、法律を以て規定すべき事項を規定するものは、昭和二二年一二月三一日まで、法律と同一の効力を有するものとする。」）により、右の施行規則は所定の期日（すなわち昭和二三年一月一日）以降失効したものであるとして上告し、免訴の判決を請求したのが本件である。なお上告理由としては次の諸点をあげている。すなわち命令による罰則の設定は法律の委任を必要とすべきところ、本法たる銃砲火薬類取締法には、この旨の委任規定が定められていないこと、さらに明治二三年法律八四号「命令ノ条項違犯ニ関スル罰則ノ件」は、前記法律七二号三条によって廃止されたから、右の罰則は法律上の根拠が認められず、しかもこれを存続させるべき立法措置も、またとられていないので、本件罰則である施行規則四五条は、右法律七二号一条により昭和二三年一月一日以降、当然に失効したものであるということ等である。

〈判　旨〉

最高裁判所は、これらの上告理由を認めて原判決を破棄し、免訴の判決をした。その理由として多数意見は、次のような趣旨をのべている。すなわち昭和二二年法律七二号一条に定める「法律を以て規定すべき事項」とは、旧憲法下におけることではなく、新憲法下において、法律を以て規定すべき事項の意味であり、また現行憲法七三条六号によれば、政令によって罰則を設けることは、法律の委任を必要とするから、罰則の設定は右の「法律を以て規定すべき事項」に該当する。ところが前記施行規則四五条の罰則については、基本となるべき、さきの取締法のなかに、具体的な委任の規定が定められていないのである。それ故に、この罰則は、明治二三年法律八四号「命令ノ条項違犯ニ関スル罰則ノ件」の一般的な委任によることに該当すると認められる。しかし、右法律八四号は広範にわたる概括的な委任の規定であって、新憲法の下においては違憲無効の法律として同憲法施行と同時に失効したものである。さらに、また現実に法律七二号三条によって廃止されているのであるから、右の罰則については、法律の委任がまったく存在しないことになる。よって前記施行規則四五条は、法律七二号一条にいう法律を以て規定すべき事項を規定する条項に該当し、昭和二二年一二月三一日までは、法律と同一の効力を有するが、昭和二三年一月一日以降は失効することになると判示した。

この多数意見に対する反対意見（斎藤裁判官）の要旨は、次の通りである。まず現行憲法九八条一項は、旧憲法の下における法令の実質的な内容に関する規定で、制定の形式が、現行憲法に違反する場合を含まない。従って、さきの法律八四号が命令違反に関する罰則について、憲法七三条六号と異なる立法形式の規定を制定していても、憲法施行とともに当然に失効するわけではなく、また同法律によって既に成立した施行規則四五条も、また失効することになるわけではない。そして鉄砲火薬類取締法が、特に同法一四条の規定による命令違反についてだけ同法中に刑罰を規定しなかったのは、暗黙に右法律八四号による罰則の命令に対する委任を前提としていたと理解すべきである。それ故に前記施行規則四五条の罰則は、同取締法に関する暗黙の具体的な委任による法律と同一の効力を有する規定であると理解すべきであり、昭和二二年法律七二号の対照となるべき命令とみるべきではないというのである。

また補足意見（河村（又）・入江裁判官）は、次のように述べている。すなわち憲法九八条一項の意味は、旧憲法下の法令が新憲法とは異なった機関・手続によって制定されたものであるにしても、その法令の内容が現行憲法の下で許されないようなことでない限り、当然に無効とはならない。そして前記法律八四号は、現行憲法の下では許されないような内容の規定であるから無効である。しかし銃砲火薬類取締法施行規則四五条は、立法形式を異にするだけで、その内容は現行憲法の下で許されないようなものではないから、当然に失効することになるわけではなく、前記法律七二号一条の規定によって初めて所定の期日以降に効力を失なったことになるのであるというのである。

〈解　説〉

1　およそ法令は、すべて、その根拠となるべき憲法に基づいて、その効力が生ずることになる。それ故に、この判決は命令に対する罰則の委任について、基本となる法律に具体化された委任に関する規定が制定されていなければならないとする。そして、さらに明治二三年法律八四号のような一般に広く概括するような委任を定めた法律は、現行憲法の下では無効であるとする。このように罰則の委任に関する原則を確立することにより（罰則の委任の部分については芦部・行政判例百選五七頁参照）、旧憲法の下における法令の現行憲法の下における効力の存続について、重要な判断の基準を示している点で注目される判決である。

憲法の改廃に際して、旧憲法下の法令が、新憲法のもとにおいても、引続き、その効力を認められるか否か。現行憲法は、これに関する経過規定を明記してはいない。しかし一般には、九八条一項が経過規定としての意義を併せて有する条項であると解釈されている。その理由は旧憲法下の法律であっても、同法の内容が現行憲法の条規に矛盾しないかぎり、引続きその効力が認められるという。このように九八条一項の反対解釈によって、経過規定としての意味を推測しているのである（最高昭二三・六・二三大法廷刑集二巻七号七二二頁、同昭二四・四・六刑集三巻四号四五六頁、同昭二五・二・一刑集四巻二号七三頁）。

これに対して九八条一項は、憲法変更の場合における経過措置を含まないとする意見がある（長谷川正安・憲法判例の研究七九頁）。その理由は同条が、現行憲法の下における法令等に関する経過規定であるからである。それよりも、むしろ経過措置の一般原理を示しているのは公務員の地位を定めた一〇三条であり、法令の効力の存続に関する判断について役立つのは、この規定だけであると主張するのである。そして昭和二二年法律七二号は、現行憲法に矛盾しない旧憲法下における法令の効力存続を一般的に考えた条項ではなく、現行憲法の下における法体系に適合しないものについて、特に半年を限って、その効力を認めた意味であると理解する。それ故に、法律事項を、いかなる形式で定めたにせよ、旧憲法の下で有効であったならば、その形式を無視して新憲法の下での法律として認めるというのは、論理の飛躍であると批判する（同八〇頁）。

確かに法令制定の形式に関する根拠の点からみれば、旧憲法下での法令は、新憲法に基づく法ではなく、憲法の根本に関する変革を強調すれば、旧憲法に基づくすべての法令は、新憲法の下では当然に失効するということになるかもしれない。しかし国の同一性が維持されている限り、革命による新憲法の制定は、すべての旧法令を排除することではなく、特に、これを排除しない限り、旧法令は維持されているのであると理解されている（小島・最高法規・法学セミナー一九号一〇頁、芦部・清宮編・演習講座憲法四七四頁）。法秩序の安定性からみて、一般には旧憲法の下における法令の内容が、現行憲法に適合しない法令についてだけ、その効力が否定されるのであるといわれている（宮沢俊義・コンメンタール八〇三頁以下、清宮・憲法Ⅰ（法律学全集）一三頁以下参照）。

2 以上は法令の実質的な内容の面からみた場合であるが、法令の制定に関する形式上の問題については、いかに考えられているのか。右の補足意見は、法令の制定の形式または手続だけが現行憲法に反しているのにすぎない場合には、当該法令は当然に無効となるわけではないとしている。しかし、これには次のような反対意見がある。その主張の要点は旧憲法の下では、下級の法令の所管事項とされていた事が、現行憲法の下では、上級の法令の所管に移された場合に、従来の下級法令は、法形式上、違憲の法令となって、その内容いかんにかかわらず無効となり、これを存続させるためには、改めて法律によって特別の措置をとる必要があるというのである（註解日本国憲法（下）一四七七頁、一四八八頁、佐藤・註釈五九〇頁以下参照)。言うまでもなく現在では勅令という法形式は廃止され、これに相応する政令の所管事項も、また限定されている。それ故に旧憲法の下では大権事項として、勅令の所管とされていた多くのものが、現行憲法の下では法律の所管とされているのである。しかも法律と勅令とは法形式として、重要な相違があるところから、右のような従来の勅令は、現行憲法の下では違憲無効になると理解されることになる。従ってこの種の勅令は、これらを存続させるとすれば、法律に、おきかえられなければならなかったはずである。それが実際には、困難であったために、経過的措置として昭和二二年法律七二号が制定されることになったのであると理解されることになるのである。しかもこの意見は、さきの補足意見を批判して、法定立に関する手続上の違憲と法形式上の違憲とを混同し、両者の区別を看過していることになるとして、この形式が単に法制定の機関および手続を意味するだけではなく、法律と勅令というように、各種の法形式の間に、その効力上の相違があり、またそれぞれの法における所管事項を異にしているような場合には、法形式上の差異といえども、これらを無視することが許されないと理解されている(佐藤・前掲書五九二頁参照)。

しかし一般には、旧憲法下の法令に示される内容の点に注目して、当該勅令が、現行憲法下における法律事項を規定していたとしても、また政令の規定事項を定めていたとしても、その内容が現行憲法に違反するのではない限り、これを有効な規定であると認めて、それぞれの法形式に相応する効力すなわち前者には法律として後者には政令としての効力が認められると理解されている(清宮・憲法Ｉ一五頁参照)。この法令の形式上の問題は、天皇の大権に基づく勅令という特殊な法形式について、しかも、それが現行憲法の下では廃止されているがために、特に問題となったのである。それ故に現行憲法九八条一項が、この種の法形式の差異によって、旧憲法の下における法令の効力に関して区別をする趣旨を含むことになるのであるかどうかということは、なお検討を要する点であると見なければならない。

3　最後に憲法上の問題ではないが、本件判示の反対意見が、免訴の判決の要件について、刑法の廃止とは、法令による積極的な刑罰の廃止つまり明示的な廃止（昭和三八年ジュリスト六月号憲法判例百選二四三頁―二四四頁参照。）を意味し、法令の変動による自然失効の場合を含まないと述べていることを指摘しておきたい。

（昭和三八（一九六三）年六月憲法判例百選一〇七、二四三頁―二四四頁）

9　旧行政裁判所判決の現行憲法の下における効力

昭和三七年二月二日最高二小判決、棄却
昭和三三年（オ）第一一〇二号、退隠料等請求事件
最高民集一六巻二号一七八頁
第一審・京都地裁判決、第二審・大阪高裁第二民事部
昭和三三年八月二九日判決

【事　実】

上告人（原告・控訴人）は、被上告人（被告・被控訴人）すなわち京都市の書記であった。ところが昭和八年在職中に起訴され、収賄罪によって五ヶ月の懲役に処せられた。なお刑期満了後、昭和九年一〇月一七日に同年九月五日付をもって依願免職となった。そこで上告人は、同年一二月三日、右の京都市条例に基づいて京都市長に退隠料を請求したのである。しかし同市長は、右条例第一一条第三号により、在職中の犯罪により禁錮以上の刑に処せられたものとして、同一〇年三月一六日に、にその請求を却下した。これに対して上告人は、昭和一二年八月一三日に市長に対して異議の申立をしたが、市参事会は、異議申立期間の徒過を理由として、これを却下した。さらに上告人は京都府参

事会に訴願し、また旧行政裁判所に出訴したが、いずれも右と同様の期間経過の理由によって却下の裁決および判決を受けたのである。

上告人は、このような形式上の理由によるだけの却下処分を不服としていたところ、昭和二七年四月二八日施行の復権令第二条を根拠にして、昭和二九年一一月二五日に、再び京都市長に対して異議申立をした。しかし、この申立も同年一二月二日付で棄却された。その理由としては在職中の犯罪によって禁錮以上の刑に処せられたために、上告人の退隠料請求権は、そもそも発生しなかったこと、またさきの異議申立、訴願、行政訴訟等に対するそれぞれ却下の決定、裁決および判決によって、市長の行った退隠料請求却下の原処分は、すでに形式的確定力を生じているから、もはやこれらを争うことができないということ等をあげていたのである。しかし上告人は、さらにこの点を争い退隠料の支払を求めて出訴したのである。しかし第一審および控訴審ともに、右の請求を棄却した。特に控訴審においては、旧行政裁判所の判決によって市長の退隠料請求却下に関する原処分につき争うことが出来なくなったのであるか否かという事が問題となった。ところが、これについて控訴審判決は、なおこれを争うことができるとして、次のように判示したのである。すなわち旧憲法下においては、このような退隠料請求権に関して、最終的には行政裁判所に出訴することが認められていたにすぎなかった。しかし現行憲法のもとでは、旧行政裁判所制度は廃止され、一切の法的争訟については司法裁判所に出訴することが認められているのである。それ故に旧行政裁判所の判決により確定した権利関係といえども、現在なお、これを争うことの利益がある以上、出訴することが許されると解すべきである。その理由は現行憲法における司法権の内容からみれば、旧行政裁判所の判決は、一つの行政機関による処分にすぎないからである。また、たとえ旧行政裁判所の判決によって、当時の権利関係が確定していたとしても、現行憲法のもとにおいては、まだ司法権による救済を受けてはいないといわなければならないからであると説明しているのである。

【上告理由】

市吏員の退隠料については恩給の給付の場合とはことなり、別個の裁定機関による裁定を必要としない。しかも被上告人である市が、上告人に対して依願免職の辞令を交付したことは、退隠料の交付に関する裁定確認の行政処分をおこなったことになる。ところが原審は、右のほかに恩給法の裁定に相当する確認処分を必要とすると判示しているが、それは失当である。また上告人は、訴願および行政訴訟の続きをなし、いずれも期間経過の理由によって却下されたが、これをもって、さきの被上告人の退隠料拒絶が、有効適法となるわけではない。

【判　旨】

棄却。旧行政裁判所の判決の効力については、次のように判示している。「すなわち行政裁判所の判決は、行政裁判所が旧憲法下において行政訴訟に関する最高審の裁判所であったことから、その宣告と同時に確定力を生じ、行政裁判所が廃止された新憲法の下においても、特別の立法がない以上、当事者はもとより裁判所もその判決によって確定された権利関係に反する主張、判断をなし得ないものと解すべきである」。しかして退隠料請求却下の原処分は、異議・訴願を経て昭和一二年四月二八日行政裁判所の判決によって支持されたのである。それ故に上告人が退隠料受給資格を有しないことは、右の判決で確定し、これに反する主張ないしは判断を、することが許されない。さらに恩赦法第一一条によれば、復権の効力は将来に向って生ずることであるから、すでに刑の言渡により資格を喪失した者は、復権令によってこれを回復することができない。

判旨に賛成する。本件で特に問題とされるのは、旧行政裁判所の判決が、特別の行政裁判制度を廃止して行政訴訟をも通常の司法権の範囲にふくめた現行憲法のもとにおいて、いかなる効力を認められるか。すなわちそれは単なる行政処分にすぎないのか、または現在においてもなお判決としての確定力を認められることになるのであるかという点である。原判決によれば、旧行政裁判所の判決は行政機関の処分にすぎず、従って現行憲法のもとでは、なお、これについて争うことの利益のある以上、通常の裁判所に出訴することが許されると判示した。このようにして原判決は、旧行政裁判所判決の確定力につき現行憲法の下における存続を否認する態度をとったのである。

【評　釈】

確かに旧行政裁判所は、旧憲法における国家組織のもとにおいては、行政機関とされ、司法の系列に属する司法裁判所とは考えられていなかった。しかしその権限の実質的な内容性質等から判断すれば、それは法に基づく判決を宣言する一種の裁判作用であるとみる。しかも現行憲法のもとにおける司法の観念についての通説ともいうべき立場からみれば、旧行政裁判所の判決は正に司法作用のなかにふくまれるべき作用であったといわなければならない。このような法判断作用が、かつて旧憲法の下で司法の範囲の外におかれた理由は、当時の司法の観念が、もっぱら民事刑事の裁判作用を意味すると形式の点で理解されていたからである。その結果、行政裁判所は、司法機関ではなくて行政機関であるといわれていたのである。しかし、それでも行政裁判所は、内閣の指揮監督の下にある一般行政庁とはちがい、その職務については独立の裁判権があたえられていたから、その憲法上の地位と権限は、まさに司法裁判所に準ずる機関である。従って、その判決は、単なる行政機関の裁決と違って、裁判の本質としては司法判決に類する法判決とみることができたのである。本件判示が、その要旨第一で、行政裁判所の性格について、それが旧憲法下において行政訴訟に関する最高審級の裁判所であったと判示し、またその判決の効力については、宣告と同時に確定力を生ずる判断であると認定したことは、司法の実質的な観念からみれば、正に正当な判示というべきである。

ところで行政裁判所の判決には、以上のような裁判判決としての効力が認められたとしても、行政裁判所は、すでに現行憲法のもとでは廃止され、その判決の法に基づく根拠を現行の法体系のなかには直接に求めることができなくなってしまった。しかも旧行政判決の現行憲法下における効力の存続について、これを明確に定めた経過規程も存続していないのである。それ故に旧行政裁判所の判決について、現在なお引続き判決としての確定力を認めることができるか否かの問題が残されていることになる。しかし旧行政裁判所は、正規の裁判機関であったのであり、その判決もまたその正当な権限内において適法な手続をもって形成された決定である。従って、そこには行政事件の裁断に関する国家の行為が、有効に成立していたものとみなければならない。しかも、この種の国家行為は、これを担当した機関が、その後の制度の改革によって廃止され、その権限が失われたとしても、国の行為そのものとしては、これによって当然に消滅し、または、その効力が失われてしまうのではないと考えられるのである。それ故に右のような旧行政判決が現行憲法の定める機関ないしは司法手続によって形成された判断でないからといって、現在において当然に判決としての存在を否定され、その効力が否認されるべき結果になるということはできない。もしこのような判決の確定力が、現行憲法下においては、もはや存続していないものであるとするならば、旧行政裁判所の判決によって、すでに確定された法律関係が、場合によっては現在において覆されることもあり得ることになる。それでは法秩序の安定が著しく害されるという結果にもなるであろう。本件判示第一は、旧制度のもとにおける行政事件について最終的な判決としての国の行為を、これを担当した国家機関の制度上の変更いかんにかかわらず、そのままに、その存続を認め、もって国家行為の一貫性と永続性とを確認した意味で、当然の判示というべきものである。従って判旨は正当である。

なお本件判示について、つけ加えるならば、上告人の退隠料受給資格の有無について、判示は、旧行政裁判所の判決によって上告人が右の資格を有しないことが確定し、事後当事者はもとより裁判所も、これに反する主張、判断をすることができないことになるとして、本件受給資格の有無に関する実体関係が、右の行政裁判所の判決によって確定された事であるかのように認定している。しかし右の行政裁判所の判決は、第一審および原審の認定した事実によれば、上告人の異議申立を申立期間の経過を理由にして却下したことを認めた形式的な訴訟判決である。従って、右の資格の有無に関する実体関係については、なんらの判断もしていない。それ故に右の行政裁判所による判決によって確定された事実は、上告人の退隠料申請を却下した市長の原処分および退隠料の受給資格の有無等について、訴願、行政訴訟のいずれをもってしても、もはや、これらの点を争うことができないということだけである。そのことは決して受給資格の有無に関する実体関係が、右の行政裁判所の判決によって、初めて確定されたということではない。このことは市長の申請却下の原処分について、これに対する異議申立の期間経過により、すでに争うことができないという形式的な確定力が、行政法上の効力として、右の処分それ自体について生じているのである。行政裁判所の判決は、この点について判断しただけで、本案についての判決はしていないのである。従って本件判示は、この点について認定の誤があるのではなかろうか。しかしいずれにせよ、本件判旨第一の前半にのべられた旧行政裁判所判決の効力に関する原則としての判示は、正当なものであると考える。

最後に恩赦法および復権令にもとづく資格の回復について、その効力は正に判示ののべるとおり、将来に向って効力を生ずることになるのであり、過去における既成の効果を変更させることにはならない。この点についても判旨は正当であるということができる。。

（法学研究三六巻七号、昭和三八年）

10　第三者に対する行政処分の無効確認を求める訴の利益

昭和三七年一月一九日最高二小判決、破棄差戻
昭和三三年(オ)第七一〇号、公衆浴場営業許可無効確認請求事件
最高民集一六巻一号五七頁
第一審・京都地裁第四民事部昭和三二年六月二九日判決、第二審・大阪高裁第四民事部
昭和三三年四月二六日判決、行裁例集九巻四号八一八頁

【事　実】

上告人（原告・控訴人）等は、すでに京都市において浴場を経営していたのであるが、京都府知事は訴外Nに対してその近傍において公衆浴場の新設営業を許可した。しかし右の許可は、公衆浴場法施行条例の定める距離の制限（最短距離二五〇米）に違反して、それ以内の至近の場所（二一〇米）に設置を認めたものであり、また許可を付与するのに際しては、既設浴場との距離の測定、土地の状況ならびに人口密度の調査、既存業者その他、利害関係人の意見の聴取等をおこなわなければならない。ところが、これらの手続をとらなかったことを理由にして、右の公衆浴場営業許可処分の無効確認を請求したのである。本件における原告の主張は次の通りである。まず第一に公衆浴場営業につい

ての許可は、禁止の解除としての警察許可と理解すべき行政行為ではなく、営業に関する権利の設定を目的とした形成行為としての行政行為であると主張する。その理由として次の三点をあげているのである。まず右の許可は、出願に対して付与されるのであり、行政庁の一方的な行為として執行される命令としての行政行為とは相違すること。次にこの営業の許可は、競業の禁止、独占的な営業上の利益の承認等によって、無用な競争を防止し、経営の合理化を通じて公衆衛生の向上を実現しようとすることを目的とする。そのために営業に関する権利の承認が主たる目的であって、公衆衛生の維持向上に関する公義務を課することは、その従たる目的にすぎないこと。第三に、右の営業許可は、出願した特定人にあたえられる。通常、命令的な行政行為は不特定多数の者に対してなされる。このような一般的な警察下命とはことなるものであること。以上のような理由をもって原告等は営業上の権利を取得しているのである。従って本件知事の許可処分は、原告等の営業上の権利を侵害することになると主張したのである。

これに対して被告(国)は、右の営業許可を、あくまでも警察許可であるとし、業者の権利を設定することを目的とする行為ではないとして、業者の利益は、公衆衛生の維持を目的とする警察的な規制の反射的な効果として認められる事実上の利益にすぎないと主張した。そして新な営業許可によって既存の業者が経済上の影響をうけることがあったとしても、それによってなんら業者の法的な権利が侵害されたことにはならない。従って原告等は、そもそも、このような第三者に対する許可を争う法的利益を有することにはならないとして争ったのである。

これに対する第一審判決は次の通りである。まず公衆浴場法の目的は、あくまでも公衆衛生の維持向上を目的とすることであって、既存浴場についての営業権の保護を目的とするわけではない。業者は同法の規制によって競業者の濫立による不利益を免ることになるとしても、これは同法による営業許可によって権利が認められているからではなく、同法の目的遂行により反射的に事実上の利益をうけているにすぎない。しかも行政処分の無効確認を求めることができる者は、当該処分によって権利または法的利益を侵害された者に限定されるべきである。ところが、原告等は本件許可処分によって、なんらの権利または法的利益をも侵害されてはいない。従って右処分の無効確認を求める利益は存在しないとして、原告等の請求を棄却した。

次に控訴審判決も、またほぼ第一審判決と同様な理由によって、訴の利益の存在を認めず控訴を棄却したのである。

しかし、これに対してさらに原告等が上告したのが本件である。

【上告理由】

原判決が営業上の利益をもって、事実上の利益とし、反射的利益の観念を平面的に適用していることは、具体化された事案を十分に認識していることにはならない。経営者は許可によって法律上、競業禁止の利益を得ているのである。それ故に、このことをもって単に反射的利益であると認定することは適切ではない。しかも原判決は本件における営業許可をもって警察命令による許可であると理解している。しかし本件における許可は、権利を付与することを内容とする形成的な行政行為である。従って新規許可により既存業者の営業に関する権利が侵害されることになるのである。それ故にかくて上告人等の訴の利益が認められることになる。

【判　旨】

破棄差戻。多数意見は、上告理由を認めて原告等の訴の利益について、その存在を肯定した。これについての判示は次の通りである。まず第一に公衆浴場法の採択している営業許可制の趣旨については、さきの大法廷判決（昭三〇・一・二六、刑集九巻一号二二七頁）を受け継いで、このような規制は、主として「国民保健及び環境衛生」という公共の福祉における観点から導き出された方針である。しかし他面から見れば同時に同業者間における無用な競争により、経営が不合理化することのないように業者の濫立を防止することが公共の福祉のため必要であることとも考えることができる。このような観点から、許可された者を濫立による経営の不合理化から守ろうとする意図をも考慮している方針であることは否定することができない。そのために適正な許可制度の運用によって保護されるべき業者の営業に関する利益は、単なる事実上の反射的利益ということだけに止まらず公衆浴場法によって保護される法律上の利益と理解することを相当とする。

また池田裁判官の補足意見は次の通りである。まず公衆浴場に対する営業許可も一般の営業に対する許可と本質として異ることではない。それ故に、このような許可によって得られる営業上の利益は、単なる反射的利益に過ぎないと理解すべきである。しかし反射的な事実上の利益ではあっても、新規業者に対する違法な営業許可によって、既存業者が重大な損害を受けるような場合には、出訴が許されなければならない。本件処分によって、侵害された上告人等の利益は、事実上のことであるとしても、具体的には個人の利益である。また、その利益の侵害が、直接に重大な損害を受ける結果となる以上は、上告人等の原告適格が認められなければならない。

なお奥野裁判官の反対意見は次の通りである。公衆浴場営業は、何人も自由に実施できる事業である。そのために、この許可は、公衆衛生の目的から判断して、事業の禁止を解除することを意味するだけに止まることである。従って業者の保護を目的とする行為ではない。そのために既存業者の受ける利益は、反射的利益に過ぎない。従って新規業者に対する許可を既存業者が争う利益ということは認められず、第一審判決および原判決は正当である。

【評　釈】

一　行政処分の無効確認訴訟において、当該処分の相手方以外の第三者にも原告適格が認められるか否か、すなわち新規業者にあたえられた許可処分の無効確認を既存業者が請求するについて、確認の利益が認められるべきか否か。この問題を考えるにあたっては、法的利益の存否ないしは権利侵害に関する争訟の発生の可能性について判断することを要するのはもちろんである。しかし、さらに行政処分無効確認判決が、行政訴訟制度のもとでどのような効力を認められているものであるかということを考えておく必要がある。処分の取消判決が、取消抗告訴訟の特質として形成力が認められ、その効力が当事者以外の第三者にも及ぶことになるとされている。それ故に取消抗告訴訟について権利救済の範囲を広く認め、処分の相手方以外の第三者にも、法的利害関係が存在する限り、訴の利益を認めることの意義は十分に認められなければならない。しかし無効確認訴訟制度は、旧行特法においては法律上の明確な根拠を規定されていたわけではなく判例によって、これが認められていたのである。従って、このような訴訟が抗告訴訟の一種として形成訴訟としての性格を有することになるのであるか否かということは、法律上、必ずしも明かではなかった(新行政事件訴訟法では、無効確認訴訟は抗告訴訟の一種とされているのであるが、同判決の効力については、第三者に対する効力を規定した取消判決の効力に関する第三二条が準用されてはいないので、抗告訴訟として当然に形成力が認められるのか、または、これを否定する趣旨か、なお研究を要する点である)。ところで、もし行政上の確認訴訟が民事訴訟の場合と同様に、現に存在する権利関係ないしは法律関係の確認に止まるものであるとするならば、このような認判決の効力が、訴訟当事者の範囲に限定されることになるのは当然のことである。それ故に形成判決の既判力に認められるような対世的な効力は、存在しないといわなければならない。従って処分の相手方以外の第三者が、当該処分の無効確認を請求するということは、右のように確認の効果が行政庁と処分の相手方との関係には及ばないのであるから、第三者の権利保護の目的には適合しないことになる。それ故に、このような第三者の無効確認請求に関する訴の利益ということを認めうる余地は、まったく存在しないという結果になるのである。

しかし判例および多くの学説が、行政処分の無効確認訴訟を是認しているのは、右のような単なる確認訴訟としてではなくて、正に形成的な抗告訴訟の一類型としての存在を認めようとするものであろう。その意図するところは確認訴訟をもって取消抗告訴訟に準ずる性格を認め、同判決の効力については、形式上は確認判決であるが、その無効確認の効果は取消訴訟の形成的効果に準じて考えるべきである（雄川一郎・行政争訟法九〇—九一頁、二二二頁）としているることから推測することができる。従って形成訴訟としての無効確認訴訟を考えていると言うことができるであろう。本件の場合もまた取消判決と同様に対世的な効力を有する無効確認判決が期待されていると考えなければならない。そこで、この種の対世的な形成力を有する無効確認判決について、このようなの確認の利益ないしは、これに関する訴の利益とはどのようなことを意味するのであり、それが、いかなる場合に認められることになるのか。また特に本件と関連しては、いかなる場合に処分の相手方以外の第三者にも、このような確認の利益が認められることになるのかという事が考察されなければならないことになる。一般に取消抗告訴訟の場合においては、行政処分の相手方のみならず、これに法的な利害関係を有する第三者にも訴の利益が認められ、そしてこのこととほとんど同じような考え方が無効確認訴訟の場合にも求められているのである。しかし同じ権利侵害ないしは法的利益が問題とされているとしても、そのことが係争処分の取消に関する訴の利益につながることになるのか、それとも無効確認の利益として、とらえられるべきものであるかは、行政訴訟制度の趣旨目的から判断して、それぞれ別の評価がなされなければならないことになるであろう。特に第三者にも、この種の確認の利益を認めるということは、行政法秩序の安定、行政処分の公定力の維持という公益上な観点からは、特に慎重な考慮を必要とすることになるのではなかろうかと考えるのである。

ところで右のような第三者の権利救済という趣旨から考察すれば、他人に対してなされた行政処分の取消ないしは無効確認を訴求することよりも、かえって行政処分に基づく個人の行為を、直接に民事訴訟によって争うことの方が、より合理的であり、権利保護の趣旨にも適合することになるといわなければならないであろう。その理由は本件の場合でも、既存業者の利益を直接に侵害しているのは新規業者の営業による収益であり、これを排除するためには結局、民事訴訟によらなければならないからである。しかし、この点からみれば許可処分の無効確認は、右の民事請求を理由あらしめるための予備的な意義しか認められないことになる。それにもかかわらず行政訴訟制度が処分の違法を争うことができる機会を保障している目的は、単に個人の権利救済ということだけにあるのではなくて、さらに行政の適法な実現を確保しようとする公益上の必要性が存在することにも注意しなければならないことになる。従って無効確認についての訴の利益も、個人の権利保護を広く認めようとする観点からだけではなくて、あわせて右のような公益上の必要との関連においても考慮されなければならないのである。

ところで取消訴訟の場合には、出訴期間の限定があるから、第三者の範囲をひろめ、原告適格・訴の利益を広く認めたとしても、行政処分の公定性ないしは法律生活の安定に対する弊害は、これを最小限度に止めることができることになるであろう。さらに、また個人の権利保障の趣旨からみれば、救済の機会を広く認めることが望ましいことはいうまでもない。しかし無効確認訴訟については、出訴期間の限定ということは考えられず、しかも判決には前述のように対世的な形成力が認められているとなると、第三者の原告適格さらには訴の利益が、あまりに広く認められるような場合には、法律生活の安定が著しく害されることにもなるであろう。民事の形成訴訟においては、対世的な形成力が認められている反面において、法律により、これが許される場合は厳重に限定されているのである。ところが行政訴訟においては法的利益という広範な概括的要件だけが指摘されているだけで、そのために右のような弊害を生ずる危険があるのである。これをさけるためには、他人の処分に対する第三者の無効確認の利益は、これを厳格に考えておかなければならない。ただ簡単に利害関係があるということだけでは不十分であって、正に形成力ある無効確認判決を求めるに値する確認の利益が明白に存在していなければならないことになる。そのためには権利侵害に関する紛争の存在ということはもちろんのこと。さらに無効原因として争わなければならない重大な違法性についての争の成立。無効確認以外には他に救済方法が考えられないような事情。そして対世的な形成判決をもって違法処分の無効を確認しなければならないという法秩序の回復に関する公益上の必要性の存在。これ等の諸条件が、特に慎重に考慮される必要があると考える。もし単に広範な権利救済という理由だけで、第三者の原告適格を拡張しすぎるということになれば、いわば一種の民衆訴訟が無制限に認められるというような結果にもなりかねないのである。その結果なんかの利害関係があれば、他人に対する処分を、いつでも争うことができるということになるが、このために行政処分に対する信頼は失われ、行政法秩序の安定性が著しく害されることになるかもしれない。特に本件多数意見が判示するように、営業上の利益に対する影響ということだけで、訴の利益が認められるということになると、確かに既存業者の利益保護にはなるとしても、営業許可に信頼をよせた新規業者期待の期待ないしは利益が、まったく無視されることになってしまうことにもなりかねないのである。これでは、社会の一般利益が著しく均衡を害することにもなるであろう。このように行政処分の公定力、不可抗争力等の特質は、まったく意味のないものとなってしまい、行政法関係は著しく不安定な状態となることが予想される。しかし、このような結果が行政訴訟度の趣旨に適合しない状態であることはいうまでもない。本件判示の多数意見は、この点に関する考慮がまったくなされていないのであり、賛成することができない。

二　次に訴の利益の成立を判定するためには、係争処分によって侵害されていると主張されている利益が、権利ないしは法的利益と認めることができるか、単なる事実上の利益にすぎないか、この点を判別しなければならない。本件多数意見は、既存業者の営業上の利益をもって、右の法的利益というに値するものであると認定しているのであるが、池田裁判官の補足意見および奥野裁判官の反対意見も、前述の意見に反対の趣旨をのべている。このように、この種の利益をもって法的利益ということができるのか疑をもつのである。右の多数意見は、本件浴場設置の距離制限について、公衆衛生上の公益的な観点からなされたものであることの反面、それは業者の濫立による経営の不合理化から、既存業者の収益を保護しようとする企業統制ないしは営業保護の目的が存在していることを指摘している。しかし果して公衆浴場法および同施行条例が、そのような経済利益ないしは公益の調査目的を有する法規であるのか否か。まず当該法条の解釈として、また法律および条例の趣旨からみて、同法律の目的が国民保健および環境衛生のためにする警察目的からする営業規制にあると理解するのが、妥当な考え方であると解するのである。その理由は本件で特に問題となっている右の距離制限は、既存業者に対して地域的に独占的な営業権を付与することを直接の目的とするものではないからである。また環境衛生等の観点からみて一応の許可の基準を定めたのであり、これについての知事の裁量を認めただけにすぎないと見るからである。このような営業規制は、医院薬局飲食店等に対する規制と同様に、業種の特性に応じた警察目的による規制の範疇に属する方法であって、独占的な営業を認める公企業の特許のように経済上の措置と考えることはできない。本件判示の援用する業者の利益保護を承認した大法廷判決（昭三〇・一・二六、刑集九巻一号八九頁）に対して、すでに多くの学説が反対しているように（宮沢・日本国憲法二五二―二五三頁、佐藤功・ポケット註釈一六五頁、大野・判例研究叢書(2)二〇六頁、深瀬・ジュリスト行政判例百選六〇頁)、当該法律および同施行条例は、衛生警察上の規制以上の措置ではないと考える。

そこで仮に右の多数意見のように、営業上の特別な法的利益が認められ、当該法律および条例も、またそのような利益を保護する趣旨において制定された法規であるとするならば、そもそも公衆浴場業という業種が、果して、そのような法律上の特別な保護を必要とする特別の業務であるのか否か、この点についての十分な理由が判示されていなければならないはずである。すなわちこのような営業規制による既存業者の営業上の利益は、これまで一般に反射的な利益ないしは事実上の利益と解せられていたのである(美濃部・判例大系(上)・五六八頁、山口地裁昭二七・三・二〇、行裁例集三巻二号四一〇頁、田中・行政法総論二一九頁)。また質屋営業についてではあるが、別の判例は、既存業者の営業における利益の保護は警察規制にともなう反射的な事実上の利益であると判示しているのである(最高三小法廷昭三四・八・一八、判決民集一三巻一〇号一二八六頁)。従って公衆浴場業が、反射的利益以上の法的保護が認められるべき価値であるとするならば、右のような質屋営業との法を通して見た性格の相違点、その他、医院薬局等の事業との差異そして、これに基づく営業保護の公益上の必要性が、十分に説明されていなければならない。このような公益上の特別の必要性がないのにも、かかわらず公衆浴場法が浴場営業に対して特別の権利を設定し、これを保護している必要があるとすれば、職業選択の自由に関する保障の点からみて、同法律および条例それ自体の違憲性が疑われてくることになるであろう。

確かに浴場営業の経営上の特殊事情とそれに伴う営業保護の必要性は、場合によっては認められるべきものであるかもしれない。そして公衆衛生の向上のためには、国、公共団体の責任として、すすんで此の種の施設を人びとのために提供し、しかも、このように公の事業の一端を民間業者に分担させている方法であると理解すれば、正にこの種の事業の経営を、権利として承認し保護するだけの意義が認められるべきであると言うことができる。しかし公衆浴場業という業種が、果して我々の日常生活において、それ程に国民生活上の重要な意義を有している業種であるだろうか。公衆衛生の目的は、この種の事業を自由営業とし、これに対する衛生警察としての規制をもってすれば、十分に、その目的を達成することができると考えた。それ故に特別な営業の保護に関する必要性を認めなかったのである。従って本件のような営業規制は、既存業者の営業に関する利益を特別の権利して認めたわけではない。それ故に新規業者に対する許可は、決して従来の業者の権利を侵害することにはならないと理解しなければならない。従って新規の営業許可は、反面において、決して既存業者に対する営業許可の取消を意味することではなく、相互の競業によって営業収益に影響することがあったとしても、それは経済ないしは経営の問題であると理解すべきである。その理由は、法としてこのような営業許可処分に対する無効確認を求める訴についての利益の存在を根拠づけることになるとは考えられないからである。この点においても本件多数意見には同調することができない。

最後に補足意見と反対意見についてのべる。両意見が、ともに業者の営業上の利益をもって、反射的な事実上の利益であると認定している点には賛成である。しかし補足意見が、反射的な事実上の利益であっても、これに対する重大な侵害については訴の利益が成立することを承認するのである。しかし、このような場合の侵害の重大性とは、いかなる観点から判定されるべきことであるのか。確かに法の反射的効果として成立する利益が、すべて事実上の反射的利益にすぎないことであるとは断定することができない。ときには、そこに法的利益の成立を認めなければならない場合も考えられる。しかし、このような利益が保護されるのは、その侵害が事実上、重大であるからということではなくて、正に、それが法の立場からみて重大であり、法によって保護するに値する利益の侵害でなければならないからである。それ故に、このような重大な侵害が、単に業者の営業成績における経営上の重大な影響だけに止まるのであるならば、それは決して法としての問題ではなく、事実上の反射的利益に対する侵害以上のことではないからである。この重大性の認定は、あくまでも法の観点からなされなければならないことは、いうまでもない。しかし本件においては、前述のように法に関する利益侵害の存在は、まったく考えられないのである。従って、この点については補足意見の見解には賛成できない。このように思考して結論は火反対意見に同調することになる。しかし反対意見は、反射的利益の観念を、あまりにも機械的に、また形式的に適用しているきらいがないでもない。補足意見が指摘しているように、法の反射的効果による利益が、常に事実上の利益に止まるとは限らない。そこに法として無視することが許されない利益の成立も考えることができる場合もあるのである。従って訴の利益の存否については、単に反射的効果として認定すべきであるか否かということだけではなくて、さらに事件の法律問題としての重大性について判断をなするべきではなかったかと考える。

現在の状況では、ほとんど各家庭が浴室を設備しているので、公衆浴場を利用する人数は著しく減少している。それでも相当数の人びとが利用していることも事実で、衛生上、公衆浴場の設備を完全に廃止することは不可能である。従って、もし民営の浴場が経営不可能となり廃業することになるとすれば、公立公営の浴場を地域の状況によっては、設営する必要が生じてくる。そのような社会事情の変化によっては、民営の浴場を、経営において公共の援助が必要となり、公営の代行としての経営を認めることの必要を生ずる。そうなると事情は一変して、正に公衆浴場は民間企業から公共施設へと考え直さなければならない。当然にその維持、運営は、許可事業から特許事業に変更し、公共性の特質が、さらに顕著になってきている。現在は、もはや民間での許可事業ではなくて、公共性の認められるべき施設としての運営に関する特許事業と認めるべきであると思考する。

（法学研究三六巻一号、昭和三八年）

11　反復継続してなされる期限つきの水面使用許可処分とその取消訴訟における訴の利益

昭和三四年一二月二八日京都地裁判決
昭和二八年(行)第一九号、水面使用許可に関する行政処分取消請求事件
行政事件裁判例集一〇巻一二号二七一二頁

【事　実】

原告A会社は、昭和二五年以来、毎年夏期に貸ボート営業をおこなうため、その都度、被告京都市長より、期限つきの水面使用許可をうけていた。これに対して、訴外B会社も、また昭和二八年以来同種営業のために、同一水面の使用許可をうけ、毎年営業をつづけてきている。そこで、原告Aは、被告市長が、競争相手である訴外B社に対して、昭和二八年にあたえた最初の水面使用許可処分の取消を求めた。原告の主張は、次の通りである。

まず市長が原告に与えた水面の使用許可は、原告の独占的な使用権を承認する趣旨の許可である。それ故に同許可と競合して訴外Bにも使用を許可することは、原告の独占的使用権を侵害し、また原告の営業をも阻害することになること。次に本件使用許可は、期限つきであるが、毎年反復される継続的な処分であること。従って、訴外Bに対す

る最初の許可は、その後くり返される毎年の使用願、および、これに対する許可の根拠となるべき事項である。従って、その効力は継続しており、B社への許可取消を争う訴の利益があること等である。

これに対して、被告の主張は、

まず、本案前の主張として、

原告の異議申立は撤回されているから、本件訴は訴願前置の要件をみたしていないこと。係争の使用許可処分は、期限の経過によって、すでに、その効力は消滅しているから、これを争う訴の利益がないこと。次いで本案については、本件使用許可は、継続的な許可ではなく、毎年おこなわれる個別的な処分であること。また原告に対する使用許可は、独占的な使用権を認めたものではないこと。

以上である。

【判　旨】

却下。本件使用許可処分および毎年の各処分は、それぞれの指定期間内においてだけ、その効力を有する個別になされる処分である。従って当初の許可について期間を延長することを許す処分ではなく、各処分は、それぞれの終期の到来によって消滅する行政行為である。従って、原告が取消を求める処分は、すでに消滅しており、本件訴訟は、その対象を欠くことになるのであるから却下すべきである。

【評　釈】

判旨に反対する。

判示は、毎年の水面使用許可処分をもって、それぞれ個別な期限付の処分であると理解している。しかし果してそのようなことになるのであろうか。確に本件の場合における水面の使用は、毎年、利用時期が限定されていて、常時おこなわれていることではない。従って使用許可の申請および同申請に対する許可が、毎年反復してなされてきた行為である。しかし、これらの行為に対する使用許可処分をもって、それぞれ別個になされる期限付の処分であると理解することは、本件における水面の使用関係の実態に適合してはいない理解であると考える。その理由は貸ボート営業が、季節的な事業であるとしても、原告等の会社は、これをもって永続させる会社の事業として、毎年、反復継続して営業してきたのであるからである。従って特別の事情の変更がない限り、この営業は、将来にわたって長期に維持継続されることを目標とすることが予想される。それ故に一時的な、一回限りの水面の利用とは異なり、本件の場合の使用許可は、毎年、時期を限って反復継続されることを、当然に予定して許可したことである。従って一連の継続した使用許可処分であると理解すべきことである。ところが判示は、長期にわたって事業を継続しなければ、目的を達することができないような場合において、常時、水面が使用されているような状態でなければ、継続的な使用とは考えていないように思われる。しかし本件のように水面の使用が、時期的に中断されることがあるとしても、貸ボート業が、会社の営業として存続している限り、このための水面の使用関係は、まさに反復継続して存在していることになると理解すべきである。従って、このような使用に対する許可は、当該許可処分こそ、個々の行政行為が毎年くり返しおこなわれているとしても、これらの許可処分は、個々別々になされる許可ではなく、一連の継続した処分であると理解することができる。それ故に毎年の申請および、これに対する許可は、形式的には個別の処分であるとしても、その使用期間を更新することを目的とする手続に過ぎないのであるといわなければならない。

右のように、本件処分が継続的な使用許可処分であるということになると、果して、係争処分は個々の処分の期間の満了によって消滅し、本件訴訟は、その対象を欠くことになってしまって、訴の利益なし、と判断されるべき結果となるであろうか。仮に判示のように、前後関連のない個別の処分であるとするならば、係争処分は有効期間の経過によって消滅しており、これを争う実益のないことは、もちろんである。しかし、もし、そうであるとすれば、本件における水面の使用関係は、裁判上においては不確定のままに残されることになってしまうのである。その理由は処分の有効期間内に判決がなされるとすれば別であるが、本件のような短期間の期限付の処分については、その期間内に、本案についての確定判決がなされるということは、およそ不可能なことであるからである。従って仮に毎年の許可処分を争うとしても訴訟係属中に係争処分は、終期の到来によって消滅することになり、このために、ただ訴却下の判決がくり返されるだけである。そのために本案判決により右の水面使用関係を確定することは、絶対に不可能であるということになる。それ故に本件判決のように各処分を別個のものとし、しかも訴の利益を、処分の存続期間の経過を理由として否定した判示のような考え方は、あまりにも形式的で、実情に適合せず。しかも右のような不都合な結果をも招来することになるのであるから、正当な判定であるとは考えられない。前述のように本件処分および毎年の各処分は一連の継続的な処分であると取扱うべき行為である。従って当初の使用許可処分について、これを争う訴の利益は、正に認められるべき案件であり、訴却下の判決をなすべきではなかったと考える。

（自治研究三七巻七号＝四四六号、昭和三六年七月一〇日発行）

12　医療担当者に対する注意と抗告訴訟の対象

昭和三二年五月二八日宇都宮地裁判決
昭和三〇年(行)第六号戒告処分取消請求事件
行政事件裁判例集八巻五号九〇一頁

【事　実】

被告栃木県知事は、監査官を通じて原告の診療方針および診療報酬の請求状態について監査を実施し、昭和二九年一二月二七日付で、「貴殿は社会保険診療方針に違背し且重大なる過失による診療報酬の不当請求を為したものと認めらるるので今後社会保険診療上の一切に過誤なきよう厳重戒告する」旨の処分をなし、その決定書を昭和三〇年一月七日に原告に送達した。原告は、これを争い、同一七日に異議の申立をしたが、同年四月一七日に却下されたので、出訴におよんだのである。

原告は、右の処分が、監査要綱に準拠してなされたことではなく、また虚構の事実を認定している等の違法があるとして、被告の本案前の抗弁に対しては、本件処分が行政処分であり、またその結果によっては、保険医指定の取消の前提ともなる。しかも原告に対して損害を及ぼすことにもなる。それ故に行政処分として取消訴訟の対象になると主張した。なお被告のあげた診療方針に関する違背および診療報酬の不当請求については、その事実を否認した。

被告は、本案前の申立として、右の監査要綱は、知事の監査権を適正に行使させるために、監督機関である厚生大臣が決定し、知事に通達した内部規律であり、保険医に対する特別権力関係を規律するために認められた実質的な法規ではないとし、従って右要綱に定められた指定の取消、戒告、注意等の措置は、懲戒処分としての性質をもつものではない。また法律上の効果に影響を、およぼすことを目的としたことではなくて、単なる事実上の行為に過ぎない。それ故に抗告訴訟の対象にはならないと主張する。次に本案に関する答弁として、被告は、原告について、すでに診療報酬の不当請求により注意を通告されたことがあること、さらに監査に基いて、診療方針の違背の事実、重大なる過失による診療報酬の不当請求の事実、診療録の記載等に不完全な個所が多かった事実等を主張した。

【判　旨】

請求棄却。判示の概略は、次の通りである。社会保険医療担当者監査要綱は、被告知事が、監査を実施するに際し、その円滑適正なる運用を期するために、厚生大臣が、その監督権に基いて決定した監査の準則であり、監査の結果によって、注意、戒告、指定の取消等の行政上の措置をなしうることを定めており、これによって保険機構の適正なる運営を確保するものである。従って右の注意戒告の措置は、それ自体なんら法律上の効果の発生を目的としない一種の観念通知たる事実上の行為に過ぎないが、これをうけた医療担当者にとっては、指定の取消の場合と同様に、その名誉信用等に事実上、重大な影響をおよぼすおそれのあることも明らかである。それ故に右の措置は、懲戒作用である性質を有することになる。

この措置について、いずれを選ぶかは、原則として、知事の専権に属するが、右戒告処分が、社会観念上、著しくその適正を欠くとか、全く事実の基礎を欠くような場合には、行政庁の処分に準じて、抗告訴訟の対象となりうるものと解すべきである。

さらに、本案については、係争の戒告処分が、前記要綱に定める手続によらない違法な処分であるとする原告の主張をしりぞけ、また監査の際に、その対象となった診療の事実についても、これを審理し、原告の主張を否認した。すなわち、監査にあたっては、その日を原告に予告し、医師会とも連絡をとって所属医師の立会のもとに原告の弁明をきき、県社会保険医療協議会の答申に基いて戒告を決定する等、監査手続に違法はないとする。さらに、事実審理の結果、診療方針の違背および報酬の不当請求をも認めて、右の戒告処分を適法なものであるとし、原告の請求を棄却したのである。

【評　釈】

本件において注目すべき問題は、このような注意戒告処分を抗告訴訟の対象とすることが許されるか否かということである。行政庁の違法な処分に対して、国民の法的利益を保障しようとする行政訴訟制度の目的から考えて、抗告訴訟は、具体的な権利義務に関する紛争に対して提起される訴である。それ故に国民の権利義務に、なんら法律上の影響をおよぼさない行政庁の行為は、抗告訴訟の対象とすることは許されないのである。それ故に訴については、まず係争の行為が、原告の権利ないしは法的地位に関して変動を生じさせることを、その内容とする行為であるか否かによって、訴訟の対象としての適格を備えているか否かということを判定しなければならない。従って行政庁内の内部行為、勧告、事実上の通知等は、一般に行政庁の処分として抗告訴訟の対象とは認められないことになるのである。ただし、この判別は行為の名称形式等によってなされるのではなく、右のような行政行為の性質内容によって判別する。それ故に行政行為の性質を有するのであるならば、名称は通知勧告といわれているような行為であっても、もちろん、これについて出訴することが許されるわけである。

ところで、本件の戒告処分は、判示にも述べているように、その性質は一種の通知行為であって、これにより原告の法的地位ないしは、その権利に関して、なんらの変動も生ずることにはならないから、もともと抗告訴訟の対象とはすることができないはずである。しかし、判示は、保険医としての信用等の事実上の利益に対する影響を考慮して、このような戒告に対する訴の提起を認めた。確に訴訟における法による救済は、いわゆる権利と認めれる範囲に狭く限定すべきことはなく、法により価値を認めることができる利益をも含めて考慮すべきことであろう。しかし社会生活におけるあらゆる利益に対する保障、そして、このような利益に関するあらゆる紛争が、訴訟によってだけ処理することができるのではなく、またそうすることが、最も適切な方法であるというわけでもない。事件の本体は、医療政策に関する問題であり、保険医と監査機関との医療に関する社会保険機構の内部における問題である。従って、係争となった戒告は原告の医師としての法的地位ないしは、その権利に対して直接になんらの効力をもおよぼしてはいないのである。このような行為が、抗告訴訟の対象となるのか否か。たんに戒告をうけたということだけで、これを訴訟において争い、判決を求めるべき訴の利益があるといえるかどうか。そして、このような純然たる医療監督上の問題が、ただちに法的争訟を判定すべき裁判所の担当する事項として、その権限に属する事になるかどうか。判示に対して疑をもつのである。

さらに判示は右の戒告が、社会観念上、著しく適正を欠くとか、事実の基礎によらないような場合であるならば、行政庁の処分に準じて、抗告訴訟の対象とすることができるとする。それ故に、このような行為は、元来、行政庁の専権に属する事項であり、訴訟の対象にはならない。しかし右のような事情が存する場合ようなには、行政処分に準じて、出訴することができると理解するのである。しかし、著しく不都合な行為であるか否か、事実無根の主張であるか否かということは本案に関する問題であって、事件の実体に対する審理によって判定されるべきことである。ところが係争の行為が、そもそも訴訟の対象とすることができる適格を有するかどうかという問題は、行為それ自体の性質によって決定されるのであり、それが当該事件において、どのように行われ、それに対して、当事者が、どのような主張理由づけをしているかという事件に関する個別的の事情によって左右されることではない。もし、この戒告行為が保険医の法的地位ないしは権利に変動を生じさせるべき性質の行為であるならば、それは、まさに裁判所の審査すべき抗告訴訟の対象としての類型に属することになるということができる。しかし判示のように、なんら法律上の効果の発生を目的としない事実上の行為としての部類に属するならば、いかなる場合においても、このような行為は、裁判権の対象とすることはできないはずである。従って、この点に関する問題は、裁判権の範囲を画する事項である。また原告適格および訴の利益との関連において、訴の成立に関する訴訟要件の問題でもある。さらに当事者の請求における個別の主張ないしは理由づけの如何にかかわらず、係争の行為の性質それ自体によって判定すべきことなのである。これに対して、当該行為が、著しく適正を欠くとか、事実無根であるとする主張は、行為の違法性を根拠づけ、原告の請求につき理由づけをしようとするのである。それ故に本案審理の範囲において判断されなければならないことになる。もし判示のように、訴訟の対象とならない行為であっても、被告知事の主張が、著しく不適当であるとか、それが事実無根の認定であるという趣旨をもって、原告の主張が構成されれば、訴の対象となるというのであれば、裁判権の範囲ないしは訴訟の対象を確定すべき基準ということは、原告の主観的な理由づけによって、どのようにでも構成することになり、事実上このような基準は、全く存在しないのと同様になってしまうことになる。判示は、裁判権ないしは抗告訴訟の対象に関する事項と、本案審理における当事者の請求に関する理由づけの問題とを混同しているということになる。

また、かりに戒告の行為が、訴訟の対象となることが認められるとしても、本件の場合には、たんに戒告がなされただけで、他になんらの法的効果をも、原告に、およぼしているのではない。従って訴の利益ありといえることになるかということも疑わしい。もちろん、この戒告が、さらの保険医の指定の取消ないしは医業免許に対する不利益処分との必然的な結合関係をもっているのであるならば、戒告のなされた場合に、訴の利益の存在をも考慮されようが、本件における戒告処分は、さらに重い処分を当然に予定しているわけではない。判示は、信用名誉等の事実上の利益に対する影響をもって、訴の利益ありと判断しているが、本件の場合には、これを認めることができる程に、明白な危険が発生しているとも思われないのである。その理由は原告に対して権利を制限し、ないしは剝奪するような処分がなされる場合にこそ、訴の利益があり、裁判による権利の保障が必要となるからである。判示は、訴の利益の存在に対する判断においても正当な判断であるとは思われない。

（法学研究三二巻七号、昭和三四年）

13

市警察職員に対する懲戒処分の警察長による取消の可否

――俸給請求権の放棄か寄附かの判定

昭和三一年六月一一日福島地方裁判所判決
昭和三〇年（行）第一号、俸給支払請求事件
行政事件裁判例集七巻六号一六〇一頁

【事　実】

原告は、白河市の市警察署に勤務する警部であった。ところで昭和二七年三月九日その非行のために市警察長より懲戒免職処分をうけた。これに対して原告は、市の公平委員会に審査を申立て、福島地方裁判所には右の処分の取消を請求し、また福島地方法務局白河支局には、人権侵害に関する審判を申請した。しかし原告は、その後、昭和二八年四月八日に退職願を提出し、また警察当局と妥協が成立したので、右の一切の争訟を取下げ、警察長は同年一一月三〇日に四月八日付をもって、さきの懲戒免職処分を戒告処分に切換え、その上で依願免職とした。ところが原告は、被告白河市に対して、依願退職の日までの俸給の支払を請求したのである。

原告の主張は、次の通りである。まず警察長のおこなった懲戒免職処分の取消は有効であり、その効果は過去にさ

かのぼるのであるから、原告は、依願退職の日まで在任したことになる。次に俸給の請求に関しては、その請求権を放棄する意思はなく、このことは法においても不可能であり、俸給を寄附するという意思表示は、詐欺によることであるから取消すというのである。

これに対して被告の主張は、次の通りである。まず警察長の処分取消は、懲戒免職処分に関する法律上の瑕疵を認めて行ったことではなく、原告の将来を考慮した政策的恩恵的なものであるから、右の処分の取消による法的効果は生じない。また「公務員等の懲戒免職等に関する法律」(昭二七・法律一一七号)および「日本国との平和条約の効力発生に伴う白河市警察職員の懲戒免除に関する條例」(昭二八・白河市条例二二号)によれば、原告は、すでに、その懲戒処分を免除されているのである。それ故に警察長の免職処分の取消および、その後の戒告処分等は必要のないことであって、それらは無効である。さらに公務員の懲戒処分は、利害関係人の参加する確認行為であるから、警察長が職権により、これを撤回、ないしは取消すことが許されない。しかも懲戒委員会の決議に基づく処分を、同決議を経ることなく警察長が一方的に取消すことは、無効であるとする。次に俸給請求権については、紛争に関する妥協成立の際に、原告は、これを放棄ないしは寄附する旨を意思表示したと主張するのである。

【判　旨】

棄却。

一　懲戒権者による懲戒処分の取消について、処分が適法な手続を経ておこなわれた以上は、懲戒権者といえどもこれを任意に取消すことができない。しかし「処分の違法または不当を是正するため相当の必要があると認められるときは職権で取消し、または減免することができる」。そこで本件の場合に、警察長のなした処分の取消しにあたっては、原告の一切の争訟取下げなどを条件とした。それ故に多分に政治的な解決の意味をもっていたと認められる。しかし当時の一切の事情を考慮し最も適当な方法としてなされた措置と認定される。従って右取消し処分を違法とし、無効とすることはできない。また公務員に対する懲戒処分が、利害関係人の参加する確認行為であり、いわゆる確定力を有する処分である。それ故に職権でこれを取消すことができないとする。この被告の主張に対しては、本件の懲戒免職処分の懲戒権者は警察長であり、懲戒処分は懲戒委員会の審査を経て行われるが、同委員会は、警察内部に設置された機関に過ぎない。従って、その関与は利害関係人の参加とは認められず、右の懲戒処分をもって「利害関係人の参加する、いわゆる確認行為の性格を帯びる行為とは言えない。もちろん講学上にいう行政処分の実質的確定力もしくは不可変更力という効力を有する処分ではない。」さらに懲戒免除に関する法律および白河市条例による免除の効果については、「右懲戒免除の効果は、将来に向って生じるものであって、既成の効果を遡及的に消滅させるものでないこと明らかである」。それ故に同条例の発効以前における懲戒処分の効果を消滅させるために、「警察長において昭和二七年四月二八日前の懲戒処分を取消すことは、なんら差し支えないところである。」要するに判旨は、この懲戒は委員会の決議を経ているとしても、本質においては警察長のなす処分であるから、その取消し減免も、警察長において、単独になすことができると理解しているのである。

二　この紛争の署内部における妥協として、原告のなした俸給不請求の約束については、「懲戒免職処分の取消しにさき立ち『原告は昭和二七年三月九日以降昭和二八年四月八日までの俸給は要求しないこと』の約束を警察長、白河市長らとの間で結んだが、これは、その俸給請求権の放棄、すなわち被告の俸給支払債務の免除を意味するわけではなく、懲戒免職処分取消しの後に支払を受けるべき俸給金額について、あらかじめ、これを白河市に対し寄附」し、

「その俸給金額の現実の授受手続を省略し、直ちに右寄附の効果が生じることとする旨の趣旨に双方とも了解していた」と認定することができる。そして「右に寄附とは性質上、贈与に準じて考えられるべきことである。しかし前記解決書の記載自体により原告の俸給全額贈与の意思が明らかであるから、書面による贈与と同視され、原告において任意に、これを取消すことは許され」ない。

【評　釈】

判旨について若干の疑問をもつ。本件において、問題となるのは、次の二点であると考える。その第一は、懲戒処分の取消ないしは撤回に関する点であり、第二は、公務員の俸給請求権の放棄ないしは寄附についての問題である。

一　判旨は、懲戒権者が処分の違法または不当を是正するためには、職権をもって取消すことができるとする。確かに違法な懲戒免職処分を、懲戒権者が自ら職権をもって取消すことができるとしても、本件のように、懲戒委員会の審査に基づき一応、適法かつ正式に決定された処分を、警察長が単独で取消ないし撤回できることになるのであろうか。行政処分の取消、撤回については、その原因として、違法もしくは公益侵害ないし公益に適合しない等の処分を存続させることのできない理由がなければならない。ところで本件の場合、懲戒免職の取消しは、処分をうけた原告に対する考慮と、判旨も認めるように、事件の政治的な解決の方法としてもなされたのである。このことは法としての理由によることではない。懲戒処分の決定以前であれば、右のような事情が考慮されることは、なんら不都合なことではないかもしれない。しかし適法な手続を経て正式に決定された懲戒免職処分は、前述のような原因のない限り、当然には取消ないしは撤回できないことであると解すべきであろう。また懲戒委員会が警察内部の諮問機関であり、従って、その関与する懲戒処分が、利害関係人の参加する確認行為とはいえないことは、まさに判旨のとおりである。しかし懲戒権者である警察長が、懲戒委員会の勧告に基づいて処分を行うからには、懲戒処分は、それだけ慎重な手続を要求されているのである。従って、その取消しも、また慎重な考慮を必要とすることであるといわなければならない。いかに警察長が処分権者であるとしても、懲戒委員会からはなれて、常に単独で、その処分を取消すことができるとは、必ずしもいえないことであると考える(また懲戒処分のような刑事裁判に類似する行為は、その行為の性質上、取消または撤回は、許されないと考える余地もあると考えることができるであろう。)。

二　判旨は、原告が妥協条件として行った俸給を要求しないとする約束を、俸給請求権の放棄とは認定せずに、俸給金額の寄附とする、その理由は示されていないが、俸給請求権が公権であり、その放棄が許されていないということを考慮にいれたからと思われる。ところで公権の放棄が認められない理由は、公権が公益との関係において附与されることが理由であり、その放棄が、公益を害するおそれがあるとみられるからである。ところで公務員の俸給請求権も、その地位、職務の公務としての性格から、原則として放棄することができないと言うことができるであろう。しかし、公権も、まったく個人としての利益の面において、その放棄が、公益を害するおそれのない経済としての利益に関する場合に止まるならば、これを放棄することができると解すべきである(田中「行政法総論」二二四頁)。それならば、本件の場合にも、仮に懲戒免職処分の取消しが可能であり、右の約束が認められたとして、これを、ことさらに俸給の寄附とみるまでもなく、俸給請求権の放棄と解する方が、より素直な理解のしかたではなかろうか。ちなみに、本件の控訴審の判決は、この立場に立って、その放棄を有効であると判示している(仙台高裁、昭三二・七・一五、例集八巻七号一三七五頁)。

(自治研究三五巻二号＝四七号、昭和三四年二月一〇日発行)

14　ハンストに参加した裁判所職員の年次休暇事後申請の不承認および戒告処分、裁判所職員に対する不利益処分と最高裁の審査権

昭和三三年六月三〇日東京地裁判決
昭和三〇年(行)第一〇七号、懲戒処分取消請求事件
行政事件裁判例集第九巻第六号一二六二頁

【事　実】

本件は、ハンストに参加した東京高裁職員に対してなされた同高裁の戒告処分、および同戒告に対する最高裁の承認を争う事件である。原告Sは、東京高裁の雇員として勤務する者であるが、全国司法部職員組合（全司法）の東京地区連合会副委員長として、夏季手当増額のためになされたハンストに参加し、昭和二七年七月一四日夕刻より一六日まで、その勤務および宿直勤務につかなかった。そこで原告は、両日の欠勤につき組合用務を理由として、事後に、年次休暇の申請をしたのであるが、高裁長官から職場復帰命令が出され、これに従わなかった事情にかんがみ、高裁事務局長は、右の休暇申請を不承認とした。このために原告は、上司の承認を得ることなく、正当な事由なくして欠勤したことになった。このような事実により、またこれよりさきに、七月一一日にも、坐り込参加のために原告が無

断で遅刻をしたとして、高裁は、裁判所職員臨時措置法第一号および国家公務員法第八二条第二号にもとづき、職務上の義務違反および職務の懈怠を理由に、昭和二七年一二月二七日付をもって原告を戒告処分に付したのである。これに対して原告は、昭和二八年一月二四日に右処分の審査を最高裁に請求したが、最高裁は、昭和三〇年六月二五日に、高裁の戒告処分を承認したので、原告は、同高裁および最高裁を被告として、右の処分およびその承認の取消を訴求したのである、原告の主張は、次の通りである。

まず戒告処分の違法について、七月一一日に遅刻した事実はなかったこと、次に宿直勤務を懈怠したことにはならなかったこと、すなわち、当日は原告に割当てられた宿直日ではなく、宿直勤務の命令もうけてはいないことを主張した。また欠勤については、年次休暇の申請をしており、これに対しては、年次休暇が与えられ、ないしは休暇の承認がなされるべきものであって、これを不承認としたのは、正当な組合活動のためにする休暇を一般の場合と差別し、休暇の承認に関する裁量の範囲を逸脱して、組合運動を理由とする不公正な差別待遇をなしたものである。それ故に、同戒告処分は違法であるというのである。次に最高裁の審査判定については、高裁の違法な戒告処分を承認したことのほかに、裁判所職員に対する処分について直接関係のある最高裁自体が、これを審査することは、第三者の立場において人事院が審査するのと異り、職員より争議権等を法により奪ったことに対する代償の役割を果すことにはならないから、これを定めた右の臨時措置法は、憲法第二八条に違反すると主張した。なお最高裁が審査判定を行うことは、これに関する取消訴訟の上告審が、最高裁に係属した場合には、判定に関与した裁判官が、すべて除斥されるために、この判定について適正な上告審の裁判をうける機会を奪うことになる。従って憲法第三二条にも違反するというのである。

これに対する被告側の主張は、次の通りである。まず宿直勤務について、これは高裁総務課長が決定し、みだりに変更することは許されない事項である。ただし、やむを得ない場合には、代直の手続をとるべきである。しかし原告は、これを行ってはいない。次に休暇については、人事院規則一五―六によれば、所属機関の長が休暇について承認する事項で、申請者が勝手に定めることができるのではなく、高裁においては、高裁長官または、その委任をうけた事務局長ないしは長官代理の裁判官が、休暇についての承認を与えるのである。ところが原告は、この承認を得ていない。なおこの承認は、裁判所側の自由裁量行為であり、事務の支障の有無を判断して決定することができる。しかも休暇の事後承認については、やむを得ない場合に、その申請が許されるが、原告の申請は、スト参加の目的のためになされたのであるから、やむを得ない事由によるものではない。このような場合には、事後の承認が与えられるべきではないというのである。

また戒告処分については、原告の参加したハンストが、違法であるとの理由によるわけではなく、勤務懈怠について秩序維持の目的によりなされた措置であるとした。なお最高裁の判定に関しては、原告の請求に応じて、最高裁は、行政庁としての権能にもとづく判断をしたのであり、またこれによって司法権の主体としての裁判所の裁判権が侵犯されたわけではなく、原告の訴権も奪われることにはならないから、違憲ではないと抗弁した。

【判　旨】

請求棄却。判示の概要は、次の通りである。まず、高裁の戒告処分については、これを違法ではないとしている。その理由は原告の欠勤が、年次休暇に基づくことではないとして、次のように述べたのである。まず第一に、休暇の承認については、人事院規則一五―六第二項を裁判所職員に準用するにあたって、裁判所職員に関する臨時措置規則、裁判所職員の休暇に関する規程等にかんがみ、右人事院規則にいう「機関の長」は、「裁判所」と読みかえ、休暇の承認を高裁長官ではなくて、裁判所自体の権限であるとした。そして、休暇の申請を承認しなかったことに関しては、ハンスト参加を目的し、それにもかかわらず原告が事前に休暇の申請をなさなかったこと。しかも高裁長官の職場復帰の命令を無視して職場を離脱したこと等は、公務員にふさわしくない違法行為であること。さらに以上のことを理由とする不承認が、著しく裁量を誤った違法な措置であると認定することはできないと判定した。その理由は休暇が事務に支障がないと認められる場合に、承認されることであるが、この支障の有無については、当該職員の属する部局の事務処理に支障をきたす場合だけではなく、他の職員に悪影響を与え、裁判所全体の秩序ある運営を害する場合をも含むものであると、広く解釈するからである。このように判示は、高裁の不承認を適法であると認定した。このために原告は年次休暇によることなく欠勤したことになった。なお高裁は原告に対する戒告処分について、原告の行為が右のように職務上の義務に違反することであると認定し、これに対する戒告は、組合活動に対する不公正な差別によるためではなく、また懲戒権者の裁量権を逸脱したわけでもないと判断した。

さらに、最高裁の審査判定については、前述のように、適法な処分を承認したのであるから、最高裁の判定は違法なことではないとし、裁判所職員臨時措置法が違憲であるとする点については、最高裁が、裁判所内部の規律権により、下級裁判所の司法行政に関する処分を審査できるのは当然である。それ故に、この審査は、人事行政の面において、人事院の審査と同趣旨のものである。従って最高裁の審査につき、公務員より争議権等を剝奪したことの代償制度とはなり得ない。しかし、このことをもって憲法第二八条違反とすることは、筋違いの主張であると判示した。なお憲法第三二条違反という点については、最高裁が、永久に、判定に関与した裁判官だけで構成されているわけではなく、仮に全裁判官が、共通な除斥忌避の事由によって、最高裁の機能を果し得ない場合が生じたとしても、そもそも裁判の拒否はできないのである。それ故に、この場合には除斥忌避の制度が後退すべきである。このように最高裁は、自ら訴訟当事者となっている事件についても裁判権が認められ、憲法第三二条違反の事由は存在しないと判断したのである。

【評　釈】

判旨第一については、ほぼ正当であると考える。判旨は、職員の休暇に対する承認権について、これを高裁長官の権限とせずに、裁判所自体の権限であると理解しているのである。しかし現行制度における司法行政の取扱に関する諸規定によれば、司法行政権の主体は、合議制による行政庁としての地位にある裁判所であると理解しなければならない。その理由は司法行政事務について、単独制の簡易裁判所は別としても合議制の裁判所においては、裁判所を構成する裁判官全員によって組織される裁判官会議の議決により、行政庁としての地位における裁判所の権限として執行される権限であるからである。従って、この権限は高等裁判所の場合には行政庁としての高等裁判所に属し、高裁長官は裁判官会議の議長となり司法行政事務を総括するだけである。それ故に高裁長官自体が行政庁として、行政処分を行うわけではない。ただし実際には司法行政事務を裁判官会議の議によって、高裁長官に委任することが許される。そのために本件の場合においても、さらに本件事務の執行が高裁事務局長に委任されているのである。しかし裁判所法の建前としては、裁判所をもって、司法行政権の主体としていることは明白であり、この点において判示は正当であると考える。ただし判示は、休暇の承認権者について、人事院規則一五—六を裁判所職員の場合にも準用し「機関の長」を「裁判所」と読み替えるべきであるとしている。ところが裁判所職員の休暇については別に裁判所職員の休暇に関する規程が定められている。しかも同規定には休暇について裁判所が与えるべき事項であることが明示されている。従って休暇の承認権者が裁判所であることは、この規程から直接に結論することができるのである。

このように司法行政権は、高裁の場合には合議制の行政庁としての高等裁判所に属する権限である。ところが本件戒告処分の場合においては、任命権者である東京高裁の司法行政事務委任規定に基づいて、委任をうけた高裁長官自身が、東京高等裁判所の名において、懲戒を行う事項であることが明示されている。もちろん、裁判官会議は合議体であって合議により意思を決定するのである。従って、その決定を外部に公表し執行する場合には、代表者としての長官を通して、事務局が、これを行うことになるのであろう。右の戒告処分に示めされた趣旨が、このことを意味しているのであるならば、同処分は、高裁自体によってなされた行為であることには疑がない。しかし、もし前記文言のように、高裁からの委任に基づいて、高裁長官が、その権限として処分をしたのであるならば、本件の被告は、最高裁に関する部分は別として、直接の処分担当機関である高裁長官とすべきではなかろうか。この点について、判示は全くふれるところがなく疑を残すことになる。

判旨第二に示す休暇の承認に関する判断には、問題がある。その理由は本件の論点において、休暇に関する承認、不承認の決定につき、その基準となるべき「事務の支障」の有無に関する問題よりも、むしろ原告につき事後の休暇申請が承認されるべきか否かの点に争があるのである。それ故に本来、事前の承認について考慮する場合に意義がある「事務の支障」に関する有無については、本件において、言及する必要がなかったのではなかろうか。さきの人事院規則によれば、休暇は、原則として事前に承認を求むべきことである。しかし、その例外として、やむを得ない場合には、事後に承認を求めることを許す余地を残しているのである。従って原告の事後承認に関する申請が、やむを得ない場合に該当するか否かについて判断をするだけで十分ではなかったかと考える。なお事務支障の有無についての承認に関する判断は、事前の休暇申請に対し支障ある場合には、休暇の承認をしないとする場合に必要となるのであって、本件のように、原告が事前の承認を得ることなしに欠勤した場合には、すでになんらかの事務上の支障をきたしていることは明かなのである。それ故に、この点については、事後の判断を、まつまでもないことなのである。その理由は事後の休暇申請および承認は、事務上の支障の有無の点よりも、前述のように、事務上の支障があったとしても、やむを得ない事由があったために、特に休暇の取扱いを認めるか否かということが重要となるからである。

そこで判示は、承認を与えなかったことについての理由として、当該職員の属する部局の事務に支障をきたす場合だけではなく、他の職員全般に対する悪影響さらには裁判所全体の秩序ある運営を害する場合をもふくめて、これらを判断しているのである。しかし仮に「事務上の支障」の有無に関する判断が、本件の場合において必要ではあったとしても、判示のような広範な配慮では、支障の範囲を拡張し過ぎることになるのではなかろうか。確かに裁判所職員の年次休暇については、さきの休暇に関する規程および人事院規則一五—六により決定されるのである。しかし、その決定には裁判所の承認を得ることを必要とする。それ故に、この場合に一般労働者のように労働基準法第三九条により、休暇時期の決定についての一方的な形成権が、職員の側に認められるわけではない。しかし、それであるからとしても、裁判所は、右の基準を必要以上に拡張して、休暇を承認しないとすることができると解すべきではないであろう。その理由は事務上の支障というような不確定概念によって示された法律要件の解釈については、客観的な基準ないしは、これまでの経験則によって適切な認定がなされなければならないからである。例えば、一斉休暇等によって客観的に事務上の支障をきたすことが明白な場合または当該職員の担当する職務の裁判所における重要性等を考慮して決定されるのでなければならない。本件においては、裁判所の不承認が、組合活動に対する差別待遇としてなされたこととして争われている。従って、それ以外の一般の事後申請の場合における取扱の前例と比較して、差別がなかったか否か。もし別の取扱をして、不承認とする必要があったのであるならば、それについての理由等を、より的確に示めすべきことではなかったかと考える。それ故に判示のいう右の判断の基準は、漠然としていて、必要以上の拡張解釈を伴う危険のあるということになる。

戒告処分の適否については、原告が、無断で欠勤し、さらには宿直勤務をも懈怠したという明白な事実にかんがみ、判示が、懲戒に値することと認定したのは一応正当であると考える。しかし無届欠勤に対する取扱の一般前例と比較して、本件の懲戒が妥当な取扱いであったか否かということについては疑問が残る。その理由は本件のハンスト参加が、正当な組合活動の範囲をこえているとされる点は別として、もし原告の行為が、一般の無届欠勤と異るところがなかったとするならば、その欠勤が直ちに戒告に値するということになるか否か。明白な判断が示されていないからである。もし組合活動に関与していることだけで、一般の無届欠勤の場合よりも厳重に取扱われていたとするならば、やはり差別待遇の問題が生じてくるのである。ただし本件のような場合は、無届欠勤が、ハンスト参加を目的とし、高裁長官の職場復帰命令にも従わなかったこと、さらに宿直勤務を無断で懈怠したこと等から判断して、本件戒告を違法であると判断することはできない。その理由は公務員の職務専念義務違反に対する懲戒については、懲戒権者に、その裁量が認められ（最高裁・二小法廷、昭三二・五・一〇民集一一巻五号六九九頁）、本件戒告が、右のような事実に基づくとするならば、裁量の限界を踰越することと考えられないからである。

最高裁の判定については、第一に憲法第二八条違反となるか否かの点についてである。しかし判示は正当であると考える。まず最高裁は、下級裁判所の司法行政権に基づく処分について、上級庁として審査監督権を有することは当然である。しかも最高裁の審査制度は、かえって裁判所職員の身分保障を目的とすることであって、一般の国家公務員の場合における人事院の審査制度と同趣旨の制度と考えることできる。従って、この制度を違憲として排除することよりも、この手続によって審査を受ける方が、職員の身分保障にとっては有利であるといわなければならない。それ故に原告の主張は、特に職員に争議権を認めないことが違憲であるという点に帰するのである。従って、最高裁の審査制度に関する違憲の主張は、逆に筋違いのことになるのであって、判示は正当である。

憲法第三二条違反の点については、その結論は別として、判示に若干の疑問がある。判示は、審査判定に関与した裁判官だけで、永久に最高裁が構成されているわけではないと述べている。しかし、もしそうであるとするならば、逆に裁判官の任期によっては、長期にわたって裁判を受けられないという結果も考えられる。また同一裁判官が裁判しなければならない場合もありうることである。従って判示のとくところは、正当でない。なお、憲法第三二条は、除斥忌避の制度に直接に関係することではない。その目的は原告の起訴の自由ないしは訴権の保障にあるのである。それ故に最高裁の審査制度は、このような原告の権利を奪うことではなく、右の審査に対する判定をもって憲法第三二条違反であると判断することはできない。しかし、公正な裁判を保障する意味において、審査に関与した裁判官をして、裁判を担当させるべきではないというのであるならば、確かに現行制度には、根本的な欠陥が存在することになるといわなければならない。しかし現行制度のもとにおいては、最高裁判所以外に、このような上告審を担当することができる機関は存在しないのである。またさきの審査判定を行ったのは、司法行政権の主体としての最高裁であって、司法の裁判機関としての最高裁とは別の権限を行使しているのである。しかも、行政上の手続による審査と、裁判による訴訟としての手続による審理とは、これもまた別の判断手続による判断であるといわなければならない。従って同一機関による裁判が行われたのに不公正な結果をまねくことになるとは、必ずしもいえないことである。確かに現在の制度は、理想的に整備されたわけではないが、これ以外の方法が存在しないとすれば、判示の宣言する結論は、当然のことであるといわなければならない。

　最後に、当事者間にまったく争がなく、従って判示には関係のないところではあるが、疑問を提起しておきたい。本件の係争処分は、戒告であって、確かに、これによって原告は、なんらかの不利益をうけたかもしれない。しかし原告の権利義務関係には、なんらの影響をもおよぼしてはいないのである。このような性質の処分が、直ちに訴の対象としての適格を有することなのであるか否か。本件のような場合に、訴の利益が認められるか否か。訴訟上の問題として反省する必要がある事項であると考える。

（自治研究三六巻一号＝四二八号、昭和三五年一月一〇日発行）

15　地方公務員法四六条による措置要求の対象事項および公立学校職員の勤務評定に関する規則等の取消

昭和三六年一〇月五日東京地裁判決
昭和三三年(行)第七三号、行政処分取消請求事件
行政事件裁判例集第一二巻第一〇号二〇七三頁

【事　実】

原告等は、東京都の教育公務員であって、いわゆる勤評制度に対する反対の立場から、その取消を東京都人事委員会に申請した。この取消要求の対象として取りあげられたことは、東京都立学校及び区立学校職員の勤務成績の評定に関する規則(昭和三三年四月二三日都教育委員会規則第九号)、東京都市町村立学校職員の勤務成績の評定に関する規則(昭和三三年四月二三日同規則第一〇号)、および東京都公立学校職員の勤務評定実施要領(同日付教職発第四一号教育長通達)等に関する取消であった。これに対して都人事委員会は、勤評制度そのものは勤務条件ではなく、地方公務員法第四六条の行政措置要求権の対象とはならない。それ故に原告等の右要求は不適法であるとして、要求却下の形式的決定を下した。原告等は、この決定を不服とし、都人事委員会を被告として、右却下の決定取消を求めて出訴したのが

本件である。

本件の争点は、次の通りである。まず第一は、右の行政措置要求が、単に勤評制度それ自体の取消変更を求めることだけを主旨とするのではなく、後に、その要求を変更して、さらに勤務成績の評定の結果に応じてとられるべき措置の禁止、変更等に関する要求をも追加しているのである。しかし被告委員会の決定は、この後の追加された要求の部分について判断の遺脱があるか否か。第二は、以上のような要求の変更追加をなすについて、被告委員会の側に、釈明義務の懈怠があったか否か。そして第三は、この勤評制度そのものが、すなわち勤務評定の手続を定めた教育委員会規則および評定実施の細目を定めた教育長通達さらに、これらの手続に基づく勤務成績の評定等が、それ自体として、行政措置要求の対象である勤務条件に該当するか否か。

以上の三点が争われている。これらの争点について、原告等の主張は次の通りである。

まず右の要求は、単に勤評制度に関する規則および実施要領の取消変更を求めるだけのことではなく、その後、右の要求の主旨を変更して、勤務評定の結果に応じてなされるべき措置の禁止ないしは、その変更等に関する勧告を求める趣旨をも含めている。従って本件要求は、単に勤評制度そのものに反対するだけではなく、人事委員会に具体的な措置を要求する趣旨のものであって適法な要求である。次に、この具体的な措置の要求は、審査の過程において追加することができ、公開の口頭審理の期日を早急に指定して、そこで十分に釈明の機会が与えられるべき事項であるのにもかかわらず、被告委員会は、その審理の期日も指定せずに、一方的に却下の形式的な決定を行い、右の機会を奪ったので釈明義務の違背がある。第三に、一般労使間で団体交渉の対象とされるべき事項が、行政措置要求の対象とされる「その他の勤務条件」のなかに含まれると理解すべきである。従って勤評制度に関する要求は、右の行政措置要求の対象となされるべき事項である。以上が原告主張の要旨である。

これに対して被告都人事委員会は、本件要求が勤評制度そのものの改廃に関することで、地方公務員法第四六条に基づく行政措置要求の対象となる事項ではない。ここにいう勤務条件とは、職員の勤務状態に直接かつ具体的に関係する事項である。従って勤評制度それ自体は右のような具体的な勤務条件には該当しないと主張した。さらに釈明義務の懈怠については、その事実を否認し、原告等の要求変更によっても右の措置要求には、具体的な措置を求める趣旨は含まれていないと争った。

【判　旨】

請求棄却。原告等の被告人事委員会に提出された「行政措置要求書」によれば、その趣旨は勤評制度自体の改廃を求めることであったと認定するのが相当である。しかし委員会の決定には、勤務評定の結果に応じてなされた措置が、任用給与等に影響するときは、任用給与等に関して不満があれば、これについて具体的に措置要求をすることができるのは格別、勤評制度自体は勤務条件となるものではない。従って右措置要求の対象とすることはできないとして、原告の要求に対する被告の判断に基づく結論を説示しているのであるから、判断の遺脱はない。

行政措置要求についての書面が提出された場合には、事案の審査のために口頭審理の方法をとるか否かは、人事委員会の裁量事項である。従って形式審査だけで口頭審理を行うことなく要求を却下したとしても、右裁量の逸脱濫用がない限り、このような却下の決定を取消すことの原因とはならない。しかし被告の釈明義務違背については、当事者の主張する事情等から判断して、これを認めることのできる証拠はない。

右の行政措置要求は、地方公務員の団体協約締結権、争議権等が否定されたことに対応して、人事委員会に対し職員の勤務条件等に関する判定を要求することのできる権利ないしは法的利益を付与する趣旨と理解すべきである。しかしこのことを理由にして、一般労使間において団体交渉の対象とすることができる事項が、すべてそのままこの措置要求の対象となるということではない。従って法第四六条が明定する「給与、勤務時間その他の勤務条件」に該当する事項でなければ措置要求の対象とはならない。ところで勤務条件とは、一般には労働条件に相当する事項であり、この労働条件とは、法律上次のように理解されている。まず第一に労働条件とは、賃金、労働時間等の労働者が使用者に対し労働契約に基いて、その労務を提供するについての条件ということである。また第二は工場のような労働者の労働する場所における、労働に直接関係のある諸条件を総称するものである。ところが勤評制度は、人事行政の公正を期するための方法であり、本件勤評制度に関する教育委員会規則等は、この実施を制度化し細目を定めた規則で、当該規則それ自体および勤務成績の評定も、それ自体としては勤務条件に該当する事項ではない。それ故に地方公務員法第四六条による措置要求の対象とすることはできない。

【評　釈】

判示に賛成する。

一　勤務条件ないしは労働条件を、労務の提供に関する一切の諸条件として広く理解すれば、このような勤評制度の採否ないしは実施の方法等は、勤務条件の範囲に属し、一般労使間の関係であれば、これらのことが団体交渉の対象事項となるものであることはもちろんである。しかし地方公務員法第四六条が、職員に対して給与勤務時間その他の勤務条件に関して行政措置の要求を認めた趣旨が、すでに法律により確立された地方公務員制度そのものについて、ないしは、この種の公務員制度の一環をなす職員の服務に関する制度そのものについて、抽象的ないしは一般的な要求をなすことができることまでも認めた意味であるのか否かということは考察を必要とする点である。この措置要求の制度は一般労働者の団体交渉権ないしは団体協約締結権に該当するべき制度として、地方公務員の権利を保障するために認められた措置である。しかし、このような観点から見て、それが地方公務員制度の具体的な運営と関連して、職員の勤務および、これに対する反対給付ないしは職務執行環境等の具体的な諸条件に関する事項を対象として要求がなされるべき事項であると考えられる。従って職員の自己の勤務について、具体的に関係のない制度一般についての抽象的な問題は、本条の措置要求の対象には適さない事項であると理解されるのである。しかしこの措置要求、次の法第四九条以下に定められている不利益処分に対する審査請求と異なり、直接に自己の勤務条件に関する不利益処分だけを対象とするのではなくて、自己に直接に利害関係のある限り、これと関連して勤務条件一般の改善をも要求することができるということになる。

そこで勤評制度が、制度そのものとして直接に法第四六条の勤務条件に該当し、措置要求の対象となるか否かこの課題は公務員の勤務関係に関する特質を明らかにするために無視できないことである。また勤務評定の結果が、単に人事行政上の資料を提供するだけに止まり、直接に勤務条件の一つを構成することではないとして、本条要求の範囲から除外されるべきか否か。これらの点についての考察も必要である。いずれも一般労無関係と、公務員の勤務関係の特質を比較する意味で、重要な意義を有する課題である。このことについては行政実例として次のような意見が示されている。その趣旨として「勤務評定は、人事行政の公正な基礎の一つとするために、職員の勤務について職員に割当てられた職務と責任とを遂行した実績を評定し、記録するとともに、執務に関連してみられた職員の性格能力および適性を記録することである。すなわち勤務評定は、職員が一定の勤務条件の下で一定の期間勤務した実績について評定し記録するものであるから、それ自体を勤務条件と考えることはできない。また、勤務評定の結果に応じた措置が講ぜられる場合には、職員の任用給与等に影響することがあるのは当然であるが、任用給与等に対して不満のある場合の措置要求は、当該任用給与等の制度の運用の問題として、措置要求の対象とはなっても勤務評定自体を措置要求の対象とすることはできない」と理解しているのである（行政実例昭三三・五・八・自丁公背第六二号、今枝・逐条地方公務員法五八四頁以下参照）。都人事委員会の決定も、また同趣旨のことを述べているのである。しかし、これらの見解は、抽象的、一般的な要求ではなく、職員の自己の勤務条件に関する具体的な問題についての要求でなければならないと理解しているのである。本件判旨も、また、このような見解を支持し、勤評制度ないしは勤務成績の評定それ自体は、職員の勤務条件に該当せず、措置要求の対象にはならないと判断している。しかし、右のように理解したとしても、勤務評定制度が、まったく措置要求の対象にはなることはないと考えるのではなく、評定の方法に公正を欠く場合があったり、評定制度の運営に欠陥があれば、具体的に、その是正措置を要求することができるのである。ただし勤評制度全般にいて、単に抽象的、政治的に反対するということだけでは、右の措置要求の趣旨が特定しない。そのために要求そのものが適法に成立しないということになるのである。しかも勤務評定が、右のように昇任昇給に影響することが当然に予想され、その他、職員の服務上の取扱に対して具体的に影響するところがあれば、これらの具体的な問題と関連して、勤評制度の運営方法等について、その改善等を具体的に要求することができることになるといわなければならない。従って右の制度ないしは評定が、勤務条件に該当しない。従って、これらの問題については一切の措置要求ができないと、一概に断定することには疑問をもつ。ただし本件における原告の要求が、その趣旨から見て、勤評制度そのものに反対であるという立場から制度自体の改廃を抽象的、一般的に主張するだけで、そこには勤務条件の改善に関する具体的な措置を求める趣旨が含まれているとは認めることができない。従って原告の請求を棄却した判旨のような結論になるのは、当然であるといわなければならない。

二　次に本条の措置要求に対する人事委員会の決定が、すべて行政処分として行政訴訟の対象になるか否かという論題について考える。不利益処分に対する再審査の請求の場合と異り、本条の措置要求は、人事委員会に対して積極的に必要な措置をとるべきこと、ないしは必要な勧告をなすべきことを求めるのである。しかし当局のとるべき措置の具体的な内容等は、人事委員会の裁量にまつべき事項であり、しかも委員会の判定は、措置要求についての判断ないしは意見を表示するだけで、当事者を法の規定に拘束することではなく、さらに他の行政機関に対する勧告も、当該機関を法に拘束することではない。それ故に、このような人事委員会の判定が行政訴訟の対象とすることができるかということについては疑問がある（このような判定や勧告は、抗告訴訟の対象とはならないといわれている。雄川「行政訴訟法」六八頁以下参照）。行政実例および判例は、右のような判定について直接に職員の権利義務関係に影響を及ぼすことではないとして、行政訴訟の対象にはならないと判断している（行実昭三三・一〇・一〇自丁公発一四四号（今枝・逐条五九二頁）、最高一小・昭三〇・二・二四民集九巻二号二一七頁。鳥取地裁昭三〇・七・二〇行裁例集六巻七号一八五八頁。静岡地裁・昭三三・一二・九行裁例集九巻一二号二八六七頁等参照）。

確かに人事委員会は措置要求に対して、申請者の主張する要求の趣旨に拘束されることなく、適切な措置と思われる方法を自由に判断して自ら実施するか、他の関係機関に勧告するか、これらの点を人事委員会が独自の立場で決定することができる。それ故に行政措置の要求は、あくまでも人事委員会の行うなんらかの判定を求めることだけに止まり、申請者の要求の内容の実現さらには満足を法に基づいて迫るという意味の要求ではない。従って決定ないしは勧告に基づく具体的な処分の取消を訴訟において争うことはできるとしても、右のような決定や勧告が、申請者の期待通りの内容ないしは結論でなかったからといって、このような決定ないしは勧告そのものを訴訟において争うことができないと考える。行政訴訟の一類型として給付訴訟を認めれば、この種の措置要求を、さらに訴訟においても争うことも可能となるのである。しかし現在の制度のもとにおいては、給付訴訟の制度は認められないと一般に理解されている。それ故に法第四六条の行政措置要求権とは、あくまでも人事委員会の判定を促がしこの要求により、なんらかの意見の表示を求めることができるということだけである。このこと以上に、さらに訴訟上の請求権ないしは訴権を伴う権利とは考えられていないのである。

しかし本件の場合は、人事委員会の却下の形式的な決定に対して、本案に対する審査をなすべきことを請求して出訴したのである。従って、この点については別に考える必要が生じてくる。要求の個別な内容について、また、とるべき措置の具体的な内容についての判定は、まさに前述のように人事委員会の自由裁量に属する事項である。それ故に、この種の内容に関する決定の適否について、さらには、その実施を行政訴訟において争うことは許されない。しかし適法な措置要求に対しては人事委員会は、これを受理し、その本案について判定をなすべきことを義務づけられているのである。従って正当な理由もなく却下の決定をした場合には、職員の措置要求権に対する侵害があると認定することができる。その理由は措置要求が単なる申請ないしは申立の自由だけを認め、または請願のように単なる受理を当局に義務づけるだけの制度ではない。人事に関して正当なる判定の権限を認めた判定機関の判断を求めることを公務員の権利として認めているのである。それ故に地方公務員たる職員に、これを認めているのであるから、適法な要求は、これを受理して審理をし判断をして、なんらかの措置をなすべきことが義務づけられているのである。従って違法に却下された場合には、右の措置要求の権利が侵害されたことになるとして、裁判手続による救済を求めることができることになると理解すべきことになる。判例は、申請の違法な却下がなされた場合、違法な手続で審査がなされた場合または裁量の限界をこえて棄却の決定がなされた場合などには、職員の措置要求権を侵害することになるとして、抗告訴訟の対象にもなると判示している（最高三小・昭三六・三・二八民集一五巻三号五九五頁。これに賛成する意見として、田村・民商法雑誌四五巻四号五三一頁以下、なお疑をもつ意見として、今枝・逐条五九二頁以下参照。）。委員会の決定が、一種の行政監督としての権限で、勧告的意見に止まることであったとしても、法第四六条は、これを要求することを職員の権利として認める趣旨の制度であると理解される。従って右の判例の立場は肯定されるべきことである。

しかし本件における原告の人事委員会に対する措置要求は、勤評制度に対する具体的な改善の措置を要求するための申請ではなく、右の制度それ自体に対する全般的な反対の態度を表明するだけに止まる要求であると理解される。もし、これが具体的な措置を求める要求であったとするならば、人事委員会は、これを却下することが許されなかったはずである。しかし本件要求が、右のような趣旨の全般的な反対表明であるかぎり、これが委員会より却下されたとしても、やむを得ない結果といわなければならない。従って本件判示には賛成である。

（自治研究三九巻八号＝四七一号、昭和三八年八月一〇日発行）

16　選挙人名簿対照係席および投票立会人席の配置に関する投票所施設の不備と選挙の効力

昭和三四年四月二八日最高三小法廷判決、破棄自判第一審福岡高裁宮崎支部
昭三三(オ)一〇五二号、選挙無効裁決取消請求事件
最高裁民集一三巻四号五四四頁

【事　実】

上告人(原告)等は、昭和三一年九月二日に施行された名瀬市議会議員選挙に当選したのであるが、訴外某より、この選挙の効力について名瀬市選挙管理委員会に異議の申立があり、同委員会はこれを棄却した。これに対して、さらに被告鹿児島県選挙管理委員会に訴願が提起され、被告県委員会は、市委員会の決定をくつがえして、本件選挙を無効とする裁決を行った。これに対して原告ら当選人は、この裁決を争い福岡高裁宮崎支部に、その取消を求めて出訴したのである。

まず被告県委員会が、市委員会の選挙管理執行に瑕疵を認め、当該選挙を無効と裁決した理由は、選挙人本人以外の者に投票所入場券を交付し、また他市町村に転出したと表示されている者に入場券を発行した事実があり、このた

めに選挙人確認手続において特に注意をなすべきところ、これがなかったということ、次に右の転出者三名に発行された入場券が、現実に使用されて不正投票がなされたこと、さらに投票場に一時多数の選挙人が来場した場合に、その整理が適切でなく、選挙人の確認が確実になされなかったこと等であった。

これに対して原告等は、右の事実をまったく否定し、市委員会の入場券の交付および選挙人名簿の整理等について、これが周到な注意をもってなされたこと、また転出者に入場券が発行されたとしても、これは名瀬市大火後の混乱状態等のため住民の移動が甚しく、やむを得ない事情にあったこと、そしてこれによる三名の投票は潜在的無効投票であるに止まり、選挙無効の原因にはならないこと等を主張した。また被告県委員会は、市委員会の努力を認めながらも、なお、その調査に基づく結果として、選挙人名簿の整理、入場券の配布、選挙人の確認等に関する不注意等を指摘し、また本件選挙の第一投票所においては、投票立会人の面前で選挙人の確認がなされていなかったことをあげ、最下位当選人の得票と次点者二名の票数とが同じであった事実にかんがみ、右の不正投票および選挙管理に関する瑕疵は、選挙無効の原因になると争ったのである。

これに対し第一審判決は、県委員会の裁決理由に逐一審査を加え、その認定した事実を否定して、市委員会の行った入場券配布手続、選挙人確認手続等について違法はないとした。しかし右の第一投票所において、投票立会人の面前で選挙人の確認がなされなかったことについては、検証の結果、投票立会人の席から選挙人名簿対照係の席が見透せなかった事実を認定し、このような施設の不備を理由として、本件選挙は無効であると断定した。これに対して、原告らは選挙無効の原因にはならないとして上告したのである。

【上告理由】

公選法施行令三五条一項は、投票管理者が投票立会人の面前において選挙人の確認をなすべきことを定めているが、一般に選挙のための特別の施設はなく、役場、学校等を流用している現状にあり、特に本件のように僻陬の地では、各投票所について、投票所全体をことごとく投票立会人の一望の下に集めうるような設備をすることは困難であるから、施行令第三五条第一項の「面前」なる語句は、原判決のように厳格に解すべきではない。また仮に第一投票所の設備が同条同項に違反するとしても、右規定は訓示的規定であって、その違反が選挙無効の原因となるものではない。

さらに公選法二〇五条一項は、選挙の規定に違反するところがあり、これが選挙の結果に異動を及ぼすおそれがある場合に限り、当該選挙の一部もしくは全部を無効とする旨、規定しているが、選挙管理執行規定の違反により潜在無効投票を生じたとしても、その票数が特定し、正しく執行しても票数内容等について変更の生ずるおそれのない場合には、単に当選無効の原因たるにとまるにすぎない。以上が上告理由の趣旨である。

【判　旨】

原判決破棄自判。全員一致。

選挙人名簿対照係席が投票立会人席から見透すことができない投票所の施設が、施行令第三五条第一項の同旨に違反するものであることは原判示のとおりである。しかし公選法第二〇五条第一項は、選挙の規定違反があった場合に結果に異動をおよぼすおそれのある場合に限り選挙を無効とすべきものとしている。原判決は、このような違反をもって選挙の公正を害するものとし、不正投票が行われたのもこの結果であると推認して、最下位当選人と次点者の投票数から、右の違反は選挙の結果に異動をおよぼすおそれありと認定した。しかし選挙人名簿対照係が行った選挙人確認手続について何等違法がなかったことを、原判決は認定しているのであるから、立会人席から対照係席が見えないということだけで、右原判決のように推認することはできない。従って選挙人名簿対照係席が投票立会人席から見透すことができない投票所の施設は、施行令第三五条第一項の趣旨に違反するが、選挙人確認手続に違法の点がなければ、右投票所でなされた選挙を無効とすべきではない。

【評　釈】

判示は正当であると考える。本件の問題は、選挙管理に関する瑕疵が選挙無効の原因となるか否かの点にあるが、原判決の認定したところによるならば、本件の場合には投票所施設の不備による違法はあっても、それは選挙無効の原因とはならなかったと判断すべきものである。

公選法施行令第三五条第一項によれば、投票管理者は、投票立会人の面前において選挙人が選挙人名簿に登録されている者であることを、選挙人名簿または、その抄本と対照して確認した後に、これに投票用紙を交付しなければならないことになっている。ところが問題となった投票所の施設によっては、選挙人名簿対照係の席を投票立会人の席から見透すことができなかったのであるかる。従って右第三五条第一項の定める手続がなされていなかったことになり、その違反は明らかである。しかも、その原因は投票所設置に際し、対照係席および立会人席の位置の選定が適切でなかったところにあるが、本件の場合に所定通りの投票所施設を設置することができない事情にあったとしても、右施行令第三五条第一項は、上告人の主張するように、決して、これを遵守しなくても選挙の効果には影響のない訓示規定であるということはできない。その理由は投票立会人の立会のもとに選挙を行い、その面前において選挙人の確認をすることは、投票管理者の公正な管理行為を確実に実施するためには、ぜひとも必要な方法であるからである。従って立会人の面前で確認がなされなかったということは、その場合に不正が行われたかもしれないという疑惑を選挙人に生じさせることになるかもしれない。確かに投票所の施設に関する公選法施行令施行規則に定められている基準には、訓示的な規定もあるかもしれない。それ故に投票所の設置にあたってこ、れに反する若干の不備は、事情により、やむを得ないとしても、立会人が、その職責を果すことができるように適当に、その席を設けなければならないということは、投票所の施設として必要なことであるといわなければならない。本件のように全く名簿対照係の席を見透すことができないような立会人席の位置の選定は、投票所の施設として、その不備は甚しく選挙管理における重大な瑕疵であるということができる。もし、このために選挙人の確認も公正を欠くようなことがあるならば、右の投票所施設に関する瑕疵は、選挙の結果に異動をおよぼすおそれのある重大な瑕疵として、選挙無効の原因となることも予測できるのである。従って立会人の面前における選挙人の確認に関する規定は、決して訓示規定ではない。

次に、選挙の管理に右のような違法があったとしても、それが選挙の結果に異動をおよぼすおそれがあることであったかどうかが問題となる。本件の場合には、確かに右のような選挙管理に関する違法があり、しかも既に名瀬市より転出して選挙権を失った者の名義による不正投票がなされ、このために三票の潜在無効投票が存在し、これが最下位当選人と次点者の投票数からみて結果に異動をおよぼすおそれのあることが、十分に推測することができることである。しかし本件の場合には、原判決の認定するところによれば、選挙人名簿の整理、入場券の配布、選挙人の確認手続等には、違法がないと認定されている。この認定によれば被上告人鹿児島県選挙管理委員会が、名瀬市選挙管理委員会の行った選挙を無効であると裁定した裁決書に示している理由を、すべて否定して、原判決が、当該選挙を無効と認定した理由は、裁決とは別に、前述のように立会人の面前で選挙人の確認が行われなかったこと、特に投票所の施設では、これが行うことができないような状況にあったという事実だけであり、また右の選挙人の確認手続それ自体には違法がなかったことを認めているのである。それ故に立会人席から選挙人名簿対照係席が見透せなかったという瑕疵は、上告審では当該選挙全体を無効とする原因とはならなかったことを認めたことになる。

従って本件上告審判決が、原審の認定に基づき判断したが、その結論を異にして、右投票所施設の不備は、無効投票を生じさせた原因ではないと判断した。それ故に右の違法は直ちに選挙の結果に異動をおよぼすおそれのある原因になると断定することができないと判示した。以上の判決は論旨正当であると考える。

（法学研究三三巻一〇号、昭和三五年）

17　偽造による立候補辞退届と選挙の効力

昭和三二年二月一七日仙台高裁秋田支部判決
昭和三二年(ナ)第三号、農業委員選挙の効力に関する訴願裁決取消請求事件
行政事件裁判例集九巻二号一五四頁

【事　実】

原告の夫、訴外Kは、昭和三二年七月一六日施行の秋田県N町農業委員会委員一般選挙に際して、七月一二日に、選挙長に対し立候補の届出をして選挙運動を行っていたが、投票日の前日に、他から偽造の辞退届が提出され、この旨、告示されたので、立候補を辞退したものであると誤認され落選した。右候補者の妻は、このことについて選挙人として選挙が無効であることを争うのである。原告の主張は、次の通りである。

右の辞退届は、訴外Tが、Kと同姓の候補者の辞退届を提出するに際し同町選挙管理委員会の書記をして書面を作成させ、これに右の候補辞退者の印鑑を冒捺し、同委員会に提出受理させたものであること、被告選挙管理委員会が、辞退届の実質的要件に対する審査権がないと抗弁するのに対して、本件においては町選挙管理委員会が、委任状その

他、代理資格を証明すべき資料について審査することがなく、さらに形式的審査においても欠ける点があること等を主張したのである。また選挙の結果に関しては、偽造の届出によって、候補者が、辞退の取扱を受け、この旨、告示されれば、そのために落選し、他の者が当選することになるのである。従って当然に選挙の結果に異動をおよぼすことになると主張した。なお、原告は、出訴に先立ち、異議申立および訴願手続を経過し、右棄却の訴願裁決を争って、出訴したのである。

これに対して、被告県選挙管理委員会は、辞退届が、右候補者Kの真意によらないものであることは不知であり、届の提出者Tは、右候補者Kの使者として行動したのである。しかも、届出が、本人の意思に基かないものであることが判明すれば、受理を許否すべきことであるが、辞退届は、書面、自筆および本人自身によることも必要としないことである。なお選挙無効は、管理機関が、法令の定める手続規定に違反し、結果に異動をおよぼす虞のある場合に限るが、本件には、このような違法はないと主張するのである。

【判　旨】

請求認容。訴外Tは、七月一五日午前に、町委員会の書記によって、Kと同姓の候補者についての立候補辞退届を作製してもらい、これに所持していた「K」と刻した印鑑を押し、届出をすませて一旦、同所を立去った。しかし、同日午後に、再び原告の夫Kに、このような辞退届を右書記に作製してもらい、さきのものと同一の印鑑を押して、この届を受理させたのである。それ故に、この届はTによって偽造された届書であり、本人の意思に基かない無効の文書である。このような事情において、書記は、真に本人の使者または代理人であるか否か、委任状を徴するとか、その他の方法により、さらに調査確認する義務がある。しかも選挙管理委員会の書記は、委員会、選挙長に対する届出等を受理する包括的権限を有するものと理解されるのであるから、この義務違反は、選挙長が形式的審査の義務を忠実に果さなかったことになり、その結果、選挙長の違反となる。

次に、本人の知らない偽造の届出を受理して、これを本人の意思による有効な辞退届であると誤認し、同候補者の辞退届があった旨を告示する等、右候補者を立候補辞退者として取扱い、その手続をすすめることは、当然に選挙の結果に異動をおよぼすことになる。裁判所は、このように判断して原告の請求を認めた。

【評　釈】

判旨は正当であると考える。立候補者に関する届出について、選挙長には、形式的な審査権しか与えられていないとするのが多くの判例の傾向である。例えば、立候補の届出において、候補者の被選挙権の有無、立候補の制限の存否等について、選挙長は、このような実質的要件に関する審査権限も、また、その義務も有しないというのである(主要なものとしては、最高・第一小法定・昭・二八・五・七、行政事件裁判例集四巻五号四〇頁、同・民事判例集七巻五号五三二頁、最高・第二小法廷・昭・二八・五・一五、行判例集四巻五号四九頁、同・民集七巻五号五六八頁、東高裁・昭・三一・九・二一、行判例集七巻九号九〇頁)。この実質的要件に関する審査は、場合によっては困難なこともあり、選挙長の判断の誤は、国民の選挙権の行使を不当に圧迫制限することになるので、これに対する不服の申立を認めることを要する。ところが、このために短時日の間に選挙を完了することが困難になる(前掲東高裁九四頁)。このように実質的要件に関する問題の審査は重要であるとともに、容易に判断することもできず、特に、届出後短時日のうちに結論を出すということが不可能となることでもある。従って投票の効力を判定する段階において、決定させることにしようとするのが、その理由である。

しかし選挙制度および、これに関する法令は、選挙の正しい結果を実現する目的のために運営されるべき事項である。それ故に選挙管理機関は、単に形式的な判断を行えば十分であり、また、いかなる場合においても形式だけ整った届出であれば、これを受理しなければならないと考えるべきではない。その理由は届出を効果があるとする要件に関しての瑕疵が、届出時において判明し、または判明することができる場合であるならば、形式の整った届であっても、却下することができるのである。それ故に、このような瑕疵についての判断して却下しなければならないのである。本件のように届出が、本人の意思による行為であるか否か、偽造であるか否かという問題は、届出時において直ちに、これらのことを知ることが、多くは困難なことであるかもしれない。しかし本件の場合は立候補辞退の届出が、本人以外の者によってなされ、しかも同じ日に同じ印鑑を使用して選挙管理委員会の書記により二つの書類を作成してもらっているのである。そのような事情から推察すれば書記の方で偽造を疑いうべき事情にあったことと考えることができるのである。このような場合には、これを調査して、場合によっては届出を却下すべきことは、いかに形式的要件に関する審査権しかないとしても、選挙の公正を維持する権限から考えても当然のことであるといわなければならない。判示は、書類の提出者が、本人の使者または代理人であるか否かの点につき、委任状を徴するとか、ないしは、その他の方法で、さらによく調査し、これを確認する義務があるとしているのは、まさに正当である。、単に届出書の外見的な調査だけでは、適法な事務の取扱と認めることはできない。

立候補辞退の届出に関して、もし本人の意思によらないような届が、単に形式を具備しているということだけで、簡単に受理され、また選挙長が、これを受理しなければならないとするならば、このような候補者自身の利益は、もちろんのこと、後述のように選挙全体の公正をも害されることになるかもしれない。それ故に、特に本人以外の者による届出に対しては、慎重な判断をなすべきである。いうまでもなく辞退届が受理されなかった場合と異なり、本件のように偽造による変更が、誤って受理された場合には選挙全体に影響することになるからである。

次に、判示は、本件のような届出の受理、および、これに伴う告示に関する瑕疵をもって、選挙無効の原因であるとしている。もちろん、これも正当である。その理由は誤った取扱によって、当選することができなかった候補者だけの問題ではなく、選挙の告示は、選挙に関する事項を、選挙人全体に周知させ、選挙の運営に関係するのであるから、これについての瑕疵は、選挙無効の原因として当然に考慮されるべき事項であるからである。

しかも選挙管理委員会は、立候補および、その辞退について、これを告示すべきこととされている。従って偽造の届を誤って受理し、これによって告示をおこなうことになれば、これは当然に選挙人の判断に影響を及ぼすことになる。それ故に選挙人は、当該候補者には立候補辞退者として投票しないであろうし、また投票したとしても、このような投票は、無効として取扱われるのである。それ故にこの候補者が当選するということは、およそ不可能なことであって選挙の結果に影響することは、いうまでもない。

要するに本件判示は選挙管理委員会ないしは選挙長が、立候補辞退に関する届出について、形式的審査権しか認められていないから、偽造の事実が存在しても、書類の形式が具備していれば、一応これを受理しなければならないというう。このような極めて形式的な意見を排除し、幾分なりとも、実質的な考慮を加味した判断と考えられるのである。従って判示は、正当な結論であると認められる。

（法学研究三二巻一〇号、昭和三四年）

18　個人タクシー事業の免許に関する年齢基準

昭和四五年三月九日東京地裁判決
昭和四〇年（行ウ）第一四五号、行政処分取消請求訴訟事件
行政事件裁判例集二一巻三号四六九頁

【事　実】

原告は、昭和三九年一月二一日付で被告東京陸運局長に対し「個人タクシー事業」の免許を申請した。ところが被告局長は同年一一月六日付で右申請の却下処分を行い、これを同月一三日ないしは二〇日に原告に告知した。そこで原告は昭和四〇年一月八日付で運輸大臣に審査請求を提起したが、その後、三ケ月以上を経過しても裁決がなされない。この不作為により右の申請却下処分に対して、その取消を提訴したのである。

原告が本件却下処分を違法とする事由は次の通りである。まず被告陸運局長が申請を却下したのは、行政庁の内部的な審査基準に定める年令基準を超過していることを理由にするわけである。しかし右年令基準は、道路運送法六条一項四号に定める「当該事業を自ら適確に遂行するに対する能力」を有するものであるか否かの判断について、その

一応の基準というべき事項である。従って、これに適合しないということにより直ちに本件申請を却下したのは違法である。また、もし右の年令基準が一応の水準を示したことではなくて、一定年令以上の者は免許の適格性を欠くことになるという判断が含まれていると。それならば、この年令基準は憲法一四条に違反するということができ、さらに原告は本件申請当時まで、四〇年以上の運転経験を有し、健康状態も良好で、個人タクシー事業を営むについて、なんらの支障がない。それにもかかわらず、年令基準超過という形式上の理由だけで当該申請を却下したのは、年令基準に関する本質を誤って適用したことになる。それ故に違法であるというのである。

これに対して被告の答弁は、次の通りである。まずタクシー営業は、国民生活における重要性のために免許制が採用されているのであって、免許の申請に対しては、法により被告に委ねられた裁量権の範囲内において、合目的、専門技術的な検討を加えた具体的な審査基準を設定し、これに従って一律公平に当該審査を行なっている。ところで一般に人間は、五〇歳をすぎるころから敏捷性、視力の低下等が認められ、とくに六〇歳以上になると自動車の運転に必要な機能のおとろえが顕著となることなどを理由に免許基準として年令に関する一定の上限を設定することが要請されるのは当然である。被告は、その裁量の範囲内において年令に関する内部での審査基準を設定したのであって、不合理な差別扱いをする趣旨の行為ではない。

【判　旨】

請求認容。道路運送法は自動車運送事業について運輸大臣による免許制を採用している。しかし、この免許は被免許者に、包括的な権利義務関係を設定する形成的行政処分であって、公企業の特許としての性質を有する行為であると理解するのを相当とする。しかし当該運送業は、その性質上、本来、国の独占的事業であるとは考えられない。それ故に各人の職業選択の自由ないしは営業の自由に属することで、道路運送法六条一項が免許基準を定めて、この点につき審査しなければならないとした。また同条三項が右の免許基準を適用するに当っては、形式的、画一的に流れてはならないと定めているのも、右のことを考慮したためであると解することができる。

ところで右の免許基準に適合するか否かについての判断は、法規裁量に属する事項と理解するのを相当とする。しかし多数の免許申請を適正かつ公平に判断するために、より具体化した内部での審査基準を設けることが必要であるとしても、それは法の委任による事項ではなく、内部的な行政上の解釈基準に過ぎない。

それ故に本件において原告は、申請当時、六二年九ケ月で六一歳以上は免許しないという年令の上限を、超えていたのである。しかし、この年齢基準は「当該事業を自ら適確に遂行するに足る能力を有するもの」という法六条一項四号の定める免許基準に適合するか否かを判断するに当って、一応の基準を定めたのに過ぎない。それ故に健康状態、運転経歴等のその他の諸事項を総合検討することなく、年令の上限超過だけを理由として申請を却下したのは、法六条一項四号の趣旨に沿わない不合理な判断であるといわなければならない。

【評　釈】

本件判示が行政庁の形式的、画一的な審査方法を違法なものであると判断したことは、道路運送法六条の規定の趣旨から判断して、また職業選択の自由の保障の立場から考えても正当な認定であるということができる。しかも法六条三項は、免許の基準を適用するに当って形式的、画一的に流れることのないように努めなければならないということを明文をもって定めているのである。これに対して陸運局による審査の方法は、年令基準をもって申請を、画一的に区分し、年令超過の申請を却下しているのである。それ故に法の規定通りに忠実に、また申請者の能力の有無を、事実に即して認定した結果による判定と言うことができない。もし申請に対してこのような処理の方法が許されるとするならばば、それは申請資格を決定づける要因の一つとして、年令の基準ないしは、その範囲が、あらかじめ定められていなければならないはずである。しかも、このような基準は、免許申請者の申請権に関する成否を決定すべき基本的となる事項である。それ故に、これに関する新な取極めは、国民の権利義務に関する法規の定立と言うべき事項であって、国会の定める法律をもって規定しなければならないということが法治国の原理である。

ところが法六条は免許の基準を掲げて、申請者が、この基準に適合するか否かを審査することを、運輸大臣に義務づけているのである。しかも同条一項四号には「当該事業を自ら適確に遂行するに足る能力を有するものであること」と定め、申請者について、この能力の有無を審査し、免許の許否を決定すべきことを要求しているのである。従って決して年令基準に関する法規を新に制定して、これにより申請につき画一的、形式的な取扱いをすることの権限を、行政庁に認めた趣旨の規定ではない。しかも同条三項は、前述のように免許基準の適用に当っては形式的、画一的に流れることなく実情に沿うように努めなければならないと義務づけているのである。それ故に陸運局の申請に対する処理の実施手続は、この第三項の規定に違反していることも、明白であると言わなければならない。

ところで極めて多数の免許申請を適確、迅速かつ公平に処理するためには、法律の定める免許基準の趣旨にそって審査の実施に関する取扱基準を定めることが必要となるのは当然のことである。また年令に応じて、体力、運動能力、視力等の衰退が顕著になる傾向から見て、自動車運転能力を判定するに際し、申請者の高年令を考慮することも、決して間違った取扱いではない。しかし高年令による体力等の衰退は、当人の年令から、これらのことを一般的に推測できるだけに止まることである。それ故に年令は決して能力の有無を判断するための決定基準とすることができる要因となるべき事項ではない。それ故に年令基準を定めて、これを超える高年令者については、運転能力等の低下を推測することができたとしても、そのことは高年令であるにもかかわらず、なお能力を保持していると主張することについて、その立証の責任を申請者の側に転嫁することができることに止まる。従って法条の趣旨から見て年齢基準超過の申請を形式的、画一的に却下してしまうことの権限を、行政庁に認めたことになると理解することはできない。もっとも極めて多くの申請に対して、逐一、実質的な審査を施行することは、実際に技術上、不可能なことであるとすれば、そのような免許の基準、免許申請に対する審査の制度ないしは、その手続が再検討されなければならないことになる。それ故に現行の免許基準による申請に対する審査制度のもとでは、事業の遂行能力に関する実質的な審査を、さけることは許されないのである。従って、これを行政庁の裁量による判断だけで形式的な審査手続に変更してしまうことは、裁量権の範囲を超える行為であると考える。また原告においては多年にわたる運転経験等を主張する。しかし、それらの事項は、確かに運転事業の指導者、監督者としての適格性を裏付けることではあったとしても、確かに本人自身が、実際に車輌の運転取扱いをなすに当って、高年令者であるにもかかわらず、なお十分な運転技能を実際に保持し続けているのであるか否かということは、正に実質的な審査を要する点である。従って、これを年令超過のことだけで申請を却下し、本人の主張する機会を封じてしまうことは、審査の方法としては違法であると考える。

判示は、前述のように当局が形式的な審査しか行なわなかったことを違法と判断して、原告の請求を認容し、これによって陸運局は実質的な審査をしなければならなくなったのである。しかし権利の救済という点からみて、判決は、その時機を失したことになるという批判を、まぬがれることはできない。その理由は原告が昭和四〇年の出訴当時、六二歳であり、本件の判決は昭和四五年三月九日になされたのである。それ故に、せっかく勝訴の判決を得たとしても、判決の時点で、業務遂行能力の有無につき実質的な審査をした場合に、本人は年齢による体力等の衰退のために、現にその能力を失い、営業の機会を失しているかもしれない。判決の摘示する事実、争点からみて、問題は営業免許の許否に関する決定ということよりも、かえって、その前提となる審査の方法について、申請者の能力の有無に関し実質的な審査をなすべきことにあったと理解すべきである。それ故に判決は、審査のやり直しを指示する意味で、より早期になされなければ、権利救済に関する実益は、まったく失われてしまうことになってしまう。しかもこれが、さらに上訴につながるとすれば、行政訴訟による権利救済は、これに要する長期間のために、その実益を期待できないことになる。そのために裁判制度に対する信頼が失われることにもなりかねない。判決に示された事実にも指摘されているように、行政不服審査手続による運輸大臣に対する審査請求については、三ヶ月以上を経過しても、なんらの裁決もなされなかった。しかも訴訟においては、五年を経過して、やっと実質的な審査の必要性だけが明らかにされただけである。そのために免許の許否が決定づけられたわけではない。本件のように原告の年令等からみて時間についての限界が重要であることが明白な事件については、特に迅速な審理が切望されるのである。それだけではなく、また免許の審査制度および、その手続に関しては、さらに合理的な適切な制度ないしは、その実施方法が早急に検討されるべきであることを指摘しておきたい。

なお申請の免許基準における適合性に関する判断について、判示は、それが法規裁量であると判断した。判示も述べているように本件営業免許は、公企業の特許に該当し、包括的な権利義務関係を設定する形成的行政処分である。従って公企業の特許に関する従来の通説によれば、それは典型的な授益処分であり、行政庁の自由裁量に属するということになる。しかし判示は、自動車運送事業の性質からみて、国家の独占的事業とは考えられないこと、さらに憲法二二条一項の保障する職業選択の自由からみて、法六条一項各号に定める免許基準に適合するか否かの判断は、法規裁量事項に属することであると判断した。周知のように羈束行為と裁量行為との区別の基準に関しては、従来、学説の対立があり、しかも特許企業の免許に関しては、国家事業の代行に関する特別の能力の付与という伝統的な理論にかわって、個人の営業の自由を広く認め、ただ事業の公共的な意義と国民生活に対する影響の重要性とから考慮して、企業に対する国による規制措置に関し、その法律上の性質を判断することの傾向が顕著になってきている。タクシー営業の免許制度については、最高裁の判例があり（最判・三八・一二・四）、抽象的な免許基準による規制であっても、それが公共の福祉の要請に適合する限り合憲であると判断する思考の背景には、伝統的な公企業特許の理論による影響がみられるのである。しかし公企業の特許であれば、それは、すべて行政庁の自由裁量に属するという画一的な分類の仕方は修正をせまられているのである。従って法六条の免許基準の設定に関する法文の意義、タクシー事業の性質、行政機関に対する申請審査の授権と、その義務づけの趣旨からみて、その裁量の性質を法規裁量と理解したことは、正当な判断であると言うことができる。

（自治研究四七巻一二号＝五七三号、昭和四六年一二月一〇日発行）

19　酒類小売販売業の免許処分

昭和二九年五月二五日大阪地方裁判所判決
昭和二六年（行）第六五号、酒類小売販売免許申請拒否処分取消請求事件
行政事件裁判例集五巻五号二一四頁

【事　実】

原告は昭和二六年二月一日より同年八月中旬頃まで、他人の従業員としての名義によって、実は自己の営業としての酒類小売業を行っていた。しかし、営業の名義人が税務署の勧告により廃業届をしたので、原告は営業を続けることができなくなり、食料品販売業に転じた。しかし、その後昭和二六年八月三一日旧酒税法第一七条により税務署に酒類小売販売業の免許を申請した。これに対し、税務署長は昭和二七年一月二四日の書面により、この申請を拒否し、さらに原告は、同年三月一九日大阪国税局に訴願を提起した。同国税局は、六月一三日税務署長の原処分を支持する裁決をなし、原告は、右大阪国税局を被告として訴願裁決を争うのが、本事件である。

ところで原告の主張は次の通りである。

(一)　原告に関して税務署長が免許を拒否できる条件を定めた旧酒税法第一八条の各号に該当すべき事情が存在しない。従って税務署長は免許を与えるべきである。特に、壜詰はかり売が営業の内容で、原告が直接に酒税の納付者となるのではない。それ故に酒税の確保上、不適当であるということはあり得ない。さらに酒類販売の経験も二年以上あり、学歴等からみても取締上、不適当であると認められる場合に該当することにならないとする。

(二)　次に、免許の拒否は、国税庁長官の通達に基づくとする被告の答弁に対しては、右の通達に指示された免許の基準について争う。原告同基準が、資金関係、既存業者との距離等の一般的な免許条件のほかに、戦災応召企業整備等による廃業者もしくは三年以上使用人として販売に従事した経験のある者等を免許基準とした点に対し、封建的な従来の制度に基き、しかも、これまでの業者を優遇するだけで、一般国民の職業選択の自由を侵すことであるとする。

また被告の主張は次の通りである。

(一)　この免許処分は、行政庁（税務署長）の自由裁量処分である。それ故に訴の対象とはならないとして、酒税法については、業者が納税資金の調達機関として酒税を確保し、業者の乱立を防止し、業界の安定を図ることを目的とすることを指摘した。そして、税務署長の処分については、右の裁量の基準を指示した国税庁長官の通達によってなされた行為であり、小売販売業者も納税義務者として複雑な帳簿の管理義務を負担するのであるから、相当の経験を必要とし、原告を「酒税保全の為にする販売の統制上免許を与うるに不適当」と認定したことは、なんら違法でないと主張する。

(二)　さらに第二次的な主張として、右免許処分が法規裁量による行為であるとしても、当該処分は、広範な裁量の範囲に属する行為であり、この範囲を破ることになるのではないこと、原告が、他人の使用人名義で自己の営業をなすことは、脱法行為であり、このような者を取締上免許を与えるのに不適当であると認定することは当然のことであると主張した。

【判　旨】

請求棄却。その概要は次の通りである。

㈠　被告が自由裁量処分は訴の対象にならないと主張することについては、裁量にも一定の限界がある。従って、それを超える場合には違法となり、単に行政処分が自由裁量に属するということだけでは、裁判の対象にはならないと判断することはできえない主張とする。さらに自由裁量とする被告の主張を認めず、当該処分は職業選択の自由を制限することになるのである。従って法規裁量処分であり、旧酒税法一八条の「……免許を与へサルコトヲ得」という表現からも、申請に対しては、原則として免許を与えるべきである。また酒類販売免許の趣主旨である販売の公正と酒税の確保という行政目的によって判断すべき点から見ても、右の免許は法規裁量と理解すべきであると判断する。

㈡　免許拒否の理由となった原告の経験が少いという事実については、被告の判断を是認し、酒類の取扱には相当の経験を要することであるとし、原告の主張するところからみて、その経験が極めて少ないことであると判断した。

㈢　形式上、他人の名義を利用し、その従業員として実は自己の営業を行うことについては、旧酒税法一七條一項本文六四条一項二号の犯罪を構成する。このような違反の経歴のある者を、統制上、免許を与えるのに不適当であると認定することは相当であって、このような税務署長の処分を支持した被告国税局の訴願裁決は、違法とすべき結論ではないと判断した。

【評　釈】

判旨ほぼ正当であるが若干の疑問を残す。

㈠　自由裁量処分に対する訴訟について、かつて美濃部博士は、自由裁量について違法を生ずる余地がなく、違法処分を審理すべき行政訴訟には適さない事項であるとして却下すべきであると説明された。被告の主張も、このような学説を根拠としていると考えられる。しかし多くの判例は、自由裁量処分に対する訴を直ちに却下することなく、まず出訴を許し、処分が自由裁量の範囲でなされている場合には、適法な処分として、これを争う請求を棄却している。現行制度のもとでは判例の立場を正当であると考える。その理由は自由裁量処分も無制限ではなく一定の限界がある。従って、これを超える場合には違法となることが考えられるのである。それ故に自由裁量の認められている場合あってでも、この点について争ことができる余地を残しているからである。

㈡　酒類小売販売免許は法規裁量であるとした点には疑問をもつ。判旨は、憲法の保障する国民の職業選択の自由を制限することとである。それ故に免許は、公共の福祉に反しない限り与えるべきである。免許を拒否できるか否かということは法規裁量に属すると判決する。しかし、この免許が警察許可の一種であれば、正に判旨のように考えるべきであろう。しかし、この免許は全く警察取締の必要によることではなく、国の財政租税政策に関する考慮によることは、被告の主張するとおりである。このような主張に対して、単に消極的な取締の観点から判断したのでは、不十分である。煙草の場合のように国の専売としての独占が、明確に制度化されていないとしても、酒に対する国の取扱は、煙草の場合に準ずる程に、広い財政政策上の考慮をすることが認められているのではないかということが考えられる。それにもかかわらず、これが法規裁量であるとするためには、さらに財政法上からみた説明を必要とすることになる。判旨はさらに旧酒税法一八条の法文より法規裁量と判定すべきであると判定する。しかし同条は現行酒税法と比較して、法文の表現が極めて概括的であり、しかも最後には、「その他取締上不適当と認められる場合」というような極めて広い裁量の余地を認め概括的條項を規定しているのである。従って判旨のように、この条文からは、当該処分が法規裁量であるとは、必ずしも結論することができないのではなかろうか。また同条には、販売上の点、資力その他、酒税保全の点等が考慮されなければならないことを規定している。しかし、これは、国の租税収入を考慮した国の財政政策を許容することであって、消極的な治安確保の警察としての取締とは性質を異にすることを示す条文である。従って旧酒税法においては、財政上、国の免許に関する政策としての裁量が認められていると理解することが可能ではなかろうか。

㈢　ところで当該処分が判旨のように法規裁量処分であるとするならば、その他の判旨は正当であると言えるであろう。但し判旨に表現されただけでは、不明な点がある。それは経験の少い者に対して、免許を拒否できるのは当然である。しかし、この点を判断するのに、税務署長が国税庁長官通達を根拠にしたということだけでは、国民との関係において、違法なく裁量が行われたとは必ずしもいえないことであろう。また、他人の名義によって営業を行った点は、確かに違反である。しかし、このことをもって、直ちに違反の経歴のある者で、免許を与えるのに不適当であるといえることになるのであろうか。経営の実態として名義人自身が営業を行うとは限らず、業務を全く使用人にまかせる場合もある。また免許の与えられることを予測して、営業を開始し、既成事実を認めてもらうということも実際にることである。この場合に、違法の認識をもち、真に免許を与えるのに不適当な者であるか否かは、形式的な点だけでは判明せず、実情についての実質的な判断を必要とすることになるのであろう。なお、この点に関する問題は、本条五号の「酒税保全ノ為ニスル……統制上免許ヲ与フルニ不適当ト認ムルトキ」の問題ではなく、これとは別に六号の取締上不適当と認むる者に関して考えるべき事項である。

（自治研究三三巻七号＝三九八号、昭和三二年七月一〇日発行）

20　建築許可に関する消防長の同意の取消と抗告訴訟

昭和三四年一月二九日最高裁一小法廷判決・棄却、第一審福岡地裁、第二審福岡高裁
昭和二九年(オ)第三九一号、書類返還損害賠償並びに慰藉料請求事件
最高裁民集一三巻一号三二頁

【事　実】

原告(控訴人・上告人)N株式会社は、許可を得て煙火工場を設置し、始発筒の製造を行っていたのである。ところが、工場三棟を焼失したので、昭和二四年一月八日に福岡県知事に対してその再築許可を申請した。この許可について、被告(非控訴人・被上告人)H村消防長は、はじめ県知事に対して、その同意を与えたのにもかかわらず、翌九日に、これを取消した。そこで原告は右消防長の同意取消行為を違法であるとして、その取消を請求し、さらに予備的に右同意取消行為の無効確認をも求め、また同意の取消によってうけた損害の賠償をも請求したのである。

これについて第一審の判決は、消防長の同意取消行為が、実質的に国民の権利義務に対して影響を与えることであるところから、これを行政処分に準ずる行為であるとして、抗告訴訟の対象とすることができると認定した。しかし

同訴が出訴期間の経過後に提起されたものであったこと、さらに、この同意の取消には無効と認定することができるだけの重大かつ明白な瑕疵が存在していなかったこと等を理由にして、取消の訴を却下した。しかも無効確認等に関する、その余の請求をも棄却したのである。これに対して第二審の判決は、消防長の同意ないしは、その取消等を、行政訴訟の対象にすることができるとは認めず、あくまでも県知事の不許可処分を対象にして出訴すべきであると判断する。従って、消防長の同を意取消す行為については、その請求を認めず、この取消請求に関する訴の部分については、その控訴を棄却した。さらに、そのほかの予備的な請求に関する訴の部分については、これをら棄却した第一審の判決を取消して、改めて訴却下の判決をしたのである。

【上告理由】

原判決は、消防長が行った県知事の許可に対する同意行為をもって、行政庁間でなされた内部における意思の交換と同一視し、知事の処分だけが外部に表示されるところから、これだけを行政訴訟の対象にすることができると断定する。しかし消防長の同意行為も、また独立の行政処分であって、これについても出訴することができると考えるべきである。その理由は右の同意は、消防長が消防上の独自の見地から、知事の建築許可について意見を表示することである。さらに知事は消防長の同意がなければ、建築許可をすることができず、従って、もし消防長の同意が違法に拒否され、または取消されたならば、建築許可の出願者は知事の許可を得られない。このことによって出願者の権利が直接に侵害されることになるからである。このように出願者は、消防長の同意の有無について直接に利害関係を有するのである。そこで、もし知事の最終的な処分についてだけ訴権が認められることとするならば、原告は、消防上の規制について、これにはまったく関与していない知事を相手として争うことになり、矛盾も甚しい。知事の最終的な処分について異議を申立てるか、またはその前段階にある消防長の同意行為について争うか、その窮極の目的が同一であるならば、いずれをとるかは原告が自由に選択することができることである。原判決は、消防長が同意を拒否したことを取消したとしても、知事に対する許可禁止の原因の一つを除去することだけに止まるから、このような訴を認める必要がないとする。しかし、このような意見は、消防長の同意が国民の権利を制約し、かつ独立の行政処分であることを看過することになるのである。以上のような理由によって原判決は上告人の訴権を理由なくして、剝奪することになると主張した。

【判　旨】

上告棄却、裁判官全員一致

抗告訴訟の対象となりうべき行政庁の行為は、対国民との直接の関係において、その権利義務に関係のあるものであることを要し、行政機関相互間における行為は、それが国民に対する直接の関係において、その権利を形成し、またはその範囲を確定するようなものでなければ、訴訟の対象とはならない。このことは取消訴訟のみならず無効確認訴訟の場合においても同様である。

本件消防長の同意は、知事に対する行為であり、行政機関相互間のものであるから、これによって直接に国民に対しその権利義務を形成し、その範囲を確定するものとはみられず、行政訴訟の対象となりうる行政処分とはいえないものである。従って、知事の建築不許可処分を争うに際して、その違法の理由として右不許可処分の前提となった消防長の同意の拒絶ないしはその取消に関する違法を主張することは別として、知事に対する消防長の右のような行為それ自体を、消防長を被告として争い、その取消ないしは無効確認を請求することは許されない。

【評　釈】

判旨は正当であると考える。本件における問題点は、下級審の相対立する意見にも示されているように、消防長が知事に対して行った知事の許可Ⅱ対する同意ということを、抗告訴訟の対象となすることができる行政処分であると理解するか否かということである。

およそ行政訴訟制度の目的は、違法な公権力の行使に対して、これを是正することにより国民の権利、自由を保障することにあるとするならば、行政訴訟において問題となることの行政処分とは、国民の権利義務に対して直接に影響を及ぼすべき性質を有する行政行為でなければならない。もし国民の権利義務について、まったく関係のない行為であるとするならば、それは、右のような目的のために存在する行政訴訟の範囲外にあり、同訴訟においては、これを訴訟の対象として取り上げるだけの実益がない事項となる。しかも訴訟は、具体的な権利義務に関する紛争が、現実に発生している場合にだけ提起することができる行為である。それ故に国民の権利義務に直接に関係のない行為について、抗告訴訟を提起することの必要性ということは、考えられないはずである。従って一般に行特法にいう抗告訴訟の対象としての行政庁の行為とは、ひろく行政権の作用全般をさしていることではなく、国民に対し、その権利義務関係について、直接に法律上の効果を発生させるような、いわゆる行政処分だけをいうのである。その理由は行政権の行使にあたって行政庁が、その優越的な地位において公権力を発動し、これによって相手方である国民に対して、直接に法による拘束力を及ぼすような行為についてだけ、行政訴訟による救済が、その意義を有することになるからである。

そこで本件の場合、県知事に対する消防長の同意について考えると、県知事が建築許可を与えるに際しては火災の予防ないしは防火の事項に関する裁量については、消防長の認定に拘束されることであるとし、そのために消防長の同意を得ることが許可の要件とされている(旧消防法第七条および現行消防法第七条同趣旨)。このために原審の確定した事実によれば、上告人N会社は、被上告人H村消防長に対して工場の再築許可が、消防上支障のないことであるとの同意をなすべきことを申出で、その同意を得たうえで、知事の出先機関であるY土木事務所長を経由して、再築許可を出願したのである。しかも出願者が、同許可を得られるか否かは、消防長の同意いかんによって左右されることになるのである。従って、防火行政の点から見みれば、消防長の同意は、対国民との権利義務関係に対して、影響をおよぼすことになるのである。それ故に、この種の行為について独立に訴の対象となとする適格を認めることも理由のあることであるからである。しかし、この種の同意ないしは、その取消等が、抗告訴訟の客体としての適格を認められるべきか、否かということは、前述のように行政訴訟制度の目的から考慮して、当該同意行為の相手方それに対する影響等の各点から判断がなされなければならない。その理由は、この種の行為が、国民に対して直接に、いかなる法律上の効果を及ぼすのであるかということによって決定されなければならないことであるからである。

ところで消防長の同意は、消防法第七条から判明になるように、建築許可に関する一つの判断の基準である消防上の認定について、消防に関する直接の責任者である消防長の判断を、知事の許可処分のなかに取り入れさせようと意図することである。その目的は当然に建築許可については消防上の考慮が重要となる。それ故に知事の裁量だけで決定することなく、消防長の意見を重視して、これを知事の許可処分に十分に反映させようとするからである。しかし出願者との関係において、その権限を認められた建築許可庁は、あくまでも県知事である。従って消防法によれば、知事は消防長の同意からする制約を受けることになるとしても、さらに建築に関する諸般の事情を考慮して、その許可または不許可を決定することができるのは知事であるといわなければならない。その理由は消防長の消防上の判断は、知事の建築許可について、その重点になるとしても、それは建築許可に関する諸要件のうち、消防上の考慮に関する一つの法律要件についてだけ、知事の裁量を拘束するにすぎないからである。従って消防長が対国民との関係において、その処分を行うべき建築許可庁であるいうことではない。消防長の同意は、あくまでも知事を相手方としてなされる行為である。それ故に消防長の同意または不同意による国民に対する影響は、知事の処分を通じて、はじめて国民に及ぶことになる。従って消防長の同意は、正に判示に述べられているように、許可庁である知事との間においてなされる行政機関相互間における行政部内の連絡に関する行為である。それ故に出願者が係争処分について異議を申立てるべき相手方は、消防長ではなくて、県知事でなければならないことになる。

また知事の許可処分も、その前提となる消防長の同意行為も、公共の安全を維持するための警察上の行為である。従って、これらに関する裁量は羈束裁量であって、知事らの行為は、自由裁量行為に属する事項ではない。そこで仮に原告主張の事実のように、消防長が一度、同意を与えながら何等、消防上の理由がなくして、単に部落民の反対があったということだけで、その同意を取消したことであるとするならば、それは消防長の権限以外の行為ということになり違法であって、これに基づく知事の不許可処分も、また出願者の権利を違法に侵害することになるということができる。従って、このような場合には、確かに消防長の同意の取消に関する違法を攻撃することができることでなければならない。しかし訴訟の対象は、係争処分の違法に関する個々の理由について、それぞれ別個に考えられるわけではない。争訟の対象は、国民に対して直接に法に基づく効果を発生させる処分それ自体でなければならないはずである。従って本件において争われている消防長の行った同意の取消が、仮に右のように違法な行為であったとするならば、国民の権利を違法に侵害しているのは、同意の違法な取消に基づく知事の不許可処分ということになるのであるか。従って、これを争い、当該不許可処分を違法であると判断することができることになる。そのための理由の一つとして、右消防長によってなされた同意取消に関する違法性を主張することが可能となるのである。上告理由によれば、消防長の同意または不同意に関して出訴することができないとすれば、それは消防長の行為に関する違法性について争うことのできる機会を奪い、上告人の訴権を剝奪することであると主張している。しかし前述のように知事の処分を争うことのなかには、当該処分を違法に導く一切の事由について、これを批判し争うことができる機会が与えられているのである。従って消防長の判断に関する違法についても、これを争うことが可能である。それ故に出願者の権利の保障を請求すべき機会が剝奪されているわけではない。判示は、正に正当であるということができる。

（法学研究三三巻五号、昭和三五年）

21　刑の執行猶予と恩給受給資格の復活

昭和三四年四月二二日東京地方裁判所判決
昭和二七年(行)第一三四号、恩給権存在確認請求事件
行政事件裁判例集第一〇巻第四号八四三頁

【事　実】

原告は、さきの東京都立某高等女学校に教諭として勤務していたが、昭和一八年に収賄罪で起訴されて懲役一年、三年間の執行猶予、追徴金四〇〇円の判決をうけ、この判決は昭和一九年一〇月五日に確定したので、同月に退職した。

その後原告は、右三年の執行猶予期間を無事に経過したので、昭和二六年三月三〇日付にて恩給局宛の普通恩給請求書を東京都教育委員会に提出した。しかし同委員会教育長は、同年五月三一日に恩給請求権消滅を理由にして同請求書を原告に返却した。そこで原告は再び恩給請求書を、被告総理府恩給局長に提出した。さらに他方昭和二七年七月には恩給権存在確認の訴を提起したが、その間に被告恩給局長は、昭和三一年四月二四日付で請求棄却の裁定をした。

これに対して原告は、先の確認の訴を恩給局長の裁定取消の訴に変更する一方で、それとは別に内閣総理大臣には裁定の取消を求めて訴願を提起した。しかし、これについては昭和三三年一二月二七日付で請求棄却の訴願裁決があった。

原告が被告恩給局長の裁定を誤とする理由は次の通りである。

まず刑法二七条によれば、刑の執行猶予の取消を受けることなく、猶予期間を経過したときは、刑の言渡は、その効力を失うことになる。これによって有罪とされた事項の全部が消滅することになるのである。従って恩給を受ける権利は当然に回復することになるはずである。次に終始同一学校に勤務していた者が、その終に刑罰を受けたために、その在職全期間について恩給資格を喪失するということは、転々と勤務場所をかえた者が、最後の勤務場所における勤続年数についてだけ恩給支給の資格を失うこと比較して、著しい不均衡があり、執行猶予制度は、このような不均衡を是正するについて活用されるべきである。しかし被告恩給局長の裁定は、この点の考慮をしていない。以上が原告の主張の要点である。

これに対して被告は、まず訴訟要件について、原告は恩給法第一三条所定の裁決および訴願手続を経過することなく、直ちに裁定の取消を争うのである。それ故に本件出訴は不適法であり却下されるべきことになると主張した。次に本案については、原告が在職中に禁錮以上の刑に処せられたならば、恩給法第五一条第一項第二号により、引続いた在職については恩給をうける資格を失うのであって、執行猶予期間を経過しても、すでに喪失した資格を回復するなるのではないと主張した。

【判　旨】

棄却。

一　「原告は当、初昭和二七年七月恩給を受ける権利確認の訴として、本件訴訟を提起したのである——原告は昭和二六年中に普通恩給請求書を東京都教育委員会に提出していた。ところが数年後になって始めて原告が、本訴におい て取消を求める被告の処分があり、それに対して原告は訴願を提起するとともに、本訴を右処分取消の訴訟に訴の変更をしたのである。右訴願については、恩給法所定の最終裁決庁である内閣総理大臣により原告の請求を棄却するの裁決が昭和三三年一二月二七日にあったことは前記認定の通りである。従って本件については被告が指摘する右本件訴提起について存在していたかしは、既に治癒されたことになるというべきであり、本件訴が不適法ということはできない。

二　右法条（恩給法五一条一項二号）の規定は、在職中に犯罪を犯し、前記のような刑に処せられた者は、国家から恩給を受けるに値しないという考え方に因る取扱である。その犯罪に対し科せられる前記の刑が執行猶予とされると否とは、これを区別していることとは考えられない。——また、刑法二七条の規定は刑法上の効果として刑の言渡の効力を失わさせ刑を執行しないことを終局的に、確定させる趣旨の取扱であって、さかのぼって確定判決がなかったことにする趣旨ではない。——恩給法においては……その失った資格復活については何らの規定も定められてはいない。（従って）恩給法においては在職中、禁固以上の刑に処せられた者は、その刑の執行猶予の言渡の有無、又、猶予期間の経過にかかわらず総てその引続いた在職について恩給を受ける資格を失わしめているものという外はない。

三　恩給法五一条一項により喪失した資格は、これを裁量により復活されるものと解することはできない。」と。

【評　釈】

刑の執行猶予期間の経過によって、恩給受給資格が回復することになるのではないと判示したことは正当であると考える。本件における問題は、刑の執行猶予の取消を受けることなく猶予期間を経過した場合に、刑の言渡が効力を失しなうことを定めた刑法第二七条の効力が、他の法令に基づく権利資格の消長について一般にどのような影響を及ぼすのか、そして特に恩給法の場合には、恩給権なり恩給受給資格に対して、いかなる取扱をなすべきか、恩給局長は、その裁量によって恩給資格を回復させることができるのか、という諸点である。

まず第一点について、一般に刑法の領域においては、執行猶予期間の経過によって刑の執行を受けることがなくなると、刑の言渡は、その効力を失い、これによって剝奪された諸権利資格等は回復することになると理解されている。しかし、その効果は、あくまでも将来に向って回復するのであり、遡及的に、有罪の判決をうけることによって剝奪されてしまった権利資格等をも復活させるというわけではない。従って、このことは判決が取消されたような場合と異なり、あくまでも確定判決は存在しているのである。それ故に、たとえ執行猶予を受けて現実に刑の執行がなかったとしても、刑に処せられたことを条件として喪失すべき旨を定めらた権利資格等については、確定判決の一般的な効果として当然に消滅することになるのである。従って猶予期間の経過により刑の言渡の判決が効力を失ったとしても、すでに右の判決によって剝奪され喪失した権利等が、遡及的に当然に回復するということではない。将来において再び、これらの権利資格等を改めて享有できるようになるということであって、剝奪される以前の権利等が、そのまま引続いて存続させられることが認められるとは考えられていない。

次に、このような刑法上の一般的な効果のほかに、恩給法が、執行猶予の取消を受けることなく、その猶予期間を経過した場合に、特別の効果を付与しているか否かに、そのことは恩給受給資格の遡及的な回復を認めているか否かという問題である。しかし恩給法第五一条第一項第二号によれば、在職中、禁固以上の刑に処せられた者は、その引続いた在職について恩給受給資格を喪失することが明確に規定されている。しかも既に支給されている恩給についての恩給請求権の停止の場合と異り、恩給受給資格については、執行猶予を受けた場合の取扱ないしは猶予期間経過後の資格回復については、なにも規定されてはいない。従って同法五一条の規定は、判示のように禁固以上の刑に処せられた場合には、執行猶予の有無いかんにかかわらず、恩給受給資格を剝奪する趣旨であると考えるべきである。それ故に恩給法が特に遡及的な効果を認めているとは理解することができない。従って、このことは懲戒処分の免除ないしは恩赦によって権利資格を回復する場合等と同じように、将来に向って受給権が復活するだけに止まり、今後、再び公務員となった場合に将来の勤務に関して恩給受給資格が認められるということに過ぎない。この点において判示は正当であるといわなければならない。

また恩給局長に受給資格の回復に関する裁量権を認めることが可能であるか否か、という問題であるが、このことも否定される。その理由は恩給局長が恩給受給権の裁定権限を有するとしても、このことは資格の有無につき裁量によって決定することができる権能を付与したわけではないからである。さらに受給資格の裁定に関する基準ないしは喪失の要件について、恩給法は一義的に規定し、裁定権者は、恩給の請求が法定の要件を具備するか否かということだけを審査でききに過ぎないるのでみでである。従って資格の有無に関する認定について裁量を加える余地はないことになる(このことは、裁定が、いわゆる法律行為的行政行為ではなく、準法律的行政行為としての確認行為であることからも当然である。)。それ故に在職中に禁固以上の刑に処せられた者は、恩給資格を当然に失うことになるのである。従って執行猶予の有無、猶予期間の経過等に基づいて、資格の回復につき恩給局長が、これを認めることができる権限は与えられていない。確かに同一場所に永年勤務した者にとっては、勤務場所を変更した者と比較して不利な場合を生ずることもある。しかし恩給法の規定の趣旨が、右の通りである以上は、恩給局長の裁量によって、その資格を回復させることができることではない。従って判示は正当であると考える。

さらに判示は、訴願前置の要件について、訴提起に当り訴願を前置しなかったという手続き上の瑕疵は、内閣総理大臣の訴願裁決があった以上は、治癒されたことになるとしている。この点については、研究会の意見には賛否両論があった。しかし当方は、疑問を抱くものである。その理由は恩給法一三条によれば、恩給権の侵害に関する異議については、その原因となった行政処の分後、一年以内に恩給局長に裁決を具申することができることと定められておるからである。この裁決に不服ある者は、右の裁決を受けた日から六月以内に内閣総理大臣に訴願をすることができることになっている。従って恩給局長の裁定に異議ある場合には、まず同局長に具申して、その裁決を求め、この裁決に異議ある場合に、初めて内閣総理大臣に訴願をすることができるわけである。しかし原告は、恩給局長に対する裁決の具申をなさずに、直ちに裁定について内閣総理大臣に訴願を提起しているのである。それ故にこのことは正に手続としては違法な訴願の提起である。従って、これについて内閣総理大臣の実体的な裁決があったとしても、本来このような訴願は却下されるべきことになる。これらの点で本件訴は訴願前置に関する手続き上の要件を充たしていることにならないのではなかろうか（その理由は不適法な訴願に対して実体的裁決がなされたとしても、訴願前置の要件がみたされたことにはならないと考えるべきであるからである。尤も裁決を経ずに訴願を提起した場合でも、裁決を経ないことにつき正当な事由がある場合には、特例法二条但書の精神を準用して、訴願について裁決があったときは、前置の要件をみたしていると考えるべきである。しかし本件の場合そのような正当な事由があったか否かは明らかでない）。しかも原告の訴は、当初は恩給権確認の訴として提起されたのである。ここにことは恩給局長の裁定ないしは裁決または内閣総理大臣の訴願裁決を争う抗告訴訟としてではなくて、裁定のなされる前に右の確認の訴を提起していることになる。このような訴が、現行の行政訴訟制度のもとで許されることであるか否か。それは恩給局長の裁定以前に、恩給権の確認を求める訴訟上の利益が認められるか否かということを意味する。。裁判所は右の裁定以前に恩給権の存否を判定することができる権限を有することになるのであるか否か。これらの点から見て右の訴自体が疑わしいのにもかかわらず、判示は確認の訴が、取消の訴に変更されたことと認め、内閣総理大臣の訴願裁決があったのであるから、訴訟要件は具備されたことになると認めている。しかし、この裁決は本来、却下されるべき訴願に対してなされたのである。それ故に右裁決があったとしても、これら事実をもって訴訟要件が充足されたと認めることができるか否かは甚だ疑わしい。それ故に本件の訴訟要件に関する部分についての裁判には賛成できない。

なお判決記載の事実によれば、原告が普通恩給請求書を都教育委員会に提出したところ、教育長は、恩給法第九条第二項により恩給請求権は消滅したという理由によって、右請求書を返戻したことになっている。しかし恩給給与規則第二二条によれば、本属庁は経由庁として請求書類の形式的審査を担当することができるとしても、実質的に審査して申請を拒否することの権限はなく、実質審査はなし得ない。しかも同条第三項によれば、本属庁は請求理由なしと認めたとしても、自らこれを拒否すべきではなく、意見を具して裁定庁に請求書類を送付しなければならない。しかし判示は、請求書が都教育委員会に提出されたと認定しているが、原告が再度請求をした場合に、教育委員会が、これを受付けたことか、または右のような事情のために直接に恩給局長に提出したことになるのか明白ではない。右のような重大な違法に関する問題があるにもかかわらず、本件判示の認定は、この点について十分な判断によるとは思われない。

要するに本件判示は、その主要な論点においては正当であるとしても、特に手続きに関しては若干の審理不十分な点が認められると考える。

（自治研究三六巻一一号、昭和三五年）

22　小作契約解除の制限と財産権の保障

昭和三五年二月一〇日最高大法廷判決、棄却、第一審・長野地裁飯田支部、
第二審・東京高裁
昭和三一年(オ)第三二六号、土地賃貸借契約等無効確認請求事件
最高民集一四巻二号一三七頁

【事　実】

上告人（原告・控訴人）は、本件農地の所有者である。上告人は、その所有農地を被上告人（被告・被控訴人）に、昭和二三年一一月下旬より五ヶ年の期間をもって賃貸した。そして昭和二五年以降の小作料を年四三〇円と定めた。その後、期間の満了にともない、契約更新の拒絶を被上告人に通知して、右賃貸借契約の消滅による農地の引渡し返却を請求した。なお、この契約の解除等については、農地法二〇条に基づいて県知事の許可を申請したのである。しかし、これに対する許可は与られなかった。そこで被上告人は、知事の許可がなかったことを理由として、契約期間が満了しても、右農地の賃貸借関係は存続しているとして、土地の明渡しを拒絶したのである。原告の主張の主な点は、

次の通りである。

まず農地法が、占領軍の強制によって行われた変則不条理な法律である。同法は耕作者を保護するあまり、非耕作者に対しては差別待遇をなすことで、憲法第一四条の平等原則に違反するということ。次に特に賃貸借契約および小作料に関する規定が、あまりにも一方的で、耕作者の保護に偏している。従って、これらの理由により同法は違憲である。これに基づく知事の不許可処分もまた無効である。また賃貸借契約は、原告の更新拒絶によって消滅したと主張するのである。これに対して、第一審および第二審ともに、農地法の合憲性を認め、原告の請求を棄却した。

【上告理由】

原判決が、農地法の定める制限をもって、公共の福祉のためになされた合理的な措置であると判示していることは、農業経営に対する一面的な観察である。そのために必要以上に犠牲を強いられている地主階級の存在を看過していることになる。このような事情を根拠にして、上告人は、次のように主張している。まず第一に公共の福祉のためにする制限は、必要最小限度に止めるべきである。それ故に多くの犠牲者を出すような立法を敢えて行うことは、かえって公共の福祉に適合することにはならない。その政策は公共の福祉に関する行きすぎであると判断すべきである。農地法は、小作人に対する利益の保護に偏し、このために農地所有権が、種々の面において強い制限を受けている。そのために事実上、地主の権利は剥奪されているにも等しい状態にあるのである。従って、この農地政策もって合理的な農地所有権の制限であるということはできない。このように農地法三条は、憲法二九条の保障する財産権を侵害し、憲法違反の法律という外はない。さらに農地法二〇条による農地賃貸借に関する制限は、小作農保護、地主階級圧迫に偏している。しかも農地の賃貸借関係につき知事の許可制度を採用した結果、地主の権利は一層制限されることになり、農地の返還を免れた小作農にして、地主よりも経済的に余裕ある者を生じさせている実例もある。このように一部の者を圧迫して特定の者に特権としての地位を認めるようなことは許されるべきではない。

次に第二として、小作料の最高額は適正に定められなければならない。ところが本件における小作料は、上告人の負担する固定資産税の税額にも達しない全額である。このようなことは全国にまたがる問題である。それ故に小作料の最高額が適正でないことを証明している。このことは、地主という社会的身分に対する経済的関係における明らかな差別待遇である。従って、憲法一四条に違反する。さらに農地法二四条が、小作料の減額請求権を認めながら、地主の増額請求権を認めないことも不平等であるというのである。

【判　旨】

上告棄却。賃貸借更新拒絶に対する知事の不許可については、農林大臣への訴願または行政訴訟によって、これを争うことができる。それ故に農地法二〇条が賃貸借の継続を強制し、これによって一般の土地所有者と比較して、農地の所有者に対し不当な差別待遇を与えていることになるとはいえない。また本件のような農地に対する制限は、農業経営の民主化、自作農化の促進等のためになされた政策で、右の程度の不自由さは、公共の福祉に適合する合理的な制限であると認められるべきことである。

なお右の不許可処分とは関係のない農地法の各規定の憲法上の効力について争う。この目的は以上のような方法によって農地法全体の違憲性を強調し、同法に基づく当該不許可処分の違憲無効を主張するということである。このことについては、処分に直接適用されるべき法規の違憲性に関する判断に基づいて、右の主張がなされるべきである。それ故に当該法律関係に、なんら関係もない法規に関する憲法上の効力を云為し、あるいは、それら法規の属する法律全体の違憲性に論及して、当該法律関係の違憲無効を主張するということは、上告理由として許されないことであると判示している。

【評　釈】

農地改革において自作農創設を目的として実施された農地の買収、そのほかに、耕作権の保護を目的として実施された農地所有権に対する諸制限等については、根本的に意見が対立しておる。また財産権の保障に関する憲法二九条との関係においては特に農地法三条における所有権その他の農地に関する権利の移転において、これに関する許可制等については、多くの問題の発生している部分である。本件は、これらの問題のうち、農地法二〇条に定める耕作権の保護を目的とする農地賃貸借の解除等に関する制限について、の違憲性と、小作料の最高限度を制限することによる地主に対する不利益な取扱による平等原則違反とが問題とされているのである。しかし、これらの制限および、これらの農地に関する権利についての諸制限が、憲法に違反しないか否かということについて、その判示第一点に関しては原則として賛成する。その理由は憲法二九条第二項に示す公共の福祉は、国により社会の共同生活にとって必要とするために個人の自由権利に対して制限を加えることができるという消極的な内容を有するだけではないからである。特に経済生活関係においては、各人の生存権の保障との関連により社会的法治国家の趣旨に基づいて、積極的に、経済上および財産上の利害関係に対する調整を行わなければならない。従って現代では、そのための政策を実施することをも、その内容とされていることになると考えられるからである。従って、農地に関する所有権その他の権利が、使用収益処分に対する制限その他価、格統制等の点において、右のような目的のためにする制約のもとにある。そのために財産権そのものの具体的な内容として、法律上このような制限の範囲内で、農地に関する権利の成立が認められているということになる。この点について農地改革を根本的に否定する立場にたつならば、その結論は別のものとなるであろうが、一応これを認める立場からみるならば、本件における農地の賃貸借の解約ないしは更新拒絶等に関する制限は、まず原則的に、その可能性が、憲法上承認され得ることであるといわなければならない。

ところで農業経営の民主化と農業生産力の増進という農地法の理念および、この必要のためになされる諸制限等については、上告人も、全面的に、これらの政策を否定しているとは理解されないのである。ところが、このような争を生じさせた原因は、小作料の最高限度があまりに低額に限定されており、このために、右の農地改革に関する措置が、地主の必要以上の犠牲負担において実施されているので、甚しい不平等の結果を生じさせているということにあるのである。判示は、このような制限をもって、公共の福祉の目的に適合する合理的な制限であるとし、これによる農地所有者の不利益も、また公共の福祉を維持するためには、甘受しなければならない程度のものであるから、平等の原則に違反しないとのべているのである。しかし公共の福祉の目的に適合する制限であるならば、それは平等の原則にも違反したことにはならないとは、当然には結論することができないのである。それ故に本件の制限が平等原則に違反することにはならないという論点についての判示の理由づけは、必ずしも十分であるとはいえないと考えられる。ただし、たまたま本件の場合における小作料が、上告人主張のように、小作料をもってしては固定資産税の額をも、まかなうことができないというほどに低額のものであったという事情にあるならば、このような場合には、契約更新拒絶に対する知事の許可処分が与えられるべきである。それにもかかわらず、これを不許可としたのである。それ故に知事のこのような不許可処分について、その違法性が争われるべきである。この点については、あえて違憲問題を持出す必要はなかったのである。しかし本件の場合には、小作料の統制額の算定に関する基準それ自体が、そもそも現状に適合した合理的なものであるか否かという問題と関連して、このような基準に基づく制限の方法について、憲法上の平等原則違反の問題が提起されているのである。それ故に単に公共の福祉の必要による農地所有者の権利に対する制限の一般的な可能性ということだけについて説明するに止まるのではなく、さらに、この種の統制額の決定による制限の方法が、平等の原則に反しないということができる合理的な措置であるか否かということについての判断ないしは理由づけが必要であったというべきである。

判示第二点は、ある法律関係が違憲であるか否かについては、これに適用される当該法規の違憲であるか否かの判断に即すべきことである。これとまったく関係のない法規の効力について、または、それらの法規をふくめた法律全体に関する違憲性を主張するということは、上告理由としては許されないことであるとしている。しかし、この点についても、原則としては判旨に賛成したい。およそ法律の違憲に関する問題は、当該適用法条が、具体的な事件の判断において憲法の規定ないしは原則と牴触する場合に、はじめて訴訟上の問題となるのである。従って、このような係争事件と、まったく関係のない条文、または当該法律の一般的な趣旨ないしは原理等について、当事者の摘示している争点と、なんらの関係もないのに、その違憲性を主張するということは、当該事件に対する法的判断とは関係のないことである。また必要のないことでもあるからである。従って当該事件と無関係な事項について、違憲の主張を構成したとしても、それは、上告理由としての要件を充足したことにはならない。それ故に、このようなということは、当然のことと言わなければならない。しかし本件の場合に、農地法二〇条一項だけが問題となるのであって、他の法条は、これとまったく関係がないといえるのであるか否かは、疑問であると考える。本件では、主として右二〇条が争われていることは、もちろんである。ところが、この問題は農地に関し、その権利に対する制限について、種々の違憲問題の一環として、このような制限に関する二〇条以外の他の法条、および農地法全体の趣旨ないしは法原理との関連において、地主の権利に対する制限の違憲性が問題となっているのである。またこのような関連をもって違憲問題の発生することも、十分にその可能性が考えられることでもある。ところで上告人のあげた農地法三条は、農地に関する権利の移転に対する制限についての一般的な規定を定めたである。また農地法第一条は、同法の目的および一般的な趣旨を宣言しているのである。それ故に、賃貸借の制限に関する二〇条と、まったく無関係な条項であるとは考えられない。これらの規定が、相互に関連のないことになるのであるならば、他の条文についての違憲性を主張することが必要でないことは、まさに判示のとおりである。しかし関係があるとすれば、争の中心になっている右二〇条との関係において、同条の違憲性を理由づけるために、これと関連性のある他の条文なり、または農地法の一般的な趣旨ないしは原理について、その違憲性を主張することも許されるべきではないかと考えられるのである。要するに本件判示は、原則的に支持されるべきことであると考えるが、なお若干の補足を要するものであると考える。

（法学研究三四巻八号、昭和三六年）

23　法人所有の土地の買収と憲法二二条

昭和三四年七月一五日大法廷判決・論旨理由なし、
第一審・金沢地裁、第二審・名古屋高裁金沢支部
昭二九年(オ)第一三二号、行政処分取消請求事件
最高裁民集一三巻七号一〇三四頁

【事　実】

上告人（原告・控訴人）は、山林および保安林の拓殖事業等を目的とする土地株式会社である。同社は石川県内灘村に砂丘地を所有していた。しかし戦時中これを陸軍に買上げられ、終戦後は同地が、政府より上告人に返還されるに当り、昭和二四年六月八日、上告人は返還代金を政府に支払い、同年七月二一日に土地所有権取得の登記を完了した。これに対して被上告人（被告・被控訴人）石川県農業委員会は、自創法三一条一項に基づいて、七月二日に未墾地買収計画を樹立した。そこで上告人は、同計画に対し異議の申立および訴願を提起した。次いで右計画の取消訴訟をも提起した。それらの主張の要点は本件買収計画が、所有権取得登記の完了以前に樹立され、そのために原告に所有権が

移転する前に同地を私有地として未墾地買収計画の対象とした。この措置は違法であること。本件土地は砂丘地で、開拓地とすることができない土地であること。また本件土地は、上告人土地会社が同社の事業目的のために所有する唯一の土地であり、土地を失うならば解散もしくは事業目的を変更することのやむなきに至ること。また買収計画書に記載の土地表示が、現状と甚しく相違していること。さらに本件土地について地元農家の農耕地が不足していることを理由に、開墾不適地であるにもかかわらず、その買収につき例外容認の申請が、農林省農地局長に対して県知事よりなされ、同申請に対して、許可があった。しかしそのような農耕地不足の事情は存在していないこと。また右土地は警察予備隊が引続き演習地として使用し、政府により知事に対して開拓計画中止の通達がなされているにもかかわらず、買収計画を樹立することは許されないこと等であった。これに対して被告県農業委員会は、返還代金を政府に支払ったときに、本件土地は原告の所有に帰したものとし、さらに右土地が開拓適地であり、あわせて土地開拓の必要な事情等を述べた。

これに対して第一審判決は、まず買収計画を樹立した当時における本件土地所有権の帰属について、同地は、民法の原則に従い政府から当該土地の返還、譲渡の意思が表示されたときに、原告会社に帰属することになると判示し、買収計画当時すでに原告の所有に属していた土地であると判断した。次に土地開拓の適否につき特に自創法三〇条一項における未墾地等買収の必要性に関する裁量については、農業委員会の自由裁量に属するものであると判定した。特に本件上告審の大法廷判決に関する論点となった法人の唯一の所有地を買収することとの違憲問題について、第一審判決は、「所有権と雖も絶対ではなく公共の福祉の為には制限を受けるのも已むを得ないところであり、……本件買収によって原告が目的たる事業を遂行し得なくなったとしても、それは直接に原告に対して、その目的たる事業の経営を禁止したからではなく、たまたま未墾地買収計画の為、土地を喪失することによって事実上事業経営が不可能になったというに過ぎない。原告が今後も、その目的たる事業を継続することは嘗て一度も禁止せられたこともなければ、将来と雖も恐らく禁止されることはないのである。従って憲法一四条一項、二二条一項違反とする非難は、本件の場合当らないのである。（一〇五八頁―一〇五九頁参照）として、以上の理由により原告の請求を棄却した。

控訴審において、原告は請求原因を追加し、政府が本件土地を駐留軍の砲弾試射場とすることを決定し、また駐留軍撤退後は保安隊が引続き演習用に使用して農地化しないことが確定しているのである。従って、これを買収することは違法であり本件買収計画は取消されるべきであるとした。これに対し控訴審判決は、行政処分は処分時の状態をもって、その適否を判断すべきことであるとし、処分後の事情の変化によって、右処分が違法であるとすることはできないとして、控訴を棄却した。さらに原告はこれに対して上告したのが本件である。

【上告理由】

上告理由として列挙されている事項は次の五点である。しかし本件大法廷の判示に関する部分では、その最後の点が問題となっている。まず第一に、係争処分においては、その違法に関する判断時について、原判決が処分時を標準とすることに対し、抗告訴訟の目的ということから考察して事実審理の口頭弁論終結の時をもって基準となすべきこと。第二に本件土地が農地化されないことが確定したならば、本件買収計画は取消されるべきことである。原判決は、この事実について審理をつくしていない。また連合軍接収地の買収については、なんら判示をすることがない。それは審理不尽、理由不備の判示であること。第三に開拓適地であるか否かに関する裁定は、原判決のように農業委員会の自由裁量事項とすべきことではなく、法規裁量事項と理解すべきこと。第四に採証上に不備の点があること。最後に憲法二二条違反のあること等をあげた。この第五点において、上告人は、憲法二二条にいう「何人」のなかには、自然人だけでなく法人もふくまれると主張した。そして、本件買収の結果、原告会社は、その営業を廃止するほかに方法はないのであるから、法人の職業選択の自由を侵害することになると主張した。

【判　旨】

論旨理由なし。全員一致（補足意見あり）。

憲法二二条の自由の保障は、無制限のものではなく、公共の福祉に反しない限りにおいて保障されているのである。従って、公共の福祉のために制定された法律もしくは、これに基く行政処分によって、営業遂行の自由が直接もしくは間接に、妨げられることがあったとしても、これをもって同条違反であるということはできない。自創法は、自作農の創設、農村民主化の促進という公共の福祉のための必要に基き、制定された法律である。これにより本件未墾地買収計画によって、事実上、上告人会社の現在における営業に支障を来すことがあったとしても、憲法二二条に違反することになるということはできない。なお、これには、斎藤悠輔裁判官の補足意見がある。その趣旨は原告会社の事業継続が禁止されたこともなく、将来も禁止されることはないとした第一審の判示および、これに基づく原判決は、是認することができる判断である。所論は、これに副わない判断を前提としているので、上告適法の理由とは認め難い。以上が大法定の判決の趣旨である。

【評　釈】

本件大法廷の判示は、裁判所法一〇条一号および最高裁判所事務処理規則九条三項により、上告理由のうち右の第五点すなわち法人の営業の自由に対する侵害について、憲法問題の部分に関し、特に大法廷を開いて判決したのであり。その理由については、第二小法廷において審理され、結局、本件上告は、第二小法廷の判決によって棄却されたのである。それ故にこの評釈においては、大法廷の判決の部分だけを取り上げることにする。

営業の自由が、公共の福祉の必要のためには、制限を受けることがであること、そして自創法に基づく未墾地買収計画が、この目的ための行政処分の一つである。このために右の営業の自由が制限されることがあったとしても、直ちに憲法違反であるとないこと等は、正まさに判示の説く通りである。本件の場合も、そのような制限を受けるに到った結果はやむを得ないところである。しかし上告人の主張する法人に対する基本的人権の承認と、その存立を事実上、否定するような結果になる強度の制限に関する違憲性の問題について、最高裁が、わざわざ大法廷を開き、一つの判例を確立しようとした判決としては、いかにも、その判示は簡略に過ぎるのである。法人に対する基本的人権の承認およびその制限等に関する重要な論点について、明確な判断の基準をしめした判示とはいい難く、十分にその意を尽した判決とは考えられない。

もとより本件の問題は、まず本来、自然人について考えられる基本的人権が、法人においても認められることになるのであるか否か。認められるとすれば、自然人の場合とまったく同じように認められることであるか否かということが基本課題となる。そして本件のように法人の存在それ自体が事実上否定されるような強い取締ないしは事業の制限が許容されるか否かということにに課題がある。元来、基本的人権の本質から考察すれば、その主体は自然人であり、法人には基本的人権ということは成立することができないという考え方も成立できるであろう。しかし基本的人権のある種の性質内容によっては、その享有が自然人のみならず、法人についても理論上可能であり、実際的な面においても、これを認めることが必要であると考えられる。例えば、西ドイツでは基本法一九条三項が、「基本権は、その本質により適用できる限りにおいて、内国法人にも認められる」と規定し、この点について明文をもって、法人にも基本権の承認されるべき根拠を与えているのである。ワイマール憲法のもとにおいては、例えばカール・シュミットのように、基本権の法人における成立を否定するような意見が有力であった。しかし、この法人への適用は、このような意見を排除して、右のような条文をもって基本権の法人への適用を認めたのである。しかしドイツ基本法は、このような右の条文をもって初めて可能となったのではなく、この条文がなくても、自然人の基本権の保障と相俟って、その理論上の発展の結果として、当然に考えられるべきことであろう。その理由は基本権のなかには、まったくの個人生活の範囲内において各人により個別に享有されるもののほかに、結社の自由のように、集団活動の領域において各人の共同の行為として把握されることにより、その意義が認められる自由もあるからである。このような人の集団のなかで、組織を有し、個人活動の範囲をこえて集団独自の機能を営む組織体の一つとして、法人の存在が法により承認されているのである。従って法人について基本権の適用が考えられることは当然のことと言わなければならない。このようなドイツ基本法に見られる思想は、日本国憲法の場合にも通用することである。日本国憲法に、このような法人に対する適用の規定がないとしても、理論上、法人における基本的人権の保障は考慮されるべきことであると考えるのである。判示は、法人における基本的人権の成立を否定しているわけではない。しかし各自然人の基本的人権を保障する結果として反射的に、その効果が法人にも及ぶこととして、法人の場合の権利自由の保障を間接的に承認することに過ぎないのか。または個人活動の単なる集積に止まらず、それを、こえる法人独自の存在理由ないしは法人活動の価値をとらえて、これに憲法上の保障の成立を直接に認めることが可能であるのか。どちらの趣旨か明白ではない。自然人と法人との相違からみて、自然人における基本的人権が、そのまま法人にも通用するわけではない。しかし個々の自然人の人権の保障を通じて、間接的に法人にも保障の効果が及ぶというのではなく、権利自由の内容性質によっては、法人それ自体が、その享有の主体としてとらえられ、憲法上、直接に保障が認められることを、明確に判示しなければならなかった。各人の相互協力による人権の共同享有ということが、社会の実態における一つの実績と理解することの指導が重要である。

次に法人の自由権利に対する制限の問題であるが、一般に基本的人権が公共の福祉のためにする制限に服することであることは、判示の通りである。しかし本件においては、法人の主要な財産である土地の買収によって、事実上その事業活動が不可能になり、法人の解散ないしは事業目的の変更が余儀なくされる結果になるという点が争われている。それ故に判示は、法人の活動に対する制限について、公共の福祉のためにする制限は、まぬがれないと言う単に制限の存在を示すのだけは不十分である。さらに、その限度についても判断を加えるべきであった。自然人の場合に、その活動に対して厳重な制限を加え、このために権利主体としての存在も危くなるような結果におい込むことは、基本的人権の本質に対する侵害である。いかに公共の福祉を理由とする場合であっても、そのようなことが許されないことは、いうまでもない。これに比較して法人の法における存在は、法律制度上の創造である。それ故に自然人と同じような生来の尊厳の価値ということは考えられない。従って公共の福祉のためになされる制限によるやむを得ない結果として、その存在が否定されるというような結果をもたらすこともないというわけではない。しかし、このような重大な影響をともなう強い制限は、法人における独自の価値と公共の福祉に関する必要との比較において、慎重な考慮を必要とすることである。もっとも自然人の行為といえども公共による制限をうけることがある。そのために当然に法人に対する制限も、また許容されることのなるというように形式的に判断すべきことではないからである。すその理由は人の存立を左右するような重大な制限は、また法人独自の存在理由ないしは、その価値について、十分な考慮を、はらうことによって決定しなければならないと考えるからである。判示は、単に、公共の福祉の必要のためになされる制限には当然に服することになると述べているだけで、法人の実施する事業の性質、その社会生活に及ぼす重要性、そして反対に公共の福祉のために法人に対して実施しようとする制限の必要性と当該法人の営む事業の重要性との比較等について、なんら論及るところがないのである。従って、この点において理由不備であるとの感を抱かざるを得ない。

なお、本件買収計画によって当該法人の事業が、たまたま不可能になるということだけで、直接に、その事業継続が禁止されているわけではないと認定した第一審判決および、これを是認した原判決が、本件判示においては特に補足意見として承認されているのである。しかし法人の事業活動に対する制限は、その直接の解散命令ないしは事業の禁止処分だけが論議の対象とされるのではなく、本件の場合のように、法人財産それ自体に対する制限処分ないしは事業活動に対する規制が、法人自体の存立に対して重大な影響を及ぼす重大な事件においては、正に憲法上の問題を生じさせていることになると言なければならない。右の第一審判決における判示は、この点に関し極めて形式的な考察である。しかし本件買収計画は、現に法人の主要な財産を対象として樹立されている。従って正に当該法人の存立に重大な影響を及しているのである。それ故に直接に事業を禁止することではないとすることを理由に直ちに違憲でないと断定することはできないはずである。

要するに本件大法廷判示は、一般に公共の福祉に基づき自由権利に対する制限がなされることを示すだけで、法人における権利の共有と、その制限について明確な基準を定めたわけではなく、また、その理由も不十分であるとの感をまぬがれない。

（法学研究三四巻一号、昭和三六年）

24　虚無人名義による鉱業権出願とその実在人への名義変更

昭和三二年三月一九日福岡地裁判決
昭和三一年（行）第二八号、鉱業権取消無効確認等請求事件
行政事件裁判例集八巻三号四六五頁

【事　実】

原告T株式会社およびWは、訴外の実在しなかったH会社から、鉱業権出願名義人の地位を承継し、試掘権の許可を受けたが、被告通産局長は、さきの出願が虚無人名義のものであったために、右の試掘権許可を取消した。原告は、この取消処分の無効確認と、試掘権の登録回復手続を請求したのが本件である。その理由として大要・次のような主張をした。局長は出願を受理し、名義人の変更を認め、かつ試掘権を設定して登録した。従って原告等は、訴外会社が実在するもの信じ、この点については善意の第三者ということになる。従って原告等は出願人の地位を承継した以上は、実在する出願人であって、さきの出願人が実在しなかったことを理由としては、もはや鉱業権の許可を取消すことができないと言うのである。

これに対して被告福岡通産局長は、本案前の主張として、回復登録の手続に関する給付の訴は却下されるべきであるとする。そして、さらに本案については、訴外会社は実在しないのであるから、その名義による出願は無効である。従って、これに対する許可も無効である。もし虚無人名義の出願が有効であるとすれば、先願主義における公正を維持することができない。しかも名義人の承継は、出願が有効に成立してから認められるべきことである。それ故に、さきの出願が無効であれば、その承継ということもないことになり、これに対する鉱業許可も無効であって、これを取消すことができると抗弁した。

【判　旨】

試掘権回復の登録手続に関する部分については却下。その他は請求棄却。

一　虚無人名義の出願は無効であり、これを有効と誤認して、なした許可処分も、また無効である。従って被告は、鉱業法第五二条により右許可処分を取消すことは、無効宣言の意味において適法である。

二　鉱業出願人の地位の移転は認められる。しかし虚無人名義の出願は、これ自体が無効である。従って、その移転ということもあり得ない。さらに名義を実在人のものに変更しても無効である。

三　取消処分が取消されれば、許可があったと同一の状態となる。従って登録回復手続を当然に行わなければならないことである。それ故に、これに関する訴は、その利益を欠くものとして却下する。

【評　釈】

判旨は、大体において正当である。しかし若干の疑を残すものと考える。

まず判旨第一点は、当然のことであり問題はない。その理由は警察許可において、出願が、その動機に過ぎないのと異なり、鉱業許可は、特定人に対する権利設定の行為であるからである。それ故に出願人の意思をもって、その要件とする。そのために本件の場合に、事実上、出願があったとしても、名義人が実在しない名称だけの会社であれば、鉱業権を享有すべき主体が存在しないことになるのである。従って出願が有効に成立したことにはならない。つまり鉱業許可の前提要件が存在しないのであるから、これに許可することができないことは当然である。もとより、この種の出願は受理してはならないことである。それ故に本件許可は、その要件に関する重大な瑕疵があり無効となるから、これを取消すことができる。判示は、鉱業法第五二条の取消に関する規定をもって、その根拠としている。しかし、この種の行為は、ことさらに、この規定を根拠とするまでもなく、理論上、無効確認の意味において一般に、これを取消すことができるのである。本条は正に、この点については当然の事がらに関する確認的な規定である。

判旨第二点については、若干の考察を必要とする。ところで判決に提示された事実だけでは断定をすることができない。しかし本件において、原告等のほかに有効な出願が競合しているのであれば、名義を変更したとしても、このことによって他の有効な出願に優先して、許可が与えられることにならないのは、正に判示の通りである。しかし他に有効な出願がなされていないのであるならば、直ちに、この鉱業許可を無効とする必要はないことになると考える。その理由は当初の出願が、無効であるとしても、その名義変更の届出が受理された場合に、その時点において実在する原告等自身の出願が、有効になされたことになると判断することができる余地が残されているように考えられるからである。もとより訴外会社の無効な出願が、その承継によって、そのまま有効な申請になるということではない。実在人に名義を変更したとしても当初の出願が有効となり、従って、その承継も有効とされることになるのではないことは判示の通りである。しかし、これと異り形式は名義変更のようなことであっても、これを、原告自身の独立の出願とみなすことになるのである。従って、これよりも前に、すでに有効な出願があれば、これに優先することはない。しかし先願がなければ、名義変更の届出の時点をもって、有効な出願がなされたことと認定しても、他に影響はないことになるであろう。従って当初の出願が、無効の出願であれば、その承継も無効になり、これに対する鉱業許可も無効になると、形式的に判断すべきではなく、行為の実質的な内容を判断しなければならないことである。仮に判示のように無効であると判定したとしても、改めて原告等が、自己の出願をなし、これが有効な出願であれば、許可を与えなければならないことになるのであって、結果は同じことになる。従って手続の重復をさける意味において、右のように判断し、さきの鉱業許可を存続させることも可能であると考える。さらに判示によれば会社の実在に関しては、これを了知することが、必ずしも困難ではなく、このことをもって原告に難きを強いることにはならないとしている。しかし事情によっては困難なこともあるであろう。また取引のすべての場合に、これに関する調査を一々することができるのであるかということは疑問である。しかも本件においては、出願も一応受理され、許可登録も完了していたのである。このために原告等が、訴外会社を実在すると信じたとしても、やむをえないことであるとすれば、出願名義変更等について、形式的に断定すべきことではなく、実情に即した判断をなすべきことであろう。判示は、この点について、なお一考を要すべきものであると考える。

判旨第三点は、判例の一般的な傾向に従う判断である。取消の判決があれば、行政庁は、これに拘束されるのであり、回復手続をなすように義務づけられるのである。従って、この点については訴の利益がないことになるのである。また、手続の回復が履行されなかったとしても、給付の訴は許されていないと判断するのが、判例の多くの傾向である。それ故に給付の訴を認める意見を採用するならば、ともかく本件判示は、一般の判例学説の立場に立つかぎり、批判の余地はない。

（自治研究三五巻七号＝四二二号、昭和三四年七月一〇日発行）

25　都市計画による仮換地指定の変更処分

昭和三二年一月一七日福岡地裁判決
昭和三一年(行)第二七号換地指定の修正処分無効確認等請求事件
行政事件裁判例集八巻一号一五一頁

【事　実】

訴外Oは、大牟田市に宅地一（七坪九合三勺・(い)宅地と略称）、宅地二（八〇坪四合三勺・(ろ)宅地と略称）および宅地三（一二七坪三合六勺・(は)宅地と略称）を所有していた。これに対し被告大牟田市長は、特別都市計画法に基く換地予定地として、右の(い)(ろ)の宅地につき一括して同所付近の土地（九六坪四合六勺）を指定した。その後この都市計画による区画整理は、同法の廃止とともに、土地区画整理法に基く事業となった。そのために、これまでの換地予定地の指定は、同法における仮換地の指定とされることになった。ところで原告H有限会社は、右の宅地(い)(ろ)を競売により入手し、昭和三〇年七月二〇日に所有権の移転登記をすませた。しかし市長は、七月二五日に、訴外OおよびN等の申出により、(い)(ろ)の宅地に対するさきの仮換地を減じて六五坪六勺とした。そこでNはOより(は)の土地を買入れ、これを分筆して、このうち五五坪（㈡宅地と略称）に対する仮換地として、右の九六坪四合六勺より六五坪六勺に縮小した差額の、三一坪四合をもって、㈡宅地の仮換地にあてるように申し出たのである。さらに市長は、この申し出により右のように指定を変更縮減した。ところが原告H会社は、この変更を不利とし、不利益変更処分を争うのである。原告の主張は次の通りである。

㈠　右の修正は、実質的に指定の変更処分に外ならず、仮換地の使用収益権に影響することである。そのために区画整理の施行者が勝手にこれを変更することができない。ところが右の縮減変更は、原告の同意を受けなかったばかりでなく、被告は、原告に、なんらの通知もなさずに、これを行った違法があると主張する。

㈡　右の変更は、土地区画整理審議会（本件当時は土地区画整理委員会）の意見を聴取すべきところ、これを実施していない。

㈢　被告の抗弁に対して、原告は被告市長の修正行為は行政処分である。また被告のいうように仮に単なる事実行為としても、変更処分の外観が存する以上は、同処分の無効確認を求める利益がある。

㈣　土地の権利の変動について届出がなかったときに、損害賠償請求権を認めないと定める施行規程は、無効確認の訴求について、なんら関係のない定めである。以上の理由により右の縮減変更の無効を主張する。

被告の主張は次の通りである。

㈠　本案前の抗弁として、本件の仮換地指定の変更は、訴外O、N等の願出によってなされたことで、被告市長の意思決定に基く行政処分ではない。従って行政訴訟の目的とはならない。

㈡　仮に行政処分であるとしても、本訴は、その前提である訴願手続を経過せず、出訴期間も過ぎているから却下されなければならない。

(三)　本案について、訴外Nは、(は)宅地を(に)の五五坪の宅地と、残り七二坪三合六勺とに分筆したが、願い出により、被告市長は、それぞれに対し、仮換地三一坪四合および六七坪七合一勺を決定し、(に)の部分に対する分は、原告所有の(い)(ろ)に対する仮換地を変更減縮した部分をもって、これに当てたのであるから違法でない。

(四)　右の変更は、OとNの申し出により、なされたことであり、(い)(ろ)(は)の宅地の所有者は、右の両名であることを土地台帳等によって確認し、(い)(ろ)の所有権が原告に移転したときは、後日に了知したことである。

(五)　区画整理は、すでに清算の段階にまで進み、換地の組合せ変更は、清算のために必要である。願い出による変更には、区画整理審議会の意見を聴取する必要がない。原告は、権利移転について被告市長に届出をしてなかった。以上の理由により、原告の請求を理由がないと主張する。

【判　旨】

認容。判示の概略は、次の通りである。

(一)　仮換地指定の変更は、新たな処分を実施することを意味する。それ故に仮換地の指定と同質の行為である。そのために仮換地の形状または面積等に軽微な変更を加える場合であっても行政処分であることに変わりはない。従って本件の面積変更も、行政処分と理解することを相当とする。次に本訴は、処分の無効確認を請求する訴である。それ故に訴願前置および出訴期間の適用を受けないことになる。

(二)　本件処分は、仮換地の軽微な修正ではなく、新たな変更処分である。このことについては土地区画整理法に規定がない。しかし同法第九八条の類推適用がなされることと理解する。それ故に仮換地の指定後に、土地の所有権が原告に移転し、その登記が完了している。それにもかかわらず、もとの所有権者の申し出により、原告の同意を得ず、しかも同人に対する通知もなしに行われた仮換地の減縮処分は無効である。

㈢　旧特別都市計画法施行令第十一条に基く施行規程は、土地区画整理法施行後においても、その効力を存続している。しかし土地建物に関する権利の移動を、当事者が届出るべき定めのある場合に、土地区画整理法第八五条が、所有権者を区画整理施行者に対する申告義務者から除外している規定にかんがみ、所有者は、右の届出義務のある当事者のなかに含まれていないと理解する。以上の理由によって判示は、原告の請求を認めた。

【評　釈】

判示は、妥当であると考える。本件においては、まず仮換地指定の変更が、単なる修正に過ぎないか、または別個の執行と理解すべき行政処分であると見るべきか、次に指定変更における瑕疵が、無効原因となるか否かということが問題となっている。しかし仮換地の指定は、区画整理事業が完了した後に実施する法関係を確定する換地処分とは異り、整理工事における必要からなされる臨時の暫定的な処分である。それ故に必要によっては、これを修正変更することが可能であると考える。しかしこの臨時の措置が従来の正式の指定処分に関する内容を一部修正するだけに止まり、独立の変更ないしは取消に関する処分ではない。従って抗告訴訟の対象にすることには適さないということにはならない。確かに従来の仮換地を変更して、その位置を別の場所に指定するというような場合と異なり、単に面積形状等に若干の軽微な修正を加えるに過ぎない場合には、別個の変更処分とするまでもなく、手続上も、当初に指定した仮換地の面積等に関する修正を通知すれば、そのことで十分である（昭二八・一・二三宇都宮地裁、行判例集四巻一号一七三頁以下）と言うことができるかもしれない。しかし、このような内容の修正と、その変更によって不利益を受けた者が、修正処分を争うことができるか否かということとは別の問題である。そこで、仮に単なる内容の修正であって独立の処分ではないとしても、修正により新たな内容を表示された当初の処分を争うことができることと考えなければならない。もし修正についていては、その修正が独立の処分ではないことを理由にして訴訟の対象とはならないと判定するならば、その後の修正によって、どのような不利益変更がなされたとしても、これに対する救済を求めうる余地が、まったく存在しないことになってしまう。この結果は不都合であるといわなければならない。ところで仮換地指定の変更については、判示のように行政処分であると判定することが正しいと考える。その理由は行政処分の本質に影響のない形式上の軽微な修正は別として、本件のように土地の面積の変更により、しかも従前の指定よりも目的地が縮小される結果、土地の使用収益権について明白に不利な変動をきたし、原告の権利義務に影響を及しているからである。それ故に変更の手続は別として、当該行為の本質は行政処分であると認定することができるからである。

次に変更処分を違法であるとすることについて、判示は、この違法を無効原因として認定した。この認定は正当であると考える。その理由は確かに換地ないしは仮換地指定の処分は、従前の土地を対象とし、その価値を前提として、評価決定をしなければならないからである。それ故に所有者の変更を目的とする行為ではない。従って当該行為は対物的処分である。それ故に所有者の誤認は、該当処分の効力を左右することにはならないということになるかもしれない（昭二九・五・六旭川地裁、行判例集五巻五号一七五頁以下）。しかし当該処分および、その変更は、仮換地の使用収益について、従前の土地所有者の権利に重大な影響を及ぼすことである。従って処分は真の所有者に対してなされるべきことであり、その確認を必要とする。しかも本件の場合には、すでに所有権移転の登記が完了していたのである。従って被告市長は登記によって所有者を確認することができる事情にあったと認定すべきである。しかし判決記載の事実によれば、被告市長が行った指定の変更は、登記完了後五日目であり、まだ土地台帳は書換えられず、被告市長は、土地台帳によって調査したために、指定変更の申請者を、そのまま従前の土地の所有者であると誤認してしまったのである。そのために事情やむを得ないことがあったかもしれない。しかし、右のような指定は、従前の土地に関する権利関係を前提として、それと同様の状況を仮換地についても生じさせるのである。それ故に当該処分は、従前の土地の使用収益につき権原を有する者に対してなされるべきである（昭三〇・七・一九東京地裁、行判例集六巻七号二一六頁以下）。従って、その変更も、また右の者を無視しては、実施することができないことであるといわなければならない。

なお仮換地指定の変更について、これに該当する規定がない場合に、指定それ自体についての手続を規定した土地区画整理法第九八条を類推したことは正当である。また権利の移動についての施行者に対する申告義務は、宅地の所有権以外の権利に関して規定されたものであることは同法第八五条により明白となる。それ故に、この点についても判示の通りということができる。要するに、仮換地指定の変更は可能である。しかし、それは本質としては変更も指定と同じであり、その手続を必要とすることなのである。本件指定変更の処分に関する瑕疵は、個々のものについては、取消原因に止まるに過ぎないと認定されるとしても、手続としては土地区画整理審議会の意見をきかなったこと（昭三一・一一・二七最高三小法廷、最高民集一〇巻一一号一四六八頁以下）、土地台帳および換地調書の記載が、土地の権利に関し、その後の移転についての書換が、なされていなかったこと、そのために事実と相違する結果となり、しかも所有権移転の届出がなかったこと等、やむをえない事情があったとしても、登記によらずに、このため所有者を誤認して、所有者の同意を得ず、しかも、土地所有者になんらの通知をもなさずに変更したことは、当該指定変更処分の根本的かつ重大な瑕疵というべきである。

最後に、判示は、本件請求が、無効確認の点にあるところから、訴願前置および出訴期間の制限等の適用がないとするが、もとより取消と無効確認に関する事件とは、訴状の外見的な表示によって区別されるべきことではなく、事件の本体が、係争処分の重大な瑕疵に関する事項であるか否かによって判定すべきことである。

（法学研究三二巻二＝三合併号、昭和三四年）

26　行政処分の無効確認訴訟における被告および買収除外の指定を相当とする土地に対する農地買収処分の効力

昭和三三年四月二一日大阪地裁判決
昭和二九年(行)第六七号、自作農創設特別措置法による買収処分無効確認事件
行政事件裁判例集九巻四号五六七頁

【事　実】

原告は、国および大阪府知事を被告として、T町農地委員会の定めた農地買収計画および被告府知事のなした買収処分が、いずれも無効であることの確認を請求した。さらに右買収農地の売渡に伴う訴外HおよびN等に対する土地所有権取得登記の抹消を請求した。そこで原告の主張は、次の通りである。

本件買収の対象となった土地は、周囲の環境から見て、住宅地とされるべき土地である。そのために買収当時は野菜等の栽培に利用されていたとしても、原告は住宅の敷地として使用しようと建築可能な時期を待っていたのである。従って本件土地は農地ではない。また、この土地を小作地として、訴外H等に借用させたこともなく、永小作権地上権等を設定してもいない。さらに本件土地はT町の発展にかんがみ、市民の住宅地として確保されるべき用地であっ

て、これを農耕地として自作農を創設することに使用することは非常識であり、自創法第五条第五号に定める「近く土地使用の目的を変更することを相当とする農地」に該当するとして、買収除外を指定をすべき土地に該当すると認定すべきである。また町農地委員会の定めた買収計画には、本件土地の一部については、委員会の決議が存在せず、また他の部分については、買収計画に関する委員会の議事録に、農地の地番地積地目現況等についての記載がなく、従って、このように買収対象の特定していない買収計画は、自創法に定める審議手続をふまない提訴として無効であるとしたのである。

これに対する被告国および大阪府知事の主張は、次の通りである。原告が、本件土地を買受けた時においては、当該土地は農地であった。しかし、この売買について知事または市町村長の認可を受けていない。従って、右土地の売買は無効である。また買収当時の状況によれば、本件土地は農地であって水田として利用されていた。このように農地に関する利用についての判断は、買収当時の事情によって耕作の目的の有無を決定すべきである。それ故に所有者の土地所有目的および周囲の環境によって左右されるべきことではない。さらに訴外のN等は、所有者から賃借し耕作していたので本件土地は小作地で。従って耕作者は、外形上、不在地主の土地を平穏公然に耕作していたのである。それ故に本件買収は当然に無効ではない。さらに買収除外の指定をしなかったとしても、買収は当然無効にはならないとして原告の請求を却下、ないしは棄却すべきことを申し立てたのである。

【判　旨】

一部却下、一部請求棄却。判示は本案審理に先き立って、被告適格について判断している。その趣旨は行政処分の無効確認訴訟において、誰を被告となすべきかという問題については、この訴訟が、取消訴訟に準ずる場合であるという観点に基づき行特法第三条の準用によって、取消訴訟の場合におけると同様に、処分庁を被告となすべきであり、国または公共団体それ事態を被告とすることは許されないと判断したということである。その理由は、訴訟理論としては無効原因と取消原因とは相違するとしても、具体化された事件の場合においては両者の区別は必ずしも明確でない。また訴訟取消すことができる処分と無効であると判断する処分とは、その法律効果の点においては、結局、異なるところがない。さらに取消形成訴訟と無効確認訴訟とは、訴訟類型上の差異があるとしても、行政処分の欠陥ないしは間違いを理由として、その効力を争うことを目標とすることにおいて、両者は、その本質を同じくする争訴手続であると考えることができる。これらの理由によれば無効確認訴訟は、取消訴訟に準ずる手続であるとしたのである。しかし無効確認訴訟は、無効処分について公定力ないしは適法性の推定がないということで訴願前置、出訴期間の限定、事情判決に関する行特法独特の規定等の適用がなされないというような相違がある。しかし、その他の点において両者を区別しなければならない合理的な理由が存在しないとなると無効確認訴訟においても、行政庁を被告としなければならないことであると認定したのである。このような理由によって、国および府知事を被告とする買収計画無効確認訴訟の訴、国を被告とする買収処分無効確認訴訟の訴を却下した。

次に、府知事を被告とする買収処分無効確認訴訟の部分について、原告の土地譲受けは無効であり、従って原告は本件土地の所有者ではない。それ故に、この買収処分について、その無効を訴求する利益がないと主張する被告の本案前における抗弁については、売渡証書に記した日付の訂正の事実等から、右譲渡の日時は昭和二一年二月二八日であると認定した。それ故に本件土地は、この時点において、農地であったのであり、従って、土地の譲渡については、知事または市町村長の認可を必要とする。従って、この認可を受けていない土地の譲渡は無効であると認定した。しかし訴の利益については、真実の農地所有者に対し、当該土地登記の抹消移転等の義務を負うこととして、原告に訴の利益を認めた。

さらに、本案については、まず本件土地が農地であることを認定する。次いで、耕作者達は、真実の土地所有者との契約に基づき、適法に小作していたのであるとする事実を認定した。さらに買収除外の指定については、農地委員会が買収から除外する指定をなすべき土地について、この指定をなさずに買収をすることは違法であると判定した。しかし買収除外の指定をしなかったことが農地買収処分を無効とする原因となるか、取消原因であるかということについては、当該農地が市街地のなかに孤立する小農地であって、その四囲に住宅や商店が密集している状況にある。そのために極めて近い時期に宅地に転化しなければならないないような状況にある。このようにり、農地所有者から、その所有権を奪って、これを耕作者に与えたところで、ほとんど、なんらの意義も価値も認めることができない。このように非農地への転移性が高度に認められる場合のほかには、当該買収処分を無効とる瑕疵には当らないと判定した。このような理由によって、本件買収処分の無効原因を否定したのである。このほかに買収計画の樹立における農地委員会の議事および手続について原告が主張する違法の理由を否認して、原告の請求を棄却した。

最後に、訴外耕作者のためになされた土地所有権の取得登記について、その抹消に関する請求に対しては、これを現状回復請求の訴として、それは民事訴訟に属する事項であるとした。このため被告知事は、その権利主体ではなく、これに関する当事者能力がないとする理由によって、この部分の訴を却下したのである。

【評 釈】

判示第一の確認訴訟における被告について、その判断は正当であると考える。およそ行特法は、行政処分の無効確認訴訟については明文の規定を定めていない。このために、この種の訴訟が許されることになるのか否かということが不明である。しかし多くの学説および判例は、この無効確認の訴を認している。確かに無効な行政処分であっても、当該処分が無効であるか否かということについて紛争のある限り、訴訟法としては裁判手続によって確定しなければならないことである。また無効な処分であっても形として処分が存在するからには、行政処分の外観を具備しているために、これによる影響を除去しておくことの必要として、そのような無効確認の訴訟が必要であることを認めなければならなくなるのである。従って行特法が、これを全く排除する意味であるとは理解することができない。しかし、この無効確認に関する規定をまったくさだめていないために、その処理に関する手続および取り扱いについて、多くの不明な部分を残しているのである。従って確認訴訟における被告に関する不明確な問題も、その一つである。

そこで、この問題について考えるならば、まず無効確認訴訟が、行政訴訟制度において、いかなる性質の訴訟類型に属することになるのであるかということを判断することが必要となる。しかし判示は無効確認訴訟をもって、取消訴訟手続に準ずることであると認めているのである。しかし行特法においては、処分取消に関する抗告訴訟のほかに、公法上の権利関係に関する訴訟をも認めている。しかし無効確認訴訟が右にいう純然たる抗告訴訟でないことを理由に、学説判例は、多く、これの確認訴訟を公法上の権利義務に関する当事者訴訟に属する訴訟としている。従って、その被告も権利の主体である国または公共団体であることを必要とすると理解していたのである。しかし無効確認訴訟は、たとえ外見上の存在ではあるとしても、その内実は優越的な地位において実施された行政処分の効力について、これを争うのである。それ故に本来の抗告訴訟と類似している訴訟手続であると理解することができる。しかし、このような類似性が認められるからといって、その相違を無視し無効と取消との区別を軽視さらには無視しても差支ないということでないことは、もとちろんである。その理由は紛争の実質について、それが無効原因に関する事項であるのか、または取消原因についての争かということは、個々の事件において明確に区別することが困難であるとしても、その区別の理論上および訴訟法における意義が消失したということにはならないからである。要するに訴願前置、出訴期間の限定等に関する相違が、行特法に定められている以上は、両者の分類をなすべきことである。また取消原因に関する争において、ただ当事者の請求に関する理由づけに関する構成の仕方によって、これが直ちに無効確認訴訟として許容されるということにはならないのである。従って両者の類似性は、これを認めることにしても、その区別を無意味なことであるとして無視することは許されない。

このような理由によって無効確認訴訟は、処分取消に関する抗告訴訟と区別されているのである。しかし両訴訟の類似点が認められる範囲内において、訴訟手続上の取扱いに関し両訴訟を同じくするということが、論理的であるとともに、取扱方法としても妥当であるということを考えることができる。そこで本件の場合における被告であるが、それは行政庁であるというべきことであり、この点において判示は正当である。その理由は無効確認ということが一般の民事訴訟の場合のように、権利主体間における権利義務関係の確定であるとすれば、当然に当事者は権利主体であることを要し、本件の場合も被告は、国または公共団体でなければならないことになる。しかし行政処分の無効確認訴訟は、係争処分の効力について、覆審的に争うことであり、一般の無効確認訴訟とは、その性質を異にするからである。従ってこれを当事者訴訟と考えるよりは、かえって抗告訴訟すなわち取消訴訟に類する手段として理解する方が適切である。従って、この場合の被告は、行政庁であるとする方が法論理としては正当である。

ところで判示では明白には、述べてはいないが、国または公共団体を被告とする訴が、直ちに不適法な訴として却下されなければならないことなのであろうか。判示は無効確認訴訟の被告は、行特法第三条の準用により、取消訴訟におけると同様に行政庁であり、かつ、これだけが正当な被告であると断定している。しかし、この趣旨が、もし、この被告に関して訴の補正の余地を認めないことであるとするならば、それは妥当なことではない。前述のように現在では無効確認訴訟が、制度として確立されているわけではない。この手続は行政訴訟制度の運営に関する経験のなかにおいて、経験により許容されてきた手続である。従って、その手続きについては例えば、その被告について、学説も判例も、まだ統一的な意見を形作っているわけでもない。そのために、無効確認手続について、まだ明白な規定が定められているわけではない。このような事情において、被告の表示を誤った訴として、そのような訴を直ちに却下することになるならば、それは一般の国民に対して無理を強いることになってしまう。無効確認訴訟と取消訴訟とは、区別されるべきであるが、現状においては、両者の関連による融通性は、できるだけ、このことを認めるべきである。しかし、本件の場合においては、知事を被告とする無効確認の請求について、本案審理がなされ、結局この部分を通じて本件に関する実体の審理がなされたことになるから、これについては判示は言及しなかったのであるかもしれない。

次に、判示の第二点である買収除外の指定について考察すると判示の述べる一般的な基準は、まず正当な結論であると言うべきである。正に自創法第五条の趣旨として非農地化されるべきことが必至の土地については、買収計画より除外するように、農地委員会は義務として、この土地を指定しなければならないものである。しかし右のような事情が存在するか否か、その判別について、委員会の事実認定が問題となる。しかし実際においては具体的事実が各様であるから、その一般的な基準を定めるということは困難である。従って委員会の右の点に関する認定が、著しく不当でない限り、この認定の不備を理由にして、直ちに買収処分の無効原因となると決定することは困難である。判示が非農地化への転移に関する高度の蓋然性をもって、認定の基準とすべきであることを指摘しているのは、正当であるということができる。しかし本件の場合において、右の基準によらなければならないとしても、その具体的な判定が非常に困難な問題となるであろう。しかし、これは事実認定の問題である。

なお判示は、原告適格について、原告が実体上、所有権を有していなくても登記上、所有名義人である限り、訴求について法律上の利益が認められるとしている。確かに土地所有者でなくても、買収につき利害関係のある者には、訴の利益の存在が認められる場合もあると考えられることができる。しかし、本来は登記上の単なる名義人であって、真実の所有者でない者が、それだけの理由により、直ちに利害関係人であるとして、当然に原告適格を認めることができることになるのであろうか。判示は、原告の土地所有権取得を無効であると認定した。しかし真実の所有者に対して、本件土地に関する登記抹消および移転等の法律上の義務を負うことを理由にして、訴の利益を認めているのである。しかし、この点は本件買収処分について争う行政訴訟上の利益とは別の民事上の利益である。従って抗告訴訟ないしは無効確認訴訟における訴の利益とは認められない。原告が、真実の所有者であるか否かについて、判示は、相当に詳細な審査を実施し、所有者ではないと判断した。それにもかかわらず、なお、買収処分について争うことのできる利益を認めるためには、単に、真実の所有者に対する私法上の登記変更に関する義務だけでは、不十分であるというべきである。従って、判示の認定するところによれば、原告の訴の利益は否定されなければならないことになる。

（法学研究三三巻一号、昭和三五年）

27　行政処分の無効の主張および行政処分の瑕疵の治癒

昭和三四年九月二二日最高裁第三小法廷判決、棄却
第一審・神戸地裁、第二審・大阪高裁
昭三二年(オ)第二五二号、土地所有権確認請求事件
最高裁民集一三巻一一号一四二六頁

【事　実】

上告人（原告・控訴人）は、その所有する農地に対する買収処分を争い、次のような理由によって、その無効を主張した。その趣旨として、まず市農地委員会の買収計画樹立に関する同委員会の議決についての違法、同計画の公告に関する違法、同計画についての異議申立に対する却下決定の手続における違法、訴願却下の裁決に関する違法、買収計画に対する農地委員会の承認手続に関する違法、訴願却下の裁決に関する違法、買収計画に対する県農地委員会の承認手続に関する違法等、買収計画手続きにおける各種の違法を列挙したのである。特に本件買収処分については、買収すべき農地でない土地を買収したことの違法を主張し、結局、以上のような違法の買収計画に基づく本件買収処

分は無効であることを重点として争った。さあらに、これらの手続を前提とする売渡処分もまた無効であると主張し、国を被告として出訴したのである。これに対して被告（被控訴人・被上告人）国は、原告の主張するような違法は存在しないとし、また原告が違法としてあげた前述の諸事項は、買収処分の無効原因にはならないと主張して争った。

これに対する第一審判決は、買収計画の樹立および同公告について、原告の主張する違法についての諸事実を否認した。さらに異議却下の決定および訴願裁決に関しても、なんら違法と認める点はないとした。ただし県農地委員会による市委員会の買収計画に対する承認については、その瑕疵を認めた。その理由は買収計画につき異議があった場合には、同計画のすべてに関する決定があり、しかも、それらに対して法定期間内に訴願の提起がなかったときに、また、もし訴願の提起がなされたならば、それらのすべてについて裁決があった後に、市委員会からの申請に基づいて県委員会が承認をなすべきことであると述べた。そして異議申立期間内に市委員会が承認申請の手続をとり、ないしは県委員会が承認を与えたことは、自創法第八条に違反する。そして、このような瑕疵を承継する当該買収処分も、また違法であると認定したのである。しかし第一審判決は、このような瑕疵は、当該処分の取消原因にはなるとしても、当然無効の原因になることではないとして、原告の請求を棄却した。

次に控訴審において、原告は、請求の原因を追加し、本件土地が「近く土地の使用目的を変更することを相当とする農地」に該当することである。それ故に買収除外の指定をなすべきであること、また本件土地が特別都市計画事業に基づく土地区画整理施行地区内にある。それ故に買収計画より除外しなければならないこと、さらに原告自作の土地をも買収していること等の違法を主張して、本件買収処分が無効であると主張した。これに対して控訴審判決は、原告主張の事実は係争処分の取消事由になることはあっても、処分を当に然無効とする理由にはならないとして、無効に関する争点についてはなんらの審理をもなすことなく控訴を棄却した。そこでさらに原告は、これに対して上告したのが本件である。

【上告理由】

上告理由として、列挙されているのは、次の諸点である。まず土地の使用目的を、変更することを、相当とする農地に対する買収除外についての誤認は、明白かつ重大な違法というべきことである。当該買収処分の無効原因になると主張た。さらに都市計画事業による土地区画整理施行地区内にある農地に対する買収除外の指定に関する瑕疵も、また同様に、無効原因になる解すべきことを理由にして、原判決は、自創法第五条第四号および同第五号の解釈を誤ることになると主張した。このほかに市委員会の買収計画に対する県委員会の承認手続に関して、異議ないしは訴願のあった場合には、それらがすべて解決をした後に承認を受けるべきである。しかし、この手続に違反してなされた承認および、この承認に基づく買収処分には、重大かつ明白な違法があると認定すべきである。従って当然に、この処分を無効としなければならないと主張する。さらに、このような違法をもって取消原因に止まるに過ぎないとした。そして本件請求を出訴期間経過の理由だけで排斥した原判決は、憲法第二九条に違反することになるとして、以上のような理由に基づき上告した。

【判　旨】

上告棄却。全員一致。

自創法五条五号により買収除外の指定をなすべき農地を、この指定をしないで買収することは違法であり、取消事由となる。しかしそれだけでは重大かつ明白な瑕疵があるとして無効原因とすることになるわけではない。無効原因があるというためには、農地と認定したことに重大かつ明白な誤認がある場合（たとえば、すでに、その地上に堅固な建物の建っているような純然たる宅地を農地と誤認して買収し、その誤認が、何人の目にも明白であるというような場合）でなければならない。従って無効原因に関する主張としては、誤認が重大かつ明白であることを、具体的な事実に基いて主張すべきである。従って単に抽象的に処分に重大かつ明白な瑕疵があると主張したり、または処分の取消原因が、当然に無効原因を構成すると、主張することだけでは足りない。しかるに上告人の主張は、買収除外の指定をなすべき土地を、これをなさずに買収することは、無効原因となるという主張に外ならない。従って、このような主張は、無効原因としては、主張自体が理由のないものであると判示した。

また買収計画に対して異議訴願の提起があるにもかかわらず、これに対する裁決のなされる前に、事後の手続が進められたという違法は、処分の無効原因と解すべき事項ではなく、異議却下の決定ないしは訴願棄却の裁決があれば、これにより、買収処分の瑕疵は治癒されるものと解すべきであるとのべ、このほかに、区画整理施行地区内の農地を買収したこと、また自作の農地を買収したこと等については、当該処分を無効とする原因にはならない事項であるとして、上告人の主張をしりぞけた。このようにして本件上告論旨は、係争処分に無効原因がなく、本件の訴は、もともと出訴期間の制限に服しなければならない。ところが、これを失当であるとして憲法違反の主張にいいかえたことに過ぎないとして、上告を棄却した。

【評　釈】

ほぼ本件の判旨に賛成である。しかし若干の疑問をもつ。
行政処分の取消を請求する抗告訴訟のほかに、処分の無効確認訴訟が、そもそも現行の行特法のもとにおいて許されるか否かということが、問題のあるところである。しかし一般に判例は、これを当然に許されることとして認め、多くの学説も、また、このこと承認しているのある。しかし、この根本的な課題については、一応この出訴手続が許されるという立場において考えることにする。

いうまでもなく、行政処分に瑕疵がある場合に、これが取消の原因になる場合と無効の原因になる場合とを区別し、後者については重大かつ明白な違法のある場合であると認識されている。従って処分の無効について争う場合には、単に係争処分が違法と認定されるべき事実を提示するだけでは不十分である。それ故にその瑕疵が重大かつ明白な違法であることを主張しなければならない。しかし、この場合に、請求のなかに無効確認に関する主張を形式として違法かつ重大の文言を加えることだけによって、それが、そのまま無効確認訴訟としての成立要件を充足することになるということではない。それは重大な違法であることを認識できるだけの内容を指摘していなければならない。それ故に取消の抗告訴訟と無効確認の訴訟とは、訴に示された請求の趣旨により、また請求のなかに提示された法に関する紛争の本体によって、それが係争処分の取消原因に関する争か、無効原因に関する紛争かを判別しなければならないことになる。もとより処分の無効原因を、取消の抗告訴訟をもって争うことは、抗告訴訟の要件を充足している限り、なんら妨げのないところである。しかし出訴期間、訴願前置等の要件に関して、取消訴訟と無効確認訴訟とを区別している現行法の場合においては、無効確認訴訟は、係争処分の無効原因に関する判定を求めることのためにだけ、その必要が認められるのである。それ故に単に取消原因に関する紛争だけしか存在していない場合には、無効確認に関する訴の利益そのものが存在していないことになる。従って無効確認訴訟の成立要件としては、訴のなかに係争処分の重大かつ明白な瑕疵に関する紛争が発生していることを表示することが必要となる。本件判示は、単に抽象的に処分について重大明白な瑕疵があると主張し、または処分の取消原因が当然に無効原因を構成すると主張するだけでは不十分であり、重大明白な誤認のあることを具体的な事実に基いて主張すべきであると述べている。ところで行政処分の瑕疵には、取消原因とされるべき事項と無効原因とされる事項との区別があり、これに対応して訴訟の型態にも右のように取消抗告訴訟と無効確認訴訟との区分があるのである。それ故に判示が前述のような無効原因に関する主張方法を要求していることは、一般的に見て正に正当であるということができる。

しかし処分庁の誤認が重大かつ明白な場合に該当することを、具体化された事実に基づいて主張することを必要とするとしても、無効確認の訴に関する訴訟要件として、どの程度に、このことに関する事実が摘示されれば、この要件を充すことになるのであるのかという点については、さらに考察を必要とする。もちろん訴提起の段階においては、重大明白な違法が客観化された事実として存在しているか否かということは、当事者間に争のあるところであって、訴訟上は不明である。それ故に無効確認の訴としては、そこに提示された法に関する争訟が、係争処分の単なる違法に関する事項ではなく、それが正に重大な違法に関する問題で、処分が無効であるか否かについて裁判すべき必要が生じていることを、裁判官が、うかがい知ることができる程度に、具体化された事実に基づいて訴が構成されていれば十分であると考える。その理由は無効確認の訴の利益を認定することができる程度に争訟事実が摘示されていれば十分であるからである。それ故に請求容認の条件とされるべき重大かつ明白な違法の客観化された事実の存在までも訴訟要件とすることとは、訴訟上の論理としては不可能であるということは当然のことであるからである。そこで本件判決の例示するところによれば、地上に堅固な建物が、すでに建設されているように純然たる宅地を、農地と誤認しているような場合である。このような何人の目にも明白であるような誤認を、その事実に基づいて、あるがままに主張すれば十分であるとしている。しかしこれと比較すれば、上告人の摘示した種々の事実は、確かに処分庁の誤認としては、右の例示に見られるほどに甚だしい誤認ではないかもしれない。しかし、この事実をもって判示が、次に述べているように、原審における上告人の主張は、自創法第五条第五号により買収除外の指定をなすべき土地を、右の除外指定をしないで、買収したから本件買収処分は無効であるというのであるが、右の主張は、要するに、買収除外の指定をなすべき土地を、この認定をしないで買収することが、当然に無効原因になるということである。それ故に取消請求を、そのまま無効確認請求におきかえたに過ぎないと判定することができないと考える。その理由は上告人が、本件土地が近く使用目的を変更することを相当とする農地であり、また土地区画整理施行区域内にあって農地としての要素に乏しく、買収除外の指定をしなければならない土地であることを指摘していること。そして、この認定を誤った処分庁の買収計画ないしは買収処分には重大な違法があることの主張を、具体化した事実に基づいて構成しているからである。従って無効確認の訴としては、一応その要件を充足していると考えることができるからである。

ところで自創法五条四号および五号に定める買収除外の認定に関する争が、その本質として常に取消原因に関する紛争でり、無効原因についての問題を生ずる余地がないというのであるならば、この買収除外についての認定無効確認に関する訴は、正に判示のいうように、取消の主張を、単に無効確認の訴に置き換たことに過ぎない。それ故に主張それ自体が成りたつことにならないことは明白である。しかし行政処分の取消原因と無効原因との区別は、無効の場合が重大かつ明白な違法を原因とする瑕疵であると一般的に説明されているように、あらかじめ画一に両者の間に明確な境界線を引くことは、具体化された事例の場合には極めて困難なことであるか。それ故に瑕疵の内容における程度によっては、農地買収に関する除外認定の誤についても、取消原因に関する争だけではなく無効原因に関する争をも生ずることの可能性があると予測しておかなければならない。従って原告側から係争処分の瑕疵として摘示されている買収認定に関する誤認が、取消原因に止まるか、さらに無効原因にまでなるかということは、裁判所が認定しなければばならないことである。それ故に無効確認の訴としては、無効原因に該当すると考えることができる程度に具体化された事実に基づき、訴の請求が構成されているのであるならば、請求の当否は、ひとまず別として無効確認の訴その自体としては、この確認の訴が成立することになると考える。確かに上告人が主張する種々の事実は、係争処分の瑕疵として取消原因に該当するとしても無効原因としては、なお不十分な事であることは、本件上告判示の通りであるかもしれない。従って判示の示した結論は正当であるということができるとしても、ただし判旨第一点後段において述べている本件上告における買収認定の部分についての判断は、なお疑問があり、賛成することができないのである。

次に市農地委員会の樹立した買収計画に対する県農地委員会の承認手続についても、同計画に対する異議申立および訴願の提起があのるにもかかわらず、これに対する異議についての決定ないしは訴願の裁決がなされる以前において事後の手続が進められていたという違法は、後に異議の却下ないしは訴願棄却の裁決があれば、この判決により前述の瑕疵は治癒されたことになると理解すべきであると判示している。一般に、行政処分における軽微な瑕疵のために、同処分の効力を否定することによって、かえって法関係の安定を害する等の危険が予測されることがある。そのためにさらに重大な法的価値を実現するためには、瑕疵ある行政処分であっても、その効力を認めて、存続させなければならな場合があると考えられている。このような場合には、行政処分の瑕疵ある部分について、その治癒が認められる場合であると理解されている。ところが自創法第八条によれば、市町村委員会の樹立した買収計画については、異議申立期間内に異議申立ないしは訴願提起がない場合に、またはこれらの中立があった場合には、これらの中立について、すべての判断が下された後に、市町村委員会が、県委員会の承認を受けなければならないことになっている。しかし本件における承認手続が、この規定に違反して、異議申立期間内に、ないしは訴願裁決以前になされているのであることは明らかである。このような瑕疵が、本件の場合のように、異議却下の決定ないしは訴願棄却の裁決によって治癒されることになるのであるか否かということは考察を必要とすることである。承認手続に関する同条の趣旨について判示が述べているように、異議ないしは訴願に対する判断の結果によっては事後の手続を進行させることが無益になることを考慮したのであるということは疑のないところである。しかし同条は決して、このような手続上の便宜な取扱だけを考慮しているのではない。かえって異議ないしは訴願に対する公正な判断を保障する意味において、前述のような承認手続の順序を定めたことをも見逃すことができない。その理由は、すでに県委員会の承認があたえられているために、本来ならば、容認されるべき異議ないしは訴願に対して、あえて、これを斥けるというような公正をかく取扱いがなされることの危険を、あるかもしれないと予測したからである。従って異議却下の決定ないしは訴願棄却の裁決があったということで、承認手続に関する瑕疵が治癒されるというように、このような取扱を一般化して理解することは適当でないと考える。もちろん承認の申請および承認の付与等の手続を、最初から正規の方法に基づいて、やりなおしたとしても、結果において、なんら変るところがないような場合ならば、右のような瑕疵の治癒という思考をとることもできる。しかし場合によっては、決定ないしは裁決の公正という点について疑を生ずることもあると予測することができるとするならば、手続として一般には、このような取扱の方法は採用できないことになる。要するに行政処分の瑕疵について、その治癒を認めることについては、瑕疵の度合と同処分のもつ法的意義の重要性とを慎重に判断して決定しなければならないことである。それ故にこの方法を安易に拡大して解釈し、必要以上に行政処分の違法性を補完することは公正を害するおそれがある。そのために逆に正当な行政処分の実現に関する公正な判断ということにおいて欠点を残すことがあってはならない。従って異議ないしは訴願に対する公正な判断の保障の観点から、本件判示のとった瑕疵の治癒という方法については、なお疑問の余地があると考える。ただこのような場合には、買収計画ないしは処分の取消または訴願裁決の取消等について、さらに訴求することが予測される。しかし、本件では、すでに、これらのことについて争うことができる期間を経過しているために、右のような判示がなされたことになったと考える。

しかし本件判示が、最後に述ているように、もし、この訴が本来ならば取消の訴として出訴期間内に提起されるべきところ、これを経過したために単に無効確認の訴に置換えて出訴したのに過ないとするのであれば、さらに、また判示の認定するように、本件買収処分には無効原因が、まったく存在せず、無効確認の訴をもって争う余地のないことであるとするならば、このような訴に対しては、却下の判決がなされるべきであったということもできる。その理由は取消の抗告訴訟は、出訴期間の経過によっては許されないことになる。また無効原因に関する争の生ずる余地のない場合には、処分の無効確認に関する訴の利益そのものが、認められないことにもなるからである。

以上本件判決要旨の各部分については、右のように若干の疑問が残るが、結論としては、上告人の主張は無効確認の請求としては不十分なことであると思われるので、判旨には賛成するのである。

（法学研究三四巻一号、昭和三六年）

28　行政協定の実施に伴う土地等の使用に関する特別措置法第五条による内閣総理大臣の使用の認定における物件の特定

昭和二九年一月二六日東京地方裁判所判決
昭和二八年（行）第六二号、行政処分取消請求事件
行政事件判例集五巻一号一五五頁

【事　実】

駐留軍が、東宝株式会社の東京都千代田区有楽町にある劇場施設等を使用するについて、東京調達局長は、その使用の認定を内閣総理大臣に申請し、総理大臣は、昭和二七年一一月二八日に、このことを認定して告示した。しかし東宝と調達局長との間に劇場使用に関する協議が成立しないので、調達局長は、東京都収用委員会に劇場使用の裁決を申請した。これに対し委員会は、昭和二八年七月一五日に、駐留軍の使用に供するために東宝所有の当該施設を六箇月間、使用することの裁決を行った。さらに、その間の補償金額等を提示した。原告東宝株式会社は、この措置を不服として、東京都収用委員会を被告とし、本件裁決の取消を請求したのである。

原告の主張は、次の通りである。

㈠　被告収用委員会の裁決は、総理大臣の認定を基礎とする。しかし、その告示には、認定された物件の所在場所と員数だけが表示されているだけで、これだけの表示によっては、使用認定物件が具体的に特定することができない。そのために処分の内容が全く不明確であるから違法であり、従って、これに基づく本件裁決も、また違法である。

㈡　特別措置法一四條一項、土地収用法七一條により、損失の補償額は、使用裁決の時の価格を基準として算定すべきである。ところが、本件裁決は、昭和二八年一月一日から四月三〇日迄の東京国税局により調査した価格を基礎として算定されているから違法である。

㈢　特別措置法一四條一項、土地収用法四八條一項一号によれば、裁決には使用物件の使用方法を表示しなければならない。しかし本件裁決では、単に日本国に駐留するアメリカ合衆国軍隊の使用に供するためと、単に自明のことを示すだけで、実際に、どのような用途に充てられるのかということを明らかにしていないから違法である。

㈣　特別措置法三條によれば、駐留軍の使用に供することが「適正且つ合理的」でなければならないと定めてある。その趣旨は安保条約から明かな通り、日本国に対する武力攻撃を防止することの軍事目的のためである。しかし本件劇場等の使用は、娯楽目的のためであって、駐留軍の軍事目的に直接に必要ではなく、右裁決は適切且つ合理的な判断を誤り違法である。

㈤　なお、訴願を提起せず直ちに出訴した点については、使用期間が昭和二九年一月二七日迄の六箇月間である。ところが訴訟終結迄に相当の時日を要するから、訴願手続を経由したのでは、途中で訴訟の利益が失われる虞がある。しかも営業上は速かに施設の返還を必要とするので、直に訴を提起したことを主張した。従って後述の被告の主張に対しては、劇場建物の軍事講習等に利用されていることは不知である。それ故に土地物件調書に本件物件が表示されていても、この使用に関する認定が具体的になされたとはいえないこと抗弁した。

被告の主張は、次の通りである。

(一)　総理大臣の認定は、調達局長に土地等使用の権限を付与することだけに止まる。このことにだけから直ちに土地等の所有者その他の関係人の有する権利義務について、その消長を生ずることにはならない。従って使用の認定は、総理大臣と調達局長との間において内容が特定されれば、それだけで十分である。同告示において物件が特定されていることの必要はない。そして東京調達局長は、認定の申請に際して、申請書に本件物件を表示した調書および図面を添附している。従って総理大臣は、この申請に対して認定をしたのである。それ故に本件物件に対して認定をしたことは明らかである。

(二)　特別措置法一四條一項、土地収用法一二九條二項但書、一三三條によれば、損失補償額に関する異議は、直接に調達局長を相手として訴を提起すべきことである。それ故に裁決取消の訴とは別の手続によらなければならない。

(三)　本件裁決において使用の方法が十分に表示されていなくても、本件物件が劇場施設である。それ故に娯楽教養施設として利用されることは客観的に見て明白な事実である。しかも原告は、駐留軍が今後においても、右のように娯楽などの方法で利用することを熟知している。それ故に裁決に使用方法が示されていなくても違法ではない。収用委員会が使用方法を裁決するのは、補償額、使用によって行使できなくなる土地等に関する権利の範囲が異るためである。しかし本件の場合には使用方法によって結果を異にするということが考えられない。従って原告の権利、法律上の利益が、侵害されることはない。それ故に裁決の取消を求める利益がないことになる。

(四)　人間生活には娯楽慰安が必要である。従って駐留軍軍人のために、これを提供することを必要とする。そこで特別措置法第三條に定める適正合理的ということは、軍事目的だけに限定されず、娯楽教養施設をも含むことになると理解する。しかも同施設は、軍事講演ないしは講習等の軍事訓練にも利用され、本件物件の使用は適正であり、かつ合理的でもある。

【判　旨】

請求認容。その概要は次の通りである。

㈠　本件についての出訴は、訴願手続を経由することを必要とする。しかし物件使用の期間が六箇月であり、訴訟終結には時日を要する。そのために訴訟による利益を受けられなくなる虞がある。従って直ちに出訴したことについては正当な事由がある。

㈡　使用の認定は、申請をした調達局長に対して使用権原の設定を受けることができる権限を附与することだけで、認定それ自体により直に権原が設定され、また物件所有者の権利が制約されることもないということ。つまり認定は、総理大臣の調達局長に対する行為で、一般第三者に対してなされる行為ではない。それ故に内容が特定されているか否かは、告示によらずに総理大臣と調達局長との間で考慮すべきである。しかも使用認定申請書および添付された物件調書等から、本件では右の両者の間に内容の特定かなされた認定があったことと認めることができる。

㈢　収用委員会の裁決について損失補償に関する部分を除いて、不服ある者は二週間以内に建設大臣に訴願を提起することができる。しかし補償に関する異議は、調達局長を被告として出訴しなければならない。補償に関する不服の申立と、その他の不服申立とは別個の訴によるを必要とする。従って補償に関する違法を理由として、裁決全部が取消されるべきことにはならない。

㈣　委員会が裁決をなすべき施設使用の方法とは、その使用方法により、当該物件の形質が、どのように変更されることになるかを知ることができる程度の具体性をもった使用方法である。従って物件が何人の用に供されることであるかということではなく、具体的に、いかなる使用の方法で駐留軍のどのような用途にあてることができるかを明らかにすることを必要とする。裁決が駐留軍の用に供するということを示すだけでは、自明のことを述べただけで、なんら具体的に使用方法を示したことにはならない。さらに通常の使用方法が実情より客観的に明白であるとしても、裁決に提示されている使用方法は、これに限定されず、調達局長も裁決にある一切の使用をなすことができる。従って単に客観的に明らかなことであると述べるだけで、事件に関係する具体的な使用方法を示さないことは許されない。しかも使用の方法が、どのようになされたかということは原告の利害関係に影響することである。それ故に具体的に示す必要がある。

㈤　特別措置法第三條にいう「適正且つ合理的」とは、単に駐留軍が使用を希望すること。ないしは便宜とすることではなく、当該物件を使用することにつき客観的な必要性が実在しなければならない。しかも委員会は自ら客観的な必要性の有無を判定しなければならない。従って具体的に使用の方法を特定することなく、単に駐留軍が自己の用途にあてるということだけで当然に客観的必要性ありと判定することはできないわけである。

【評　釈】

㈠　判旨㈠に賛成する。ところで争訟の迅速な処理により、救済の目的を達成することができる場合もある。しかし概して訴訟の終結までには相当の時日を必要とすることはさけられない。係争処分の存続中に判決をすることが困難な場合も存在することがある。訴願前置主義を原則であるとしても、このために行政訴訟制度の実益が失われ、違法処分に対する救済を求むべき機会が不当に狭められることになっては適切ではない。本件係争処分のような有効期間に短い限定があるような場合については、訴訟繋属中に、その期間が過ぎてしまって訴訟の客体が存在しなくなってしまうことが予測さる。このような場合に訴願前置主義を厳重に要求するならば、訴訟により救済を求めることは実際に困難であるということになる。判旨が正当な事由あるとして直ちに出訴を許したことは正当な措置であるということができる。なお右のように短期間の処分等に関する訴訟において、訴の利益に対する考慮は、あまりに狭く取扱いがなされるべきことではなく、係争処分の影響が残存するならば、広く訴の利益の存在を認めるべきであると考える。

(二)　判旨(二)に反対する。判旨は、総理大臣の認定が、調達局長に対する行為であると理解する。それ故に、その告示が不明瞭であっても、大臣と局長の両者間に特定物件に関する使用認定があったと認められるのであれば違法でないとする。確かに、認定については、調達局長の使用処分に関する広告に示される程度に具体的に、その内容を表示することの必要がないかもしれない。しかし使用処分は認定に基づく行為である。従って調達局長の申請には、物件所有者または関係人の意見書を添附するのである。それ故に認定の告示は、利害関係人が次に行われることになる調達局長の処分を予測することができる程度に、認定の内容を具体的に提示して、使用物件を特定しておくことが必要であると考える。しかも判旨は、認定を行政庁の相互間における内部の行為であるかのように理解して一般第三者には関係のない事項であるとする。しかし前述認定の申請には物件所有者の意見書等を必要とする。そして認定は告示を必要とする。従って単なる行政部内の行為に止まる事項ではない。しかも認定に従って調達局長の処分がなされる。それ故に認定の内容は、利害関係人に影響を及ぼすことになるのである。従って総理大臣の行政処分として訴訟の客体となる性格を有することと理解する。要するに特別措置法七条が一般的な告示を必要としていること及び認定が内部的な指示に止まることではなくて行政処分であること等これらの理由から、認定の内容は、具体的に使用を特定できるように明瞭に示されなければならない。

㈢　判旨㈢は正当である。明らかに法律は裁決に関する争と補償に関する争と争訴手続を区別し、また両者は争の性格を異にする。その理由は補償に関する瑕疵は、その是正を必要とすることであっても、使用処分ないしは裁決自体を無効または取消すべきことにはしないからである。

㈣　判旨㈣に賛成する。特別措置法の趣旨より駐留軍の使用に供せられるのは自明のことである。しかし財産権に対する制約の内容を明らかにするために、具体的に使用の方法を指摘しなければならないことである。しかし、どのような使用方法によるのか、行政庁の裁量が、この部分について認められることになる。しかし利害関係人の権利に影響があることになるので、行政庁の専断は許されない。従って裁決は使用方法を漠然と示すことだけでは許されず、物件所有者の権利に対する制約の内容を知ることができる程度に、具体的に表示するを必要とする。従って判旨は正当である。

㈤　判旨㈤に、大体において賛成する。物件を駐留軍に供することの適正かつ合理性に関する判断は、第一に安保条約の趣旨により、日本国の防衛上、必要とする観点から判断されるべきである。第二に当該物件に関する使用の態様が適切であるか否かということを考慮しなければならないであろう。判旨は、必要性があれば、当然に適正かつ合理的であると判定できうるような印象を与える。しかし駐留軍の使用に関する必要性についての判断を誤らなくても、物件の性質に、まったく適合しないような使用方法を裁決することは、裁量の限界を超えて違法になることもあるということに注意を要する。

（自治研究三二巻七号＝三八六号、昭和三一年七月一〇日発行）

29　憲法違反の主張に対する裁判所の判断の要否及び飛換地を指定することの適否

昭和二九年一一月一七日松山地裁判決
昭和二九年（行）第三号、区画整理のための換地予定地指定無効確認請求事件
行政事件裁判例集五巻一一号三六〇頁

【事　実】

原告は、松山市末広町に宅地を所有し、同所に店舗を構えて唐津物商を営んで来た。しかし同地は交通の便もよく営業上、極めて有利な場所であった。ところが原告所有の土地は、都市計画の予定地に加えられた。そこで、これに対する換地が、従来の所有地に比較して、その価値が著しく、おとるために、被告松山市長の換地予定地指定処分を争うのである。

原告の主張は、次の通りである。

㈠　都市計画法一二条および耕地整理法三〇条一項によれば、換地は従前の土地の地目、地積、等位、等を標準として交付しなければならない。しかし松山市長が指定した換地予定地は、通行人の少い、物品販売業は適しない土地

である。従って従前の土地よりも価値の低い土地を指定する市長の処分は、右法条に違反する。それだけではなく財産権をも侵害することにもなるので、憲法第二九條に違反する。

(二)　営業上、極めて好適な従前の土地の代りに、営業には不適な場所を指定することは、原告の営業権を奪い、かつ収入の道を絶つことによって生存権をも奪うことになる。従って本件指定は、憲法三一条の適法手続条項および同二五条の生存権の保障に関する規定に違反する。

(三)　本件土地区画整理によれば、訴外伊予鉄道株式会社は、不要とする土地を提供することによって、有利な土地を獲得することになる。これに反して、原告は従前の有利な土地を提供して、希望しない不利な土地を得ることになる。このことは都市計画における各地主の負担の割合に不公平を生ずる結果となる。従って憲法一四条の平等の原則に違反する。また伊予鉄道にだけ有利な計画を決定することは、憲法二九条だけではなく、公務員は全体の奉仕者であると規定した憲法一五条二項にも違反する。さらに無力な原告を軽侮することによって、憲法一三条にも違反することになる。

(四)　土地区画整理の実施は、公平でなければならない。しかし本件指定は、前述のような不公平を生ずることになる。それ故に憲法の前文の趣旨にも違反する。このように、本件指定処分は、数々の憲法違反の点があるから、憲法第九八條第一項により当然に無効である。

被告の主張は、次の如くである。

本件宅地のある地区は道路拡張のために、大部分が道路の敷地にとられる。しかも宅地の裏には、伊予鉄道の貨車引込線が接着して敷設されているために、現地換地ができない事情にある。このために原告をも含めて、同地区の地主に対しては飛換地を指定した。これに対して原告以外のものは異議がなく、営業については、駅前マーケットを斡旋し、原告も、これに納得して、マーケットで営業してきた。本件のように現地換地が不可能な場合には、飛換地をすることができるのである。これによって生ずる従前の土地と換地との差は、金銭をもって清算することもできる。それ故に原告に損害を及ぼすことにはならない。

【判　旨】

請求棄却。その概要は次の通りである。

㈠　原告は、都市計画による換地予定地の指定処分が、憲法違反であると主張する。しかし当該処分は、都市計画法および耕地整理法三〇条に基づく処分で、直接憲法の条規に基く行為ではないから、直ちに憲法違反を生ずることにはならない。しかも原告のいう憲法違反とは、実は当該法律の適用において、その裁量を誤った違法処分であるということである。それ故に実質においては、憲法違反の問題ではない。従って右の処分が準拠する法律または命令自体が違憲であるという場合を除き、この処分が違憲であるという主張は、結局その準拠法に違反するということである。従ってさらに同処分が憲法に違反するか否かについては、判断をする必要がない。

㈡　換地の選定にあたり、現地換地をする余地のない場合に、その他これを困難とする特別な事情がある場合には、飛換地を指定することができる。本件においては、右の特別な事情があったのである。それ故に飛換地を行った市長の処分は違法ではない。

【評　釈】

判旨には若干の疑問がある。

判示第一点は、大体において正当である。しかし憲法違反とは、係争処分の準拠法それ自体が、憲法に反する場合だけに生ずると理解することは、憲法問題に関する観念のとらえ方としては、狭きに過ぎるのではないであろうか。もとより違憲問題として最も重要なことは、法令それ自体の憲法適合性に関する争である。しかし具体的な処分についても、憲法の基準に違反していると考えられる場合には、違憲問題を生ずる場合があると考える。その理由は係争処分が、その準拠法によっては、違法性を明確に判定することができない場合に、憲法の規定に違反していることが判断できるならば、直接に憲法問題として、憲法によって判定してもよいのではないかと考える。本件においても換地の選定等が、耕地整理法三〇条の定める基準に適合するか否か、明確に判断することが困難である場合に、後述のように、従前の所有地に比較して、換地の価値が劣り、憲法の定める正当な補償を与えたか否かについて争が生ずるならば、当該処分についての違憲問題と考えるべきであるからである。判示によれば、このような憲法に適合しない結果を生ずべき処分は、まず右の準拠法の解釈適用を誤った違法処分と判定されるべきである。しかし、このような判断の基準となったのは、憲法自体であって、その処分が直接に根拠を置く法律ではない。また判示の採用する論理によれば、処分が違憲とされるべき場合には、そのような処分をなすことができる余地を残した準拠自体が、憲法に違反する法律であるということになる。しかし常にそうであるとは限らず、本件においても、耕地整理法が三〇条、完全に違憲の法律であるとは断定できないからである。

すでに同裁判所が判決したように（昭二五・一二・二五行政裁判例集一巻一二号一八七頁以下）、処分が準拠法に違反しているならば、さらに違憲であるか否かを判断するまでもなく、その処分は、無効ないしは取消とされるべき処分である。従って憲法上の判断を必要としない。しかし、この点から、憲法問題は、常に、係争処分についてではなくて、その準拠法自体が憲法に反するかもしれない場合にだけ発生することになると結論することはできないのではないか。先に述べたように、当該処分の準拠法では明確に判断できず、憲法を直接の基準として判定しなければならないような場合には、具体的な処分についても、直接に憲法問題が生ずることがあると考える。

判示第二点には疑問がある。換地の選定にあたって、これを現地に求めることができない場合に、他に指定することが許されることは、判決の通りである。しかし、本件において原告の争うところは、現地換地のできない場合に、飛換地の指定ができるか否かという点ではなく、換地の選定において、裁量の誤があるということである。そのことは被告市長の指定した換地が、原告の従前の所有地に比較して、その価値が著しく劣り、都市計画による原告の損失負担を十分に補うことにはならないとして、異議を述べているのである。

ところで、私有財産を公共の用に供するためには、正当な補償を与えなければならない。それ故に市長が、土地の選定評価に関して、その裁量に誤がなかったか否かの問題は、単に耕地整理法三〇条の解釈適用および裁量の過誤に関する問題に止まらず、憲法二九条三項の正当な補償についての問題にまで発展する可能性のあることが考えられる。しかも右の土地の評価に対する裁量は、決して行政庁の自由裁量に属する事項ではなく、個人の財産権に制約を加えることであるから、この処分に関する争訴は、当然に裁判所の審理すべき事項であることはいうまでもない。ところが、判示は右の争点には全くふれることなく、単に飛換地をなしうる特殊な事情のあったことを認定するだけで、当該処分を適法な行為であると判定しているが、これは、当事者間の争点を的確にとらえた判断であるということができない。

また判示は、出訴期間について、全く述べるところがないが、本件においては、なんらかの判断をなすべきであったと考える。その理由は事実として記載された事項からは、不明である。しかし原告は、すべて違憲を理由として異議を述べ、処分の無効確認を請求している。しかし出訴は処分後相当の長期間を経過してからなされたことが推測されるからである。従って、処分の取消を求める抗告訴訟は、出訴期間を経過したために、これを提起することができず、原告は違憲を理由とする無効確認の訴に形を変えて出訴したと思われる。しかし判示は、この点について、なんらかの判断をなすべきではなかったかと考える。

（自治研究三三巻一二号＝四〇三号、昭和三二年一二月一〇日発行）

事項索引

さ 行

た 行

な 行

は 行

ま 行

ら 行

わ 行

〈著者紹介〉

田口精一（たぐち・せいいち）

昭和24年３月　慶應義塾大学法学部法律学科卒業
昭和24年４月　慶應義塾大学法学部助手
昭和27年４月　慶應義塾大学法学部助教授〔担当憲法〕
昭和36年４月　慶應義塾大学法学部教授
昭和36年10月　日本公法学会理事（平成元年４月まで）
昭和37年４月　慶應義塾大学大学院法学研究科委員（大学院教授）
昭和41年４月　ドイツ連邦共和国シュパイヤー行政大学留学（慶應義塾派遣、１年間）
昭和44年４月　一橋大学法学部講師〔憲法、法学通論〕（昭和59年３月まで）
昭和47年４月　東京女子大学文理学部講師〔法学〕
昭和50年１月　司法試験考査委員（昭和62年12月まで）
昭和52年４月　日本大学法学部講師〔憲法〕（平成元年３月まで）
昭和56年４月　学習院大学法学部講師〔憲法〕（昭和59年３月まで）
昭和57年４月　明治学院大学講師〔比較憲法〕
昭和60年４月　杏林大学社会科学部講師〔憲法、行政法〕（昭和63年３月まで）
昭和63年１月　常磐大学人間科学部組織管理学科専任教員適正判定
平成元年３月　慶應義塾大学法学部退職
平成元年４月　慶應義塾大学名誉教授
平成元年４月　常磐大学人間科学部組織管理学科教授（平成８年３月まで）
平成元年４月　慶應義塾大学大学院法学研究科講師（平成５年３月まで）
平成３年４月　国士館大学法学部講師〔行政法総論〕（平成８年３月まで）
平成５年３月　常磐大学大学院人間科学研究科博士課程担当㊎判定
平成５年４月　明治学院大学法学部非常勤講師（ドイツ法）（平成６年３月まで）
平成８年４月　常盤大学大学院人間科学科博士課程客員教授（現在に到る）
平成８年４月　清和大学法学部教授（現在に到る）

〈主要著書〉

田口精一著作集〔全３巻〕（1996年12月〜2002年３月、信山社）
　第１巻　基本権の理論（1996年12月）
　第２巻　法治国原理の展開（1999年12月）
　第３巻　行政法の実現（2002年３月）
憲法１　人　権（続刊）
憲法２　統　治（続刊）
憲法（第１分冊）（1998、信山社）
憲法（第２分冊）（続刊）
憲法（第３分冊）（続刊）
人間の尊厳（続刊）

行政法の実現　［田口精一著作集３］

2002年３月20日　第１版第１刷発行　6930101

著　者　田口精一
発行者　今井　貴
発行所　信山社出版株式会社
〒113-0033 東京都文京区本郷 6-2-9-102
電　話 03（3818）1019
ＦＡＸ 03（2818）0344

制作／㈱信山社

印刷・製本／勝美印刷・文泉閣
ISBN4-88261-693-9　C3332
693-012-004-002
NDC分類 323.90

信山社

田口精一著作集（全3巻）

基本権の理論

法治国原理の展開

行政法の実現

完結

ISBN4-7972-1781-2
NDC 分類 320.001 英米法

田島 裕 著
筑波大学大学院企業法学教授

新刊案内1998. 6

比較法の方法 [著作集別巻 1]

——比較法の方法入門 ダイナミックでその語りと視点が清々しい——

四六判変型上製カバー付 総240頁 定価：本体2,980円（税別）

もともとハーヴァード・ロースクールで本格的な比較法研究を行うための準備作業として、研究方法を検討したときの覚書である。そのため、本格的な研究を始めたところで終わってしまっているが、読み直すと執筆当時の気持ちがよみがえる。 (筆者はしがきより)

［目 次］

［付録］

信山社 〒113-0033 東京都文京区本郷 6-2-9-102 TEL 03-3818-1019 FAX 注文制 FAX 03-3818-0344

ISBN4-7972-8001-8
NDC分類101.001 哲学

K・ポパー著　田島裕訳

新刊案内1998.4

8001 文庫・確定性の世界

［信山文庫］

―― 附・*ポパーと私（ゴンブリック）* ――

文庫判　144頁 並製　　　本体 680 円

☆本書は、ポパー最後の業績を訳出したものである。1945年に出版され既に古典的著書として定評を得、多くの外国語に翻訳されている『開かれた社会とその敵』を出発点として、最終的に行き着いた到着点であるといってよい。
現在の我々の世界の学界では、事実を客観化して真理を求めるのではなく、一定の結論を先取りして、前提となる事実の方を歪曲してしまうような危険な情況も存在するのではあるまいか。読者は改めて、ポパーの声に耳を傾けなければならない。（訳者序文より）

［現代物理学の発展をふまえた非決定論・自由意志論］

☆“未来は開かれています。客観的に開かれています。過去だけが固定されています。それは実現してしまっていて、それゆえ過ぎ去ったものです。現在は確定性が実現していく連続した過程であると説明できます。
☆ニュートンの引力のように、確定性は目に見えず、引力と同じように確定性は作用します。確定性は実在のものであり、確定性は現実のものです。
☆世界はもはや因果関係の機械ではない。世界は今日では確定性の世界として一つまり可能性を現実化する展開過程、そして新しい可能性を展開する展開過程として見ることができます。”（本文より）

［目　次］

【カール・R・ポパー　プロフィール】

1902 年　ウィーン生まれ。ウィーン大学で哲学を専攻、博士号取得。1930 年代ニュージーランドの大学で講師として哲学の講義をする。第二次世界大戦後イギリスに帰化し、科学哲学の理論を展開した。1945 年からロンドン・スクール・オブ・エコノミクスの講師を経て、1949 年からは論理・科学方法論の教授となり、スタンフォード、ハーバード、バークレーなどアメリカの主要な大学をはじめドイツ、フランス、イタリア等の大学の客員教授もつとめる。ロンドン大学を離れてからは、オックスフォード、ケンブリッジをはじめ世界中の大学で講義を続け 1992 年には科学の発展に貢献した者におくられる『京都賞』を受賞。この他にも枚挙にいとまがないほどたくさんの賞を受賞している。1994 年 9 月逝去。

910　**確定性の世界**　四六判上製カバー本（付録・ポパー研究目録）
定価：本体 3,600 円

信山社　〒113-0033
東京都文京区本郷 6-2-9-102　TEL 03-3818-1019　FAX 注文制 FAX 03-3818-0344